AF233311

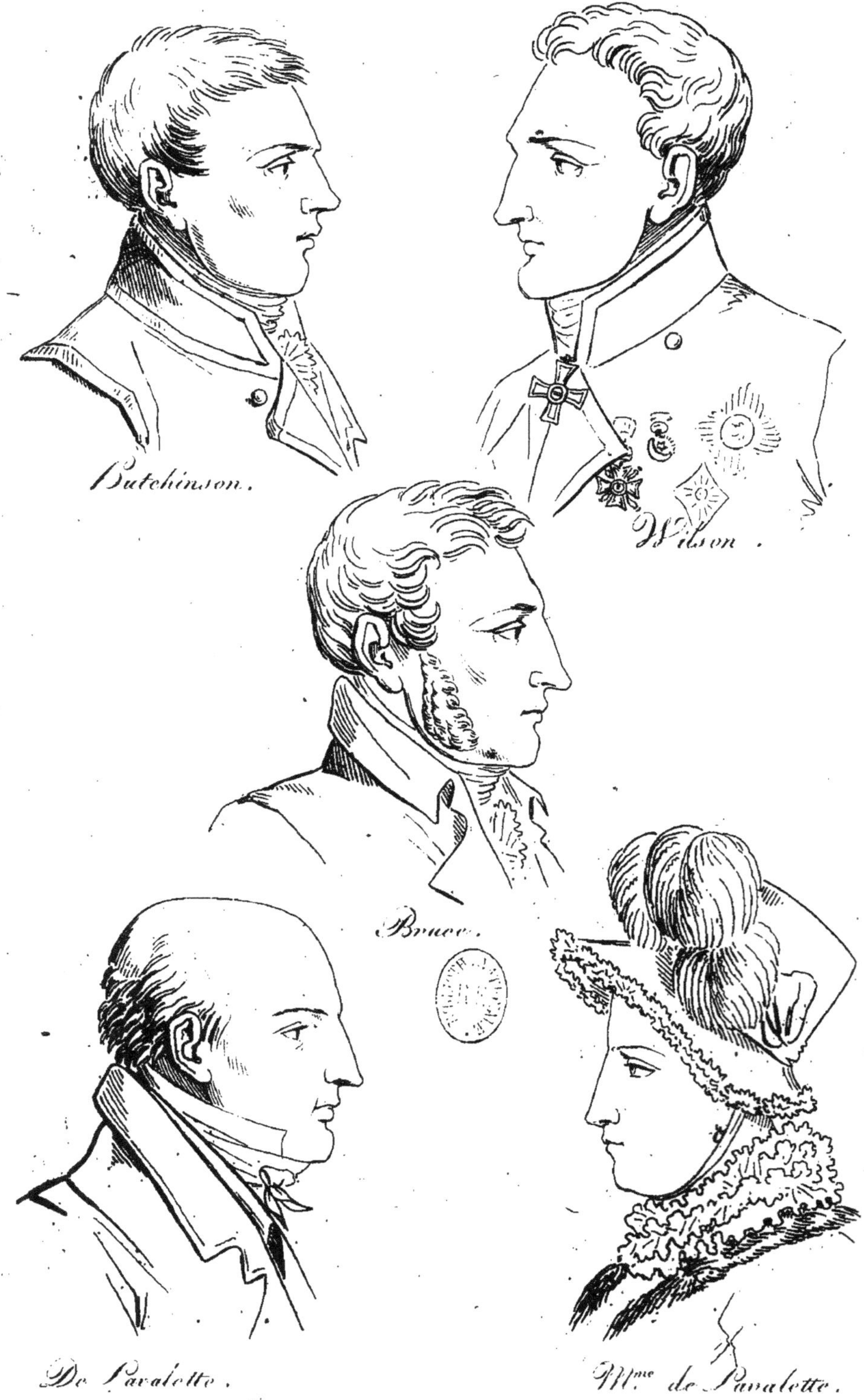
Hutchinson.
Wilson.
Bruce.
De Lavalette.
Mme de Lavalette.

PROCÈS
DES TROIS ANGLAIS,

Robert - Thomas WILSON,

John - Ely HUTCHINSON, Michel BRUCE,

ET AUTRES,

ACCUSÉS D'AVOIR FACILITÉ L'ÉVASION DE LAVALETTE;

CONTENANT le Résumé de M. l'Avocat-Général, les **Plaidoyers** des **Avocats**, et les **Discours** des **Accusés**, *recueillis par les Sténographes.* — L'acte d'Accusation, les Débats, le résumé de M. le Président, et l'arrêt *textuel* de la Cour d'assises;

PRÉCÉDÉ d'une Notice Historique sur Lavalette, *des Interrogatoires Préliminaires subis par les Anglais;* SUIVI *des pièces relatives aux trois incidens du procès, de leur Mémoire devant la Chambre d'accusation,* en Anglais et en Français, *et d'une relation exacte de la fuite de Lavalette hors de France, après son évasion de prison,* ÉCRITE PAR M. DUPIN, *défenseur des trois Anglais et* REVUE PAR SES CLIENTS, *avec* la Traduction italienne *en regard.*

ORNÉ

De cinq Portraits au trait, dessinés d'après nature.

DEUXIÈME ÉDITION.

PARIS,

GUILLAUME, rue Hautefeuille, n.o 14.

LONDON,

BERTHOUD WHETLEY and Cy, Booksellers, n° 58, Soho-Square.

1816.

AVERTISSEMENT

DE L'ÉDITEUR.

L'affaire relative à l'évasion de LAVALETTE *n'a pas, comme beaucoup d'autres, l'intérêt seul du moment. Tout y est extraordinaire : la qualité et les relations des accusés, le genre du délit, les moyens de défense.*

Ce sont trois étrangers, trois Anglais, dont l'un est général, décoré des croix de plusieurs ordres qui annoncent de nombreux services publics et particuliers ; tous les trois appartiennent à de grandes familles, et jouissent dans leur pays d'une haute considération; ils correspondent familièrement avec ce qu'il y a de plus distingué dans toute l'Europe ; ils ont l'estime et même l'amitié de plusieurs Souverains, dont ils produisent les lettres honorables.

L'action dont on les accuse, délit prévu par nos lois, est en soi-même un acte de générosité. Ils ont facilité sans autre motif, disent-ils, que celui de l'humanité, à leurs frais, et en s'exposant à des dangers de plus d'une espèce, l'évasion d'un homme condamné à périr sur un échafaud. Cet homme est sans doute un parent, un ami, une connaissance ou un compatriote au moins ? Non, c'est un Français, qu'ils n'avaient jamais vu ; ce Français vient se jeter dans leurs bras ; il leur dit qu'il n'attend que d'eux son salut ; à leurs yeux sa condamnation est injuste : d'ailleurs c'est un homme, il est malheureux..... Il est sauvé. Aussi se glorifient-ils du délit qu'on leur impute.

Jusques-là tout homme impartial ne pourra s'empêcher d'applaudir tacitement au motif qui semble avoir dirigé la conduite des trois Anglais. Mais, hélas ! on a saisi leur correspondance ; on y a trouvé la révélation de leurs plus secrètes pensées, et l'on croit y voir que l'évasion de Lavalette et sa fuite hors de France ne sont, pour ainsi dire, que l'accessoire d'un projet beaucoup plus coupable.

Ils comparaissent plutôt en accusateurs qu'en accusés. Ils blâment sans cesse nos lois auxquelles ils opposent celles de l'Angleterre. Ils veulent donner des leçons à M. l'avocat général, à leurs juges, et à la France entière. Ils se déclarent les chevaliers du genre humain, et particulièrement de notre patrie. Ils rêvent l'indépendance universelle. Il ne tient pas à eux que nous n'ayons un autre gouvernement; que nous ne jouissions encore une fois du bonheur d'une révolution.

Les autres accusés ne sont en quelque sorte qu'une ombre au tableau original que présente cette affaire.

Comme leur défense n'offre pas le même genre d'intérêt que la défense des trois Anglais, nous avons cru qu'il serait suffisant d'en présenter une simple analyse au lecteur.

Le volume n'est composé que de pièces authentiques. Nous avons puisé à la source; les pièces les plus importantes nous ont été communiquées. La plupart des plaidoyers sont rendus textuellement; et nous croyons que cet ouvrage, tel qu'il est, a tout ce qu'il faut pour piquer vivement la curiosité du public, et en être favorablement accueilli.

PROCÈS

DE MM. WILSON, HUTCHINSON, BRUCE,

ET AUTRES.

NOTICE PRÉLIMINAIRE.

LE procès dont nous allons rendre compte n'étant qu'une conséquence accidentelle de l'affaire de Lavalette, nous avons reconnu qu'il était indispensable de présenter d'abord à nos lecteurs les principaux détails de cette affaire.

Marie Chamans de Lavalette naquit à Paris en 1769, de parents obscurs. Les premières secousses de la révolution le jetèrent hors de la carrière du barreau, qu'il se proposait de parcourir. A la journée du 10 août, il se distingua par son dévoûment à la bonne cause ; et Louis XVI daigna même lui donner dans cette occasion des témoignages publics de sa reconnaissance.

Peu de temps après, Chamans prit du service dans la légion des Alpes. Au bout de six mois il obtint le brevet d'officier.

Successivement attaché à plusieurs états-majors, ce fut le lendemain de la bataille d'Arcole qu'il reçut, en récompense de sa belle conduite, le titre d'aide-de-camp du général en chef.

Bonaparte sut bientôt apprécier le mérite de son nouvel aide-de-camp. Il lui confia d'abord le travail de son cabinet; ensuite il le plaça à Paris, comme intermédiaire de ses correspondances avec le directoire.

Le 18 fructidor arriva; Chamans faillit être enveloppé dans la proscription. Obligé de se réfugier en Allemagne, il fut admis dans l'intimité du prince de Metternich, dont il gagna et sut conserver l'amitié.

Revenu en France, il épousa mademoiselle de Beauharnais, nièce de Joséphine.

Après avoir fait les campagnes d'Égypte et de Syrie, et les premières guerres d'Allemagne, il abandonna la profession des armes, et fut nommé successivement administrateur de la caisse d'amortissement, directeur général des postes et conseiller d'état. Depuis, il fut décoré du grand cordon de la légion d'honneur et du titre de commandeur de l'ordre de la Réunion.

En 1814, M. le comte Ferrand remplaça M. de Lavalette dans la direction générale des postes; mais le Roi, dont la munificence et la bonté avaient adopté tous les services rendus à la France, conserva à ce dernier une partie de son traitement.

Au 20 mars 1815, jour de désolante mémoire, M. de Lavalette ne sut pas contenir son imprudente et criminelle ambition. Le Roi était parti pendant la nuit; Bonaparte devait arriver le soir même. Jaloux de ressaisir les fonctions qu'il avait long-temps exercées, l'ex-directeur général se rend, dès sept heures du matin, à l'hôtel des postes, et y proclame, *au nom de l'empereur*, sa nouvelle prise de possession.

Contraint de céder à la force des circonstances, M. Ferrand déclare que son dessein est de se retirer à Lille. Lavalette s'y oppose, motivant cette prohibition sur ce qu'il n'est pas dans l'intention de l'autorité actuelle que M. Ferrand soit à portée de rejoindre le Roi.

Il accorde cependant, aux sollicitations de madame la comtesse Ferrand, le permis de poste, mais sous la condition absolue que son mari se rendra à Orléans.

Après ce premier essai de son pouvoir, Lavalette entre dans tous les détails que comporte l'exercice des fonctions qu'il vient d'usurper : il fait appeler les chefs de division, le secrétaire général; convoque les administrateurs généraux, intime des ordres écrits; arrête le départ des journaux et des lettres ministérielles, rétablit des services interrompus, et se livre enfin à tous les actes d'un directeur général en titre.

A cette usurpation d'autorité se joignent d'autres circonstances non moins graves. Lavalette avait écrit à Bonaparte pendant son séjour à l'île d'Elbe; et ce n'est pas sans quelque vraisemblance que l'on a supposé que cette correspondance recélait des trames criminelles. Le 20 mars, il lui écrit encore. On ignore le contenu de la lettre; mais Bonaparte, en la lisant, a souri de satisfaction. Le même jour il expédie sur diverses routes une circulaire mensongère, dans laquelle il suppose la Capitale livrée à l'enthousiasme, et dont le but manifeste est de pervertir ou du moins de neutraliser l'esprit public.

Le comte Lavalette a-t-il préparé par des faits antérieurs l'attentat qui a couvert la France de deuil et de malheurs ? S'il est permis de le présumer, il serait peut-être difficile de le prouver ; mais ce qu'il y a de certain, c'est que toutes ses actions et toute sa conduite au 20 mars se rattachent nécessairement à cet attentat, et présentent dans leur ensemble la coopération la plus criminelle et la mieux caractérisée.

Cependant le règne de l'usurpateur fut de courte durée. Le Roi fut une seconde fois rendu à nos vœux ; et le châtiment menaça de plus près les coupables.

Lavalette se trouva compris dans la première liste de l'ordonnance du 24 juillet. Il se constitua volontairement prisonnier ; et la cour d'assises du département de la Seine fut saisie de l'affaire.

Après une instruction qui dura plusieurs mois, les débats publics s'ouvrirent devant la cour le 20 novembre, à dix heures du matin.

M. l'avocat général Hua remplissait les fonctions du ministère public ; M. le conseiller Chollet présidait la cour ; l'accusé était défendu par Me Tripier.

Dans cette imposante, mais déplorable solennité, on ne savait lequel admirer le plus, du calme héroïque de l'accusé ou de l'éloquence entraînante de son défenseur.

Les débats durèrent deux jours. Après un résumé profond et lumineux de toute l'affaire, M. le président proposa aux jurés les questions suivantes :

« Marie Chamans Lavalette est-il coupable d'avoir,
» le 20 mars dernier, dès le matin, usurpé dans
» l'hôtel des postes le titre et les fonctions de direc-
» teur général des postes? d'avoir ledit jour donné,
» en cette qualité, divers ordres, et notamment ceux
» d'arrêter le départ de tous les journaux, des let-
» tres ministérielles et de celles du préfet du dépar-
» tement de la Seine? celui du rétablissement du
» service des postes sur les deux routes de Lyon ?

» D'avoir le même jour expédié, par le même
» courrier, une circulaire ayant pour objet de trom-
» per les habitants des départements sur la véritable
» situation de Paris, laquelle circulaire a été, ainsi
» que les trois ordres sus-relatés, signée de lui ledit
» jour 20 mars dernier?

» D'avoir le même jour correspondu avec Bona-
» parte avant son arrivée à Paris, et de s'être ainsi
» rendu complice de l'attentat commis, dans les mois
» de février et de mars derniers, contre la personne du
» Roi et les membres de sa famille, et ayant pour but
» de changer et détruire le gouvernement, et d'exci-
» ter les citoyens et habitants à s'armer contre l'auto-
» rité royale, en aidant et assistant, avec connaissance
» de cause, l'auteur ou les auteurs dudit attentat dans les
» faits qui l'ont facilité ou consommé : crimes prévus
» par les art. 86, 87, 59 et 60 du Code pénal? »

Il était sept heures et demie du soir lorsque les jurés commencèrent à délibérer ; à minuit on les vit rentrer dans la salle d'audience, portant sur leurs figures pâles et consternées la sentence de condamnation. M. Héron de Villefosse, président du jury, lit, d'une voix émue qu'il cherche en vain à raffermir, la formule suivante :

« Sur mon honneur et sur ma conscience, devant
» Dieu et devant les hommes, la déclaration du jury
» est : *Oui*, l'accusé est coupable d'avoir commis le
» crime, avec toutes les circonstances comprises dans
» la position des questions. »

On fait rentrer l'accusé. Il n'a plus aucune de ses décorations ; sa physionomie et son maintien n'ont rien perdu de l'assurance et du calme qu'il a fait paraître pendant le cours des débats. Son défenseur laisse éclater la plus vive douleur. L'accusé entend avec beaucoup de tranquillité la déclaration du jury.

Après le réquisitoire de M. l'avocat général, la cour se retire pour délibérer sur l'application de la loi.

M. de Lavalette regarde l'heure à sa montre, la compare avec celle que marque l'horloge, et lève les yeux au ciel. La cour rentre, et M. le président prononce la condamnation à la peine de mort (1).

Lavalette se lève et dit adieu à son avocat. — *Je vous reverrai*, répond celui-ci. — *Que voulez-vous,*

____

(1) Le 21 novembre 1815, à minuit.

mon ami, reprend le condamné, *c'est un coup de canon.* Puis se tournant vers le public, et saluant de la main : *Adieu*, dit-il à haute voix, *adieu, messieurs de la poste.* Le président prononce la clôture de la séance.

Lavalette se pourvut en cassation. Des six moyens que Me Darrieux fit valoir contre l'arrêt de condamnation, le premier surtout mérite d'être remarqué ; il était puisé dans l'art. 33 de la charte constitutionnelle, qui attribue à la cour des pairs la connaissance des crimes de haute trahison. Mais la cour de cassation prononça que cette attribution de jurisdiction n'était point exclusive ; que la cour d'assises avait caractère pour juger le crime imputé à Lavalette ; qu'à supposer que ce crime se trouvât compris dans les catégories de l'art. 33 de la charte, il aurait dû proposer son déclinatoire en temps utile devant la cour d'assises ; que ne l'ayant pas fait, il avait reconnu tacitement la compétence de cette cour, et que devant la cour de cassation il ne pouvait plus être admis à la contester. Les cinq autres moyens étaient moins graves ; ils furent tous également rejetés, et l'arrêt de condamnation fut maintenu (1).

Déjà M. le procureur général avait donné les ordres pour l'exécution, le jour était fixé et les mesures prises, lorsque tout-à-coup l'on apprend que le 20

_____

(1) L'arrêt de la Cour de Cassation fut prononcé le 15 décembre.

décembre, veille du jour fatal, Lavalette s'est évadé de la Conciergerie. Toute la police est aussitôt sur pied ; son signalement (1) est envoyé à toutes les autorités ; mais les perquisitions sont vaines ; le fugitif échappe à toutes les poursuites. La justice ne put alors obtenir qu'un simulacre de vengeance : l'arrêt fut exécuté par effigie, en placé de Grève, le 9 janvier 1816, à deux heures après-midi.

Les circonstances qui ont accompagné l'évasion de Lavalette, et les faits postérieurs à cette évasion, se rattachant essentiellement à la cause des trois Anglais, Bruce, Hutchinson et Wilson, et se trouvant complètement développées dans le corps de ce recueil, nous terminerons ici l'exposé des détails que nous avons cru devoir donner sur la première affaire.

---

(1) *Signalement.* M. DE LAVALETTE (*Marie - Chamans*), âgé de quarante-cinq ans, né à Paris (Département de la Seine), de la taille d'un mètre soixante-six centimètres, (cinq pieds un pouce et demi) cheveux et sourcils grisaillés, front haut et chauve, les yeux bruns, le nez un peu gros et court, serré des narines, la bouche moyenne, le menton rond, visage rond, gravé de petite vérole.

INTERROGATOIRES

DE MM. WILSON, BRUCE, ET HUTCHINSON.

INTERROGATOIRE DE ROBERT-THOMAS WILSON.

13 janvier 1816. — *Premier Interrogatoire.*

CE JOURD'HUI, treize janvier mil huit cent seize, à deux heures de relevée, en exécution des ordres de Son Excellence le Secrétaire d'Etat Ministre de la police générale ;

Nous, sousignés, Pierre-Georges-François Monnier et Pierre Malleval, commissaires de police de la ville de Paris, nous sommes transportés à l'hôtel de la préfecture de police, où étant, dans le cabinet de monsieur l'inspecteur général Faudras, nous avons transmis l'ordre verbal au concierge du dépôt établi dans ledit hôtel, d'en extraire et d'amener devant nous, pour être interrogé, le général anglais Robert Wilson, arrêté ce matin, comme il conste du procès-verbal de notre collègue Ferté, en date de ce jour. Ledit concierge nous ayant fait prévenir que sir Robert Wilson ne voulait point se rendre devant nous, et qu'il disait être déterminé à ne faire aucune réponse à tout interrogatoire auquel il serait procédé envers lui par suite d'un ordre non revêtu de la signature de Son Excellence l'ambassadeur d'Angleterre en France, nous nous sommes rendus au dépôt auprès de lui pour nous assurer de ces faits ; et étant dans sa chambre, nous lui avons demandé ses nom, prénoms, etc.

Réponse. Je ne veux pas répondre à cette question.

Demande. Pourquoi ne voulez-vous pas répondre à cette question ?

R. Je ne veux répondre à aucune question faite par qui que ce soit avant que l'ambassadeur d'Angleterre ait été instruit de mon arrestation et que j'en aie la certitude. Je réclame toutes les dispositions et tous les procédés voulus par le droit des gens. Je proteste contre l'arrestation de ma personne, faite sans la participation de l'ambassadeur d'Angleterre, et contre l'outrage que l'on m'a fait d'entrer dans la chambre où j'étais couché avec mon épouse, et de faire perquisition et saisie de mes papiers et des siens. Je demande que la présente réponse que je vous fais soit communiquée à l'ambassadeur d'Angleterre.

D. Reconnaissez-vous pour être intact le cachet apposé sur le panier d'osier que je vous présente et qui contient les papiers saisis chez vous ? Voulez-vous que nous procédions à l'ouverture de ce panier, au dépouillement et à la reconnaissance des pièces qu'il renferme ?

R. Je ne le veux point, par les raisons déjà exposées.

Et lui ayant représenté que son refus de répondre aux

questions que nous sommes chargés de lui faire ne peut être fondé sur aucune loi du droit des gens par lui invoqué , et qu'il paraît être dans l'erreur s'il pense que les formes de la procédure criminelle de l'Angleterre doivent être suivies en France à l'égard des Anglais qui peuvent y être arrêtés.

R. J'ai la conviction que je suis fondé à ne pas répondre à vos questions , et je ne veux pas répondre.

Et plus n'a été interrogé.

Lecture à lui donnée du présent interrogatoire , il a dit qu'il contient la vérité, et a signé avec nous.

Ainsi signé à la minute : ROBERT WILSON, MONNIER et MALLE-VAL.

14 *Janvier* 1816. — *Deuxième interrogatoire.*

Interpellé sur ses nom , prénoms , etc.

R. Je me nomme Robert-Thomas Wilson , natif de Londres, âgé de trente-huit ans , général-major en non activité , demeurant à Paris depuis trois mois et demi , rue de la Paix , n°. 21, avec mon épouse et mon enfant.

D. N'avez-vous pas pris intérêt au sort du maréchal Ney ? S'il eût dépendu de vous , n'auriez vous pas voulu le soustraire à l'exécution de sa sentence ?

R. Avec plaisir.

D. N'aviez-vous pas formé des projets pour cet effet, et ne vous étiez-vous pas concerté avec des amis pour cela ?

R. D'abord j'observe sur cette question et sur la précédente que ce n'est pas à l'exécution de la sentence que j'aurais desiré pouvoir le soustraire , puisque j'appris presqu'en même temps sa condamnation et sa mort. Quant aux projets par moi formés, et aux mesures que vous supposez prises par moi, je répondrai que je n'ai pas même pensé à la possibilité de l'évasion du maréchal Ney.

D. Que signifie le billet par vous adressé à M. Hutchinson , sous la date du 13 décembre, où il est question de choses qui ne doivent être entreprises qu'avec la certitude du succès , et de démarches faites auprès de l'ambassadeur pour sauver Linois et autres , lequel billet je vous présente ?

R. J'ai écrit ce billet ; mais je ne veux vous donner aucune explication : vous n'avez pas le droit de m'en demander. Au surplus , mon opinion dans l'affaire de Ney est très-prononcée : je pense qu'il ne pouvait être jugé ni condamné sans violer la capitulation de Paris.

D. Dimanche dernier, à environ huit heures du soir, n'étiez-vous pas chez M. Hutchinson, rue du Helder, n°. 32 ? N'y passâtes-vous pas une partie de la soirée ?

R. Je ne veux pas répondre. Je demande que l'on me fasse

connaître les charges qui existent contre moi, et qu'il me soit permis de communiquer avec mon ambassadeur ou avec quelques personnes désignées par lui, ainsi qu'avec ma femme, mon enfant et mes amis. Je demande aussi que l'on ait pour moi les égards dus à mon grade.

D. Les charges qui existent contre vous sont que vous avez favorisé l'évasion du condamné à mort Lavalette ; que, le 8 du courant, au point du jour, vous l'avez pris au logement de M. Hutchinson ; que vous êtes parti avec lui dans un cabriolet découvert, qui est sorti par la barrière de Clichi ; que vous avez changé de chevaux à la Chapelle-en-Cerval ; que vous avez changé de voiture à Compiègne ; que vous avez passé, étant toujours avec lui, par Cambray et Valenciennes. Qu'avez-vous à répondre à cette accusation ?

R. Quand je serai devant un tribunal compétent, je répondrai à cette accusation.

Et plus n'a été interrogé.

Lecture à lui faite du présent interrogatoire, il dit qu'il contient vérité, et a signé avec nous ; observant, relativement à l'amiral Linois, qu'il ne le connaît pas ; qu'il ne l'a jamais vu ; qu'il n'y a jamais eu de communications d'aucune nature entre eux ; et que, s'il prend intérêt à son sort, c'est parce qu'il pense que la capitulation conclue avec Linois ne permettait pas qu'il fût livré par l'Angleterre au gouvernement français, pour être mis en jugement ; que c'est une tache à l'honneur de l'Angleterre ; et que c'est par ce seul motif qu'il a plusieurs fois parlé en faveur de Linois à l'ambassadeur Stuart, en le priant d'intéresser le duc de Wellington pour cet amiral.

Ainsi signé à la minute : ROBERT WILSON, MONNIER et MALLEVAL.

15 *Janvier.* — *Troisième Interrogatoire.*

D. Général, hier nous vous fîmes connaître les charges qui existent contre vous, conformément à la demande que vous nous en aviez faite. Maintenant que vous avez été satisfait sur ce point, nous attendons aujourd'hui de la noblesse de votre caractère et de votre loyauté des réponses franches et catégoriques sur les questions que nous allons vous faire. Vous n'avez plus de motifs, plus de raisons pour vous refuser plus long-temps à fournir les renseignements nécessaires au sujet des préventions qui s'élèvent contre vous.

Connaissez-vous l'écrit que je vous présente, ayant pour titre : *Rapport fait par M. Pozzo di Borgo à l'Empereur de toutes les Russies, sur l'état actuel de la France, décembre mil huit cent quinze ?*

R. Cette pièce n'est pas de mon écriture : je sais qu'il en circule beaucoup de copies manuscrites. On m'a dit qu'elle a été imprimée en Angleterre, après avoir été traduite en anglais, et même qu'elle a été insérée dans les journaux. Je ne connais point l'écriture de la pièce que vous me présentez : j'ai eu fréquemment des copies de ce rapport ; on m'en a prêté, j'en ai rendu. Quant à l'auteur, je crois qu'il n'y a pas de doute que ce soit M. Pozzo di Borgo. Si ce n'est pas lui, j'ignore qui a pu prendre son nom.

D. En passant à la Chapelle-en-Cerval, le 8 du courant, quatre gendarmes français n'étaient-ils pas présents lorsque vous changeâtes de chevaux ? Ne leur dites-vous pas que vous alliez choisir des cantonnements pour une partie de l'armée anglaise ?

R. Je ne veux pas qu'on me prenne pour un enfant. J'ai déclaré que je ne répondrai pas à des questions de cette espèce : je n'y répondrai pas. Plus on me gênera, plus on me vexera, plus on me privera de la société de ma femme, de mon enfant et de mes amis, et plus on me trouvera inébranlable dans ma résolution de ne pas répondre. On me mettrait à la question que je ne répondrais pas. Lorsque l'on s'est permis d'attenter à ma liberté, on n'a dû le faire qu'avec des preuves acquises de ma culpabilité. Qu'on fasse donc valoir ces preuves devant le tribunal qui doit me juger, et je me défendrai. Si l'on a attenté à ma liberté sans preuves de culpabilité, on a commis envers moi un acte arbitraire et tyrannique ; et il est absurde de prétendre acquérir par mes réponses les preuves que l'on devait avoir avant mon arrestation. On a beau me dire que si l'on trouve mes réponses satisfaisantes, je puis n'être pas mis en jugement et avoir ma liberté, je refuse ce bénéfice perfide des interrogatoires préliminaires. Je ne veux pas répondre absolument ailleurs que devant un tribunal : il est inutile de me tenter ou de me tâter sur ce point ; c'est un parti pris.

Et plus n'a été interrogé. Lecture à lui donnée du présent interrogatoire, il dit qu'il contient exactement ses réponses, et a signé avec nous.

Ainsi signé à la minute : ROBERT WILSON, MONNIER et MALLEVAL.

15 *Janvier*. — *Quatrième Interrogatoire*.

Enquis de ses nom, prénoms, âge, profession, lieu de naissance et demeure,

A répondu :

Je m'appelle Robert-Thomas Wilson, âgé de trente-huit ans, général-major en non activité, natif de Londres, demeurant à Paris depuis trois mois et demi, rue de la Paix, n° 21, avec mon épouse et mon enfant.

D. Le sieur Bruce n'est-il pas allé le 2 ou le 3 de ce mois vous engager de faire tous vos efforts , et de vous réunir à lui pour faire sortir de France Lavalette ?

R. Je déclare que je ne ferai aucune réponse avant qu'on ne m'ait laissé communiquer avec l'ambassadeur d'Angleterre ; il représente ici mon gouvernement ; je ne connais et ne dois connaître que lui ; et je désavoue formellement toute procédure qui se trouverait en contradiction avec le droit des gens.

D. Mais votre qualité d'étranger ne peut vous donner en France, ni dans aucun autre pays, le droit de vous soustraire aux lois qui intéressent le bon ordre et la sûreté publique.

R. Je ne prétends pas me soustraire aux lois de la France ; mais je veux , conformément à celles de mon pays , éviter un interrogatoire , à l'aide duquel on voudrait, avant l'instruction publique, tirer parti contre moi des réponses que l'on m'arrachera d'autant plus facilement que je suis peu familiarisé avec la langue. Je suis accusé ; le gouvernement français est mon accusateur ; c'est à lui de se présenter contre moi avec des preuves ; ce n'est pas à moi de les lui fournir ; enfin, je persiste à demander préalablement qu'il me soit accordé de communiquer avec l'ambassadeur de mon pays.

D. Ce raisonnement est dans les principes de votre législation, mais il ne s'accorde point avec la nôtre ; tout délit doit être poursuivi et instruit d'après les lois du lieu où il a été commis ; et nos lois refusent formellement toute communication au prévenu avant qu'il ait subi interrogatoire.

R. Cette loi me paraît répugner aux notions les plus communes de l'équité ; elle tend à punir un accusé avant qu'il ait été déclaré coupable ; c'est une sorte de *question morale* que vous avez substituée à la *question physique.* Au surplus, je n'en persiste que davantage dans mon refus ; et je déclare positivement que j'entends ne répondre à aucune des questions qui me seront adressées sur l'évasion de M. de Lavalette , et sur la prétendue part que j'y aurais prise.

Après plusieurs sommations réitérées, le prévenu ayant toujours refusé de satisfaire aux questions que nous lui avons adressées, nous avons terminé le présent interrogatoire, en ajoutant toutefois, sur la demande du général Wilson, qu'il réclamait les honneurs et les égards dus à son rang, qu'on ne saurait les lui refuser, puisqu'il n'est pas reconnu coupable.

· Lecture faite, le prévenu a dit persister, et a signé avec nous et le greffier. Mais avant de signer, le prévenu a demandé que l'on insérât, à la suite de cet interrogatoire, la demande qu'il entend former, que ledit interrogatoire et tous ceux qui l'ont précédé soient communiqués à l'ambassadeur d'Angleterre, et a signé avec nous et le greffier après lecture de cette addition.

Ainsi signé à la minute : ROBERT WILSON, DUPUY et DEROSTE.

24 *janvier.* — *Cinquième interrogatoire.*

Enquis de ses nom, prénoms, âge, profession, demeure et lieu de naissance,

A répondu : je m'appelle Robert Wilson ; je suis âgé de trente-huit ans, général-major en non activité, natif de Londres, demeurant à Paris depuis trois mois et demi, rue de la Paix, numéro vingt-un, avec mon épouse et mon fils.

D. Connaissiez-vous Lavalette avant sa mise en jugement ?

R. Avant de répondre à aucune question, je demande l'annexe au procès-verbal de la pièce que je remets, et qui contient ma protestation solennelle contre une procédure dont je n'entends point reconnaître la légitimité (1). Je demande que cette pièce soit signée et paraphée *ne varietur* par monsieur le juge d'instruction et par le greffier ici présent :

Et à l'instant ayant pris lecture de ladite protestation, écrite sur les trois premières pages d'un feuillet de papier à lettre, nous avons donné acte audit sieur Wilson du dépôt de ladite pièce, que nous avons de suite, en sa présence, cotée et paraphée à chaque page, et signée et paraphée *ne varietur* en fin d'icelle.

Nous avons alors répété notre première demande :

D. Connaissiez-vous Lavalette avant sa mise en jugement ?

R. Non, Monsieur.

D. L'avez-vous connu depuis, et l'avez-vous vu dans la prison ?

R. Je ne l'ai jamais vu dans la prison.

D. Saviez-vous, long-temps avant le huit de ce mois, que Lavalette était encore à Paris ?

R. Je n'ai pas conservé le souvenir de la date ; mais je crois que je n'ai eu connaissance qu'il était à Paris que le trois ou le quatre janvier, et je l'avais seulement entendu dire.

D. Ne vous fut-il pas proposé alors d'entrer dans un projet dont l'exécution avait pour but de faciliter sa sortie du royaume ?

R. On m'a parlé avec ce désir.

D. Quelle est la personne qui vous a parlé ainsi ?

R. Je suis né et élevé dans un pays où l'on respecte le devoir social comme le devoir public ; et ainsi ma mémoire n'est pas organisée pour trahir l'amitié et la confiance.

D. Le dimanche, sept du courant, n'êtes-vous pas allé dans la soirée chez le capitaine Hutchinson, rue du Helder, numéro trois, et ne vous y êtes-vous pas trouvé avec Lavalette ?

---

(1) Cette pièce se trouve à la suite des interrogatoires de Wilson, page 35.

R. 1° Je n'ai pas, comme je l'ai déjà dit, conservé le souvenir des dates ; 2° je rejette sur ma précédente réponse celle que j'ai à faire à l'égard du capitaine Hutchinson ; 3° je n'ai jamais été dans la société de quelqu'un où j'aie entendu le nom de Lavalette.

D. Dans cette société, avez-vous vu du moins un individu dont le nom aurait pu n'être pas prononcé devant vous, mais dont la figure vous était inconnue, et qu'à l'air de mystère qui régnait chez le capitaine, vous auriez eu lieu de soupçonner être arrivé dans l'intention de se cacher?

R. Je n'ai pas dit avoir passé cette soirée chez M. Hutchinson, et j'applique encore ici les réflexions précédentes.

D. Le lundi, huit du courant, n'êtes-vous pas allé le matin chez le capitaine? N'en êtes-vous pas descendu pour monter dans un boguey qui se trouvait dans la rue près ou en face de la porte-cochère, et n'avez-vous pas emmené à côté de vous un homme que vous avez trouvé dans l'appartement du capitaine?

R. Comme, par la nature de ces interrogats, d'autres personnes que moi se trouveraient impliquées, je dois me tenir sur la défensive et garder le silence.

D. Convenez-vous alors que vous avez aidé Lavalette à sortir de Paris, ensuite de France, en l'emmenant à côté de vous et sous les habits d'un officier anglais?

R. Je répète que jamais personne n'a paru devant moi sous le nom de Lavalette. Il est bien vrai qu'à l'époque dont vous parlez ou à-peu-près, j'ai emmené hors de France un particulier vêtu d'une redingote d'uniforme, mais qui n'est point affectée exclusivement aux militaires et que tous les individus ont droit de porter : je n'ai pas remarqué que sous cette capote il y eût un habit d'uniforme.

D. Sous quel nom ce particulier s'est-il fait connaître à vous ?

R. Comme ce particulier avait probablement des raisons de ne pas faire connaître son nom, je ne me crois pas autorisé à le dire.

D. Si vous ne le connaissiez pas, quel motif si puissant a pu vous déterminer à faire un voyage aussi long et aussi dispendieux pour l'accompagner jusqu'à la frontière ?

R. Mes motifs ne sont pas des actes ; alors je me trouve autorisé à n'en rendre aucun compte ; mais j'aurais honte de moi-même si l'amitié, ou seulement le désir de rendre un léger service à quelqu'un que je pourrais croire en avoir besoin, n'était pas suffisant pour m'engager à entreprendre un voyage beaucoup plus long et beaucoup plus pénible.

D. Lorsque vous passâtes par Valenciennes, et que vous vou-

lûtes obtenir un permis de poste, y déclarâtes-vous votre véritable nom?

R. Il est vrai que j'ai passé par Valenciennes, et je crois y
avoir dit mon véritable nom; mais dans tous les cas, et quand
je l'aurais déguisé, la sûreté de la personne qui m'accompagnait
aurait assez justifié cette précaution si je l'eusse cru utile. A mon
retour en France, je n'ai jamais caché mon nom; et avec mon
nom j'ai passé la frontière et les places fortes.

D. Reconnaissez-vous le permis que je vous représente pour
vous avoir été délivré à Valenciennes, pour vous et la personne
qui vous accompagnait?

R. Je ne m'en souviens pas.

D. Lorsque vous êtes arrivé à Compiègne, où vous êtes-vous
reposé? Avez-vous été, ainsi que votre compagnon de voyage,
reçu par un Anglais ou par un Français?

R. Je ne puis et ne veux rien dire de ce qui ne m'est pas purement personnel; cependant je dois à la vérité de déclarer, sur
mon honneur, qu'aucun Français, de quelque classe que ce
soit, du moins à ma connaissance, n'a été mêlé dans cette
affaire du moment que je me suis chargé du particulier : cette
déclaration s'applique tant à Paris qu'aux autres points de mon
voyage.

D. Vous êtes-vous porté de vous-même, ou par une inspiration étrangère, à faire le voyage en question?

R. On m'avait dit que ce voyage était nécessaire pour les
intérêts du particulier; je n'ai jamais eu besoin d'efforts ni de la
persuasion de personne pour me porter à faire une action que je
crois honorable, et que ma conscience approuvait : honorable,
parce que cet acte était plus que désintéressé; approuvé par ma
conscience, parce que je suis persuadé que tout homme honnête et de ma patrie, depuis le premier rang jusqu'au dernier,
l'approuvera dans son cœur.

Lecture faite, le prévenu a dit ses réponses contenir vérité, y
persister, n'avoir rien à y changer ou ajouter, a signé, avec nous
et le greffier, tant le présent que le permis y énoncé, et la protestation déposée par le prévenu.

Ainsi signé à la minute :

WILSON, DUPUY et DEROSTE.

9 *février.* — *Sixième interrogatoire.*

D. Reconnaissez-vous la corbeille que je vous représente,
et qui est ficelée et cachetée du sceau de la Préfecture de
police?

R. Non, Monsieur; mais avant de répondre à toute espèce
de questions, je demande qu'en tête de votre procès-verbal soit

consignée la protestation que je renouvelle formellement sur le droit que l'on prétendrait avoir de m'interroger. Je déclare, en conséquence, méconnaître tout ce qui peut avoir pour objet d'établir contre moi, et avant ma mise en jugement, des preuves ou même de simples présomptions résultantes de ce *systéme inquisitorial*.

Et à l'instant, ayant rompu le cachet apposé sur les deux bouts de la ficelle servant à fermer la corbeille, nous avons fait l'ouverture d'icelle et lui avons représenté tous les papiers qu'elle contient.

Nous avons ensuite formé de tous ces papiers cinq liasses.

La première de ces liasses contient douze pièces, toutes adressées à lady Wilson.

La deuxième liasse contient dix-huit pièces, composées d'un mémoire adressé à lord Castlereagh par le général Wilson, à l'effet de rappeler tous les services publics rendus par ce dernier dans la dernière guerre entre la France et la Russie, et des pièces produites à l'appui de ce mémoire.

La troisième liasse contient quatre lettres originales, également relatives au mémoire énoncé dans la deuxième liasse.

La quatrième liasse contient des pièces composées de notes et observations faites dans un voyage du général dans l'Asie mineure, au mont Ida.

La cinquième et dernière liasse contient soixante-quatre pièces composées de recettes diverses et mémoires de dépenses, tant en anglais qu'en français.

Nous avons également trouvé dans ladite corbeille, 1° une lettre adressée à miss Rhodes, venant d'Angleterre, et écrite en langue anglaise ; et le général Wilson nous a déclaré que cette demoiselle est la demoiselle de compagnie de son épouse ;

2° Enfin une lettre signée *Bruce*, sans adresse et sans date.

Le général Wilson ayant pris lecture de cette lettre, nous a fait observer qu'elle ne lui est point adressée ; qu'il est facile de s'en convaincre par les expressions presque respectueuses de cette lettre, et qui ne sont point conformes à l'intimité qui existe depuis plusieurs années entre M. Bruce et lui : ce ne peut être que par erreur que cette lettre se trouve parmi ces papiers.

Ce fait, nous avons apposé notre cachet et celui du général Wilson sur les deux bouts de la ficelle attachant chacune des liasses ; nous avons coté et paraphé toutes les pièces en tête d'icelles, ainsi que les deux lettres qui ne font pas partie des liasses, lesquelles deux lettres ont été signées et paraphées *ne varietur*.

Lecture faite du présent, le général Wilson a signé avec nous et le greffier.

Ainsi signé à la minute :   WILSON, DUPUY et DEROSTE.

14 février. — Septième interrogatoire.

D. Est-ce bien par un sentiment de pure générosité, comme vous l'avez dit dans votre premier interrogatoire, que vous avez pris part à l'évasion de Lavalette? et n'est-ce pas plutôt dans des vues toutes politiques, et par suite d'une opposition marquée aux actes du gouvernement?

R. Je commence par renouveler mon ancienne protestation contre ce *système inquisitorial;* et passant de suite à votre question, je réponds que je n'ai pas nommé M. Lavalette comme le particulier que j'ai accompagné jusqu'aux frontières; mais, dans tous les cas, je conviens que lorsque l'on m'a proposé de sauver M. Lavalette, *la politique n'eut pas pour un moment d'influence sur ma décision, et ma conduite a été dirigée par un sentiment impératif d'humanité qui m'aurait fait sauver un ennemi dans les mêmes circonstances.*

D. Vous conviendrez cependant que l'indifférence que vous deviez avoir pour un homme qui vous était inconnu, et l'aversion profonde que vous ne cachiez pas pour le gouvernement, ont dû naturellement faire croire que ce dernier sentiment a pu seul régler votre conduite dans cette affaire.

R. J'ai répondu aux faits; je n'ai point à m'occuper de la possibilité à l'égard de l'aversion profonde que l'on me suppose si gratuitement pour le gouvernement français. Je déclare que je ne me suis jamais mêlé d'un acte de ce gouvernement dans lequel l'honneur et la bonne foi de ma nation ne se trouvaient pas intéressés, et que j'avais le droit, comme Anglais, de critiquer.

D. Pourquoi donc, lors de l'affaire de Lavalette, affaire étrangère à votre Gouvernement, vous êtes-vous efforcé de jeter de l'odieux sur les personnes à qui leur devoir prescrivait les poursuites à faire contre lui? Pourquoi les avez-vous traitées de *persécuteurs qui multipliaient leurs efforts pour assurer leur triomphe sanglant?* Pourquoi ajoutiez-vous *qu'ils avaient découvert la trace de leur proie, et que l'évasion de Lavalette n'avait fait que rendre ces monstres plus furieux?*

R. Sur le premier article de cet interrogatoire, je réponds que l'affaire de M. Lavalette, abstraction faite de la part que j'ai pu prendre à son évasion, n'était point étrangère à un Anglais; il existait une convention signée du général anglais, et ratifiée du gouvernement anglais; et la mise en jugement de M. Lavalette était une violation manifeste de cette convention. Je ne nie pas que j'aie fait usage des paroles que vous venez de rapporter, mais il faut que vous m'en fournissiez la preuve. Au surplus, j'ai voulu écarter toute discussion politique : comme vous prenez l'initiative, je ne refuse pas de répondre.

D. La preuve que vous demandez résulte de la lettre que je vous représente : la reconnaissez-vous, et consentez-vous, à la signer et parapher *ne varietur?*

R. En dénonçant ces crimes majeurs par lesquels le gouvernement français s'est emparé d'une lettre cachetée, adressée à un pair du parlement d'Angleterre, je l'avoue, et je suis prêt à la signer et parapher *ne varietur.* Je déclare que mon but est rempli. Le silence que j'ai gardé et qu'on m'a tant reproché n'avait d'autre cause que de mettre le gouvernement français dans la nécessité de dévoiler lui-même sa honte et sa culpabilité, en produisant la lettre interceptée, et que depuis longtemps je savais l'être.

D. Il paraîtrait que l'honneur de votre pays ne serait pas la seule considération à laquelle vous auriez cédé dans cette circonstance, puisque vous mettez vous-même en avant, et pour la justifier, *la catastrophe de Lavalette, que vous regardez comme un déshonneur pour la cause de la liberté et de l'humanité.*

R. Ces deux mots, *liberté, humanité,* deviennent la preuve de mon explication. En effet, le mot *liberté* bien entendu exprime le respect pour les lois, pour la justice : ces lois étaient outragées par la violation du traité ; et c'est donc avec raison que je regardais cette cause comme celle de la *liberté liée à l'humanité.* Les phrases suivantes viennent encore à l'appui de la justesse de cette interprétation, puisque j'exprime le vœu que l'*Angleterre échappe à la honte de participer de nouveau à un assassinat, et que tout homme honnête et indépendant en Europe ait au moins une fois l'occasion de se réjouir dans ces temps de deuil et d'ignominie.*

Je n'avais pas besoin de détailler les divers sentiments qui m'animaient, et suivant l'ordre où ils s'étaient présentés à mon esprit ; je n'ai voulu lui donner qu'un tableau général ; et il y a une grande distinction à faire entre la précision qui appartient essentiellement à une lettre confidentielle adressée à un ami éclairé, et les développements que doit contenir une lettre destinée à être mise sous les yeux du public.

D. Les expressions dont vous vous servez pour désigner les personnes qui agissaient par ordre du gouvernement ; la haine qui perce dans la manière dont vous parlez du gouvernement lui-même, ne doivent-elles pas faire penser que l'évasion de Lavalette n'a pas été pour vous un objet principal, mais simplement un moyen, un commencement d'exécution d'un projet bien autrement vaste, d'un complot précédemment formé et arrêté de détruire ou changer le gouvernement ou l'ordre de successibilité au trône ?

R. Les expressions dont j'ai fait usage ont pris leur naissance dans l'esprit de vengeance que j'ai remarqué dans les persécutions dirigées contre le maréchal Ney et M. Lavalette, persécutions qui m'ont toujours paru un outrage à l'honneur et à la bonne foi de la nation anglaise, identifiée avec la convention de Paris. Je n'ai jamais voulu indiquer particulièrement ni les agens du gouvernement, ni toute autre personne, comme blâmables des persécutions dont j'étais révolté; mais j'ai entendu parler en général de tous ceux qu'un zèle furieux, ou au moins exagéré, portait à demander du sang, et à s'opposer au vœu que le cœur du Roi avait émis, au su de tout le monde, d'user de la clémence vis-à-vis de M. de Lavalette.

D. Comment pourriez-vous échapper à la forte présomption qui s'élève contre vous, d'avoir voulu détruire ou changer le gouvernement, vous qui nous avez fourni vous-même ce raisonnement, et qui, dans la lettre dont il s'agit, ne dissimulez pas que les faits dont vous donnez le récit peuvent vous faire encourir le soupçon de conspirer clandestinement, soupçon que vous annoncez l'intention de prévenir en communiquant *au duc* ce que vous aviez fait?

R. Ma politique avouée et reconnue a toujours été de laisser chaque nation indépendante, et de ne point m'immiscer dans les affaires de leur gouvernement; mais j'ai vu avec peine le gouvernement anglais porter en sacrifice la constitution anglaise pour se lier à la politique française; j'aurais vu avec plaisir la cessation de cette liaison. Je ne suis jamais entré dans aucun complot ou association contre le gouvernement français; je me suis borné à confier, dans le sein de l'amitié, les pensées et les désirs que m'inspiraient les circonstances; c'est un droit qui naît avec un Anglais, et que personne ne peut lui contester lorsqu'il l'exerce simplement, et sans l'accompagner d'aucun acte préjudiciable au gouvernement.

Le duc dont il est question dans le passage qui vient de m'être cité est le duc d'Yorck, frère du Prince-Régent, et généralissime de toutes les armées d'Angleterre. Le désir que j'annonce de lui communiquer ce que j'avais fait, et *pour éloigner tout soupçon d'une conspiration clandestine*, est la meilleure preuve que je puisse apporter de la pureté de mes intentions.

D. Un de vos amis, dans une réponse qu'il vous adressait, ne vous faisait-il pas part du doute où il était que la nation fût fortement indisposée contre les Bourbons, et ne semblait-il pas consterné du défaut de démonstration de mécontentement à cet égard?

R. Cette question a été discutée en Angleterre depuis le rétablissement des Bourbons, et elle s'y discute encore aujourd'hui; mais il faut me faire voir la lettre dont vous me parlez, afin de me mettre à même d'entrer dans de plus grands détails.

D. L'exhibition de cette lettre ne peut avoir aucun intérêt pour vous ; mon but en ce moment, en vous rappelant la réponse, est de vous faire apercevoir le sens présumé, ou plutôt bien connu de la lettre qui l'avait provoquée, et de tirer cette conséquence palpable aux yeux des gens les moins prévenus, que vos opinions se trouvaient d'accord avec celles de votre correspondant, quoique celles-ci fussent en contradiction avec celles de votre gouvernement, celles de la France, et, j'ajouterai, celles de tout ce qu'il y a d'amis du repos et du bonheur des nations.

R. 1° Je proteste contre toute responsabilité pour les correspondances des hommes nés libres comme moi-même ; 2° je m'oppose à la logique de l'induction : en effet, si la personne qui m'écrit avait été bien convaincue de la conformité de nos opinions, elle n'aurait pas pris tant de peine pour me développer les siennes et me les faire partager. Enfin, n'être pas d'accord avec la politique de son gouvernement n'est pas un crime pour un Anglais ; et j'avouerai franchement que la constitution de ma patrie, son indépendance et son bonheur, sont supérieurs à toute considération pour le salut du gouvernement français, et le repos établi sur les ruines de l'Angleterre.

D. Ce que vous dites sur la liberté des opinions repose sur un principe auquel notre gouvernement et notre constitution rendent également hommage. La loi ne recherche personne pour ses opinions particulières, à moins qu'elles ne soient émises dans la vue de troubler l'ordre public : tel est le caractère qui se fait remarquer dans les étranges paroles que je trouve dans cette lettre et que je vais vous rappeler : *Si l'on se propose de renverser l'ordre de choses actuel, le feu devrait être toujours entretenu et toujours visible, comme un rayon d'alarme, en France et dans l'étranger ?*

R. Je demande communication de cette lettre avant de répondre, et pour connaître son auteur, et juger des motifs qui ont pu le porter à faire usage de semblables expressions.

D. La voici : la reconnaissez-vous ?

R. Oui ; celui qui l'a écrite m'a autorisé à le nommer : c'est mon frère. La phrase citée est un raisonnement purement spéculatif et hypothétique ; il n'a point d'objet présent. Son but, prouvé par l'ensemble de la lettre, était de m'établir ses calculs sur l'état de la France et de l'Angleterre.

D. La phrase qui précède me paraît repousser cette interprétation, et l'on y voit beaucoup moins une hypothèse qu'une véritable crainte, quand il dit : *Il règne dans les provinces une tranquillité qui peut dégénérer en une adhésion positive aux vues du souverain.*

R. Il n'est point dit *aux vues du souverain*, mais *des souverains :* ce qui produit un sens entièrement différent. Je ne suis pas forcé de défendre mon frère ; il est capable et tout prêt à défendre sa propre cause; mais mon frère étant ennemi du système des puissances coalisées, qu'il croit calculé pour faire le malheur et pas le bonheur de sa patrie, a exprimé ses craintes que le système actuel se consolidât; et pour arriver à son but, il voudrait voir les peuples de toute l'Europe s'intéresser à leurs propres affaires, et regagner ce qu'il appelle leur souveraineté ; ce qui base la constitution anglaise. Cette lettre, écrite en anglais, adressée à un frère, et qui n'a point été mise en circulation, ne peut pas être citée comme un acte illégal contre le gouvernement français.

D. Cette correspondance me paraît avoir établi, entre votre frère et vous, une sorte de solidarité et d'identité qui vous rend mutuellement responsables de vos opinions ; elle prouve qu'il n'existait pas seulement de votre part, à tous les deux, une opinion contraire au gouvernement, mais un complot et une intention réelle d'opérer son renversement : j'en trouve une preuve sans réplique dans le dernier paragraphe de cette lettre, où votre frère, ne voyant que trop que les faits lui manquent, vous dit : *Qu'il a besoin de faits pour établir ses espérances ; mais si nos amis décèlent trop de faiblesse* (et ceci prouve qu'ils étaient sur le point d'agir), *il vaut mieux ne rien tenter ; car, à moins que la grande masse du peuple ne se mette en avant,* tout en définitif deviendrait de nul effet.

R. 1°. Je m'en réfère toujours à ma première protestation sur toute responsabilité relative à des opinions qui me sont étrangères ; 2°. je crois que mon frère ne parle pas de la France dans ce paragraphe par les motifs suivants :

Il rappelle une critique que j'avais faite sur Péry, éditeur du *Morning Chronicle*, et il n'a en France aucune connaissance qui puisse autoriser le mot *nos amis ;* enfin il serait absurde de penser qu'un homme qui vit en Angleterre, à la campagne et loin des affaires, puisse et veuille entrer dans un complot en France : il revient toujours sur le désir, légitime pour lui, de voir changer le système politique de l'Europe.

Si sa lettre avait pour objet la politique, on n'y verrait pas mêlées des affaires de famille, et d'autres tout-à-fait indifférentes : et ce qui achève enfin de prouver qu'il ne s'agissait entre nous d'aucun complot, c'est qu'il ajoute : *Je suis fatigué de vos sentiments et de vos fortes opinions !* d'où il est aisé de conclure qu'il ne s'agissait entre nous que d'opinions. La lecture de la lettre en entier prouvera d'ailleurs beaucoup mieux que chaque passage séparé, qu'elle se rapporte principalement au sort de l'Angleterre, et au rétablissement de son indépendance distincte de ses liaisons actuelles avec la France.

D. Sans renoncer aux conséquences que l'on pourrait induire contre vous de cette correspondance, n'avez-vous pas vous-même, dans le mois de janvier dernier, écrit avec cet enthousiasme, et dans ce langage qui était autrefois chez nous celui des plus ardents amis des révolutions :

Le cri général est toujours : ils seront renversés : ce cri a retenti jusques dans le Downing street, ore rotundo ?

R. Cela est possible, je ne me le rappelle pas ; mais s'il est vrai que j'aie fait usage de ces mots, il est certain que je faisais allusion à quelques nouvelles envoyées au gouvernement ou par le gouvernement anglais : ce qui m'éclaire à cet égard, ce sont les mots *Downing Street*, qui désignent le siége du gouvernement ; ces mots, *ils seront renversés*, avaient probablement une application tout-à-fait étrangère au gouvernement français. J'ajoute que je n'ai pas formé mon langage ni mes opinions dans vos *écoles révolutionnaires*. Il est en tout conforme aux véritables principes des patriotes anglais.

D. Un de vos amis, dans une lettre qu'il vous écrivait au mois de novembre dernier, ne vous témoignait-il pas le regret *de ne pas voir paraître en France un chef marquant, en état de plaire, et de la soumission à laquelle le peuple français se montrait si disposé ?*

R. Cela est possible : les journaux anglais donnent la preuve incontestable que ce désir existe dans une partie de la nation anglaise ; et j'ai des amis dans tous les partis ; mais je ne me rappelle pas avoir reçu une semblable lettre.

D. N'avez-vous pas dit en présence de plusieurs personnes, et à plusieurs reprises ; n'avez-vous pas écrit même à sir Edouard Wilson, votre frère, que le détrônement des Bourbons était une chose irrévocable ?

R. C'est bien possible, mais toujours avec la condition sous-entendue et exprimée antérieurement, dans le cas où l'on persisterait dans un système de sévérité fait pour éloigner du Roi le cœur des Français.

D. N'avez-vous pas, dans une autre lettre, annoncé la nouvelle à la fois controuvée et alarmante, que la tristesse augmentait de jour en jour à Paris, et que tout annonçait *l'approche d'une crise ?*

R. Je n'ai jamais eu de correspondance qu'avec mes compatriotes, et il peut se faire que je leur aie transmis l'impression que j'ai cru remarquer dans Paris, et qui d'ailleurs n'avait pas échappé aux journalistes anglais, qui enfin avait été annoncée dans la chambre même des députés.

D. Ce langage ne se réfère-t-il pas plutôt au complot précédemment arrêté ? et cette conséquence ne résulte-t-elle pas des expressions suivantes, qui ne se rapportent plus à une proposition vague et indéterminée :

Le coup qui éclatera se fera ressentir ici d'une manière terrible ; et j'espère que les peuples de l'Europe ne seront pas sourds à l'appel qui leur sera fait ?

R. J'ai toujours nié l'existence d'aucun complot à ma connaissance. Je proteste contre ces extraits sans date et détachés de l'ensemble de la lettre ; je répète que, comme Anglais, j'avais le droit de communiquer à mes compatriotes mes opinions politiques, et je suis ennemi du système actuel établi en Europe, et nuisible aux intérêts, à l'honneur et à la constitution de ma patrie. Je déclare que je ne me souviens pas des expressions qu'on me cite ; mais ces expressions même annoncent seulement ce qui arriverait, je crois, en France : l'appel n'est pas au peuple français, mais à tous les peuples de l'Europe, au soutien des principes que j'ai déjà annoncés.

D. Pourquoi, si vous ne vouliez pas vous immiscer dans les affaires de la France, annonciez-vous un si vif désir d'y introduire et de faire traduire en français les articles politiques du journal intitulé *Edimbourg Review ?*

R. Je ne sais pas si j'ai jamais exprimé ce désir ; mais cet ouvrage étant écrit par des hommes les plus éclairés de l'Angleterre, et contenant un précis de tous les ouvrages qui y sont publiés, j'ai pu désirer voir sa circulation en France, à la demande de plusieurs de mes amis.

D. Ces articles contenaient des principes politiques qui, de votre aveu, *ne pouvaient circuler qu'au moyen de copies manuscrites, lesquelles, par cette raison, ne produiraient pas autant de bien que l'on aurait pu en obtenir d'imprimées :* par ces mots, *autant de bien,* n'entendiez-vous pas l'agitation des esprits, et la circulation d'idées dangereuses et subversives du gouvernement ?

R. 1° L'Angleterre n'autoriserait pas la publication d'un ouvrage qui contiendrait des principes dangereux ; 2° l'ouvrage périodique d'Edimbourg ne se borne point à la politique ; et d'ailleurs il ne paraît que tous les trois mois ; 3° comme Anglais, je suis élevé dans l'opinion que les discussions politiques ne produisent aucun mal, et sont l'âme de la liberté sage et du bien de l'état.

D. Pouvez-vous expliquer la nature des événements extraordinaires dont vous annonciez que l'on entendrait bientôt parler en Allemagne ?

R. La *curiosité judiciaire* de la France doit se restreindre dans les limites de son territoire : d'ailleurs je ne puis répondre sans voir les pièces dans lesquelles on a puisé ces expressions.

Je n'en redoute pas, j'en sollicite la publicité, ainsi que de tout ce que j'ai pu dire ou écrire.

Lecture faite, le prévenu a dit ses réponses contenir vérité, y persister, et a signé avec nous et le greffier, et a également signé et paraphé *ne varietur* les deux lettres que nous lui avons représentées.

Ainsi signé à la minute : WILSON, DUPUY ET DEROSTE.

20 février — Huitième interrogatoire.

D. Reconnaissez-vous, pour les avoir écrites, les trois lettres que je vous représente ; l'une datée du six décembre dernier, et l'autre du vingt-huit du même mois, et la dernière du six janvier dernier, et consentez-vous à les signer et parapher *ne varietur ?*

R. Renouvellant ma première protestation contre cet interrogatoire, et mes plaintes contre les crimes commis par le gouvernement, pour corrompre mon domestique et violer le secret des lettres adressées à des amis, je reconnais les trois lettres qui me sont représentées comme étant écrites dans le temps où la ville de Paris était occupée par les armées alliées, et notamment par les troupes anglaises, et contenant les nouvelles et les bruits circulant dans les sociétés diplomatiques et militaires, non obtenus d'aucune manière secrète et illégale, et uniquement dans l'intention de donner à mon frère et à lord Gray des relations intéressantes que tôt ou tard ils auraient reçues par les journaux. Je consens à les signer et parapher *ne varietur.*

D. Il ne m'appartient pas d'examiner ici le mérite des plaintes que vous vous croyez en droit de porter sur la violation du secret des lettres, et d'expliquer le moyen qui aura pu faire tomber les vôtres entre les mains du gouvernement ; mais je vous demande si l'on est fondé à se plaindre de l'inobservation des règles ordinaires, quand on peut être soupçonné soi-même de les avoir enfreintes ; si le gouvernement est tenu de respecter le secret de celui qu'il peut croire ne pas respecter son repos, qu'il peut même accuser en quelque sorte de violer les lois de l'hospitalité ; si dans une telle circonstance, il n'a pas, comme tout particulier, le droit de défense naturelle ; s'il est enfin plus blâmable que l'homme dont on attaquerait la vie, et qui pour repousser son agresseur emploierait contre lui des armes semblables aux siennes, et pourtant prohibées dans les cas ordinaires ?

R. Le gouvernement doit être à-la-fois le protecteur des lois et le soutien des mœurs. Or, il ne pouvait pas leur faire un plus grand outrage qu'en subornant un domestique, et en l'engageant par des récompenses honteuses à violer ses devoirs envers son maître. Mais enfin le fruit de ce crime n'a été autre chose que la découverte de quelques lettres particulières écrites avec quelqu'indiscrétion peut-être, puisque les nouvelles qu'elles contenaient n'étaient pas bien constatées, mais qui ne devaient inspirer aucun ombrage au gouvernement, comme elles ne l'exposaient à aucun danger, attendu qu'il n'y était fait mention que de ce qui se disait publiquement, et était probablement répété dans toutes les lettres adressées en Angleterre.

D. Mais n'avez-vous pas ajouté à ces bruits publics votre sentiment particulier ? N'y avez-vous pas même laissé percer un manque de respect pour la personne du Roi, en disant, par exemple : « *Lord Wellington voyant qu'il ne peut soutenir plus long-temps l'idole qu'il a élevée, etc.* » ? Ne convenez-vous pas que cette dernière expression n'a pu être employée qu'en mauvaise part, et avec une sorte d'ironie injurieuse pour Sa Majesté ?

R. 1° Le roi de France n'est pas mon roi. 2°. Je puis faire usage des mêmes mots en parlant du roi d'Angleterre sans aucune offense et même sans crime, en supposant qu'on y attachât une idée ironique. 3° Je ne veux entrer dans aucune discussion sur des lettres particulières, détournées de leurs adresses de la manière que j'ai dénoncée. J'ai écrit ce que je croyais, et non pas ce que je faisais. On ne peut pas me faire une accusation pour ma crédulité ; mais je puis me faire des reproches à moi-même, et d'avoir écrit des anecdotes compromettant d'autres personnes sur les *on dit* des autres, sans avoir approfondi la vérité ; mais je répète d'ailleurs que ces lettres étaient adressées à mon frère et à lord Gray, que je considérais comme mon ami le plus intime, et comme l'homme le plus discret. Pour prouver que je n'étais pas ici pour travailler contre le Gouvernement, il suffit de lire un des paragraphes de ma lettre du 28 décembre dernier, ainsi conçu : « *Je sors très-rarement pour paraître* » *dans aucune société publique ; et il y a bien six semaines que je* » *ne me suis trouvé que dans la société de mes meilleurs amis.* » Et l'ensemble de ces trois lettres ne fait que prouver la vérité de toutes mes réponses précédentes : savoir, que j'étais très-indigné de l'infraction de la convention ; que je souhaitais la publicité des discussions du parlement pour instruire les peuples du continent ; et que je pensais que le trône planté sur les baïonnettes étrangères, en ne reprenant pas ses bases naturelles sur un système de clémence et de respect pour la bonne foi, courait le plus grand danger de s'écrouler. Comme Anglais, j'avais le droit de m'exprimer ainsi, expressément dans les circonstances actuelles, quand le rétablissement du Roi était notre propre ouvrage.

D. Comment croire que ces expressions vous fussent dictées par un simple sentiment de prévoyance, lorsque, dans votre

lettre du 28 décembre dernier, vous « *blâmez votre Gouver-*
» *nement de sa crainte de compromettre la cause des Bourbons*
» *et celle de la légitimité en général* »; et que dans un passage
« plus bas, vous parlez *d'un de vos amis qui vous fait perdre*
» *patience, parce que,* dites-vous, *il est devenu un maniaque*
» *légitime* ».

R. 1° Je ne veux pas répondre à un fonctionnaire français
au sujet de mes observations sur le Gouvernement anglais.
2° J'avais le droit de nommer un Anglais qui adoptait la doctrine de la légitimité, ou fou, ou maniaque, ou traître, parce
qu'il outrage le principe en vertu duquel la maison des Brunswick règne en Angleterre. 3° Je suis charmé d'avoir cette occasion
de réparer publiquement le tort que j'avais fait à cet ami, ainsi
que je l'ai déjà fait en particulier.

D. Votre réponse n'embrasse pas toute la question que je
vous adresse, et qui avait pour objet non-seulement vos observations sur la cause de la légitimité en général, mais encore
celles qui s'appliquent à la cause des Bourbons en particulier.

R. Je me suis expliqué déjà sur ma politique et mes intentions de ne pas entrer dans des discussions sur des phrases dé-
tachées, et dont le sens considéré isolément, et par d'autres
personnes que celle à laquelle elles étaient adressées, peut recevoir une interprétation différente de ma pensée.

D. Mais au moins il existe des passages sur le sens desquels
il est impossible de se méprendre : ainsi, par exemple, lorsque
dans cette lettre du 6 décembre, vous annoncez des change-
ments dans le Gouvernement français, en disant : « *Les affaires*
» *prennent un cours tout-à-fait contre-révolutionnaire* », est-il
possible de douter que vous ne révoquiez en doute l'autorité
légitime du Roi, et que vous ne la regardiez que comme étant
établie sur un principe de violence et de révolution ?

R. Je ne veux pas entrer dans une discussion grammaticale
qui pourrait nous entraîner beaucoup trop loin ; mais je veux dire
franchement, et j'espère finalement, que j'ai toujours regardé
le roi de France comme rétabli par la force ; que moi-même,
comme Anglais, je ne respecte pas ce que l'on appelle la *légi-*
timité des souverains, lorsqu'elle n'est pas sanctionnée par le
peuple. Le mot *contre-révolutionnaire* dont je me suis servi
ne s'appliquait pas à la légitimité, mais seulement au changement qui devait s'opérer, suivant mon opinion, fondée sur mes
nouvelles, et partagée par la presque totalité de l'Angleterre,
même dans ce moment.

D. Laissant de côté tout ce qui est relatif à des opinions
abstraites en fait de gouvernement, et m'attachant à ce qui est
personnel au Roi, je vous demande pourquoi vous avez ou-
tragé son caractère si connu de la France et de l'Europe en-

tière, en disant : « *Je le soupçonne de n'être pas sincère, de se
» jouer de ses protestations de clémence, et de soutenir les
» terroristes* « ?

R. Peut-être j'ai fait du tort aux intentions du Roi, que
j'ai connu personnellement autrefois, et qui m'a inspiré un
sentiment de respect ; et je prétends le lui avoir témoigné dans
mes services publics qu'il connaît bien. Mais quand j'ai vu que
le Roi n'accordait pas la grâce, en quelque sorte promise à
madame de Lavalette, et que les ministres du Roi étaient obligés
d'abandonner leurs mesures de clémence déjà annoncées dans
les Chambres, dans le premier moment j'attribuai cette différence entre les promesses et la réalité à un manque de sincérité
de sa part, d'après le droit surtout qu'il tient de sa souveraineté
de dire : *Je le veux.*

Lors de mon arrivée en France, je n'y ai apporté que des
opinions conformes à son bonheur ; mais je différais sur les
moyens de l'établir, et j'ai toujours pensé que l'amnistie seule
pouvait produire cet heureux et prompt résultat.

D. Mais depuis, vous avez formé le désir de voir renverser
le Gouvernement ; vous vous étayiez dans vos conjectures à cet
égard, de l'opinion des ministres étrangers ; et vous cachiez si
peu ce désir, que, tout en rapportant leurs conversations à ce
sujet, vous dites dans l'une de ces lettres : « *Ce n'est pas que je
» les regarde comme des oracles ; mais la publicité de leurs
» prophéties leur prête de l'importance* » ; ce qui fait présumer que vous attachiez un grand prix à leur importance.

R. On ne peut inférer de ma part aucun désir semblable à
celui qui m'est supposé, en se fondant sur l'expression *importance*, qui ne signifie rien dans notre langue et dans le passage
où je l'emploie, que l'autorité que donnait à ces nouvelles la
source d'où elles venaient.

D. Mais à la suite de cette première réflexion, pourquoi
parlez-vous d'un individu parti pour Milan, en courrier autri-
chien, pour y porter l'avis que la crise était parvenue à sa ma-
turité ? et ne doit-on pas en conclure que vous pouviez être à
cette époque dans la confidence d'un complot qui devait avoir
pour but de renverser le Gouvernement ?

R. J'ai annoncé cette nouvelle qu'on m'avait donnée dans
des cercles diplomatiques, sans me donner aucun autre ren-
seignement ; et j'avais le droit de la communiquer ; mais à
l'égard de l'accusation d'aucun complot tendant à renverser le
Gouvernement français, je répète que ma politique a toujours
été uniforme sur ce sujet, de ne pas m'immiscer, moi ou ma patrie,
si j'étais chargé de ses intérêts, dans les affaires intérieures de
la France ; et je défie qui que ce soit de prouver que je me suis
écarté de ces principes.

D. Ce qui paraîtrait cependant établir d'une manière formelle et positive que vous attachiez le plus vif intérêt à l'événement du départ de ce courrier et à l'objet de sa mission, c'est
que vous ajoutez plus loin : *La majorité du peuple se prononce
pour le jeune Napoléon, et ses prétentions appuyées par les
Russes et les Autrichiens l'emporteront finalement.*

R. On m'avait donné lieu, à cette époque, d'attacher de l'importance au départ de ce courrier ; mais quelque temps après,
l'on me dit que l'on avait été trompé. Mais, j'avais bien le droit
de croire et d'annoncer qu'une crise menaçait, lorsque je voyais
les troupes anglaises différer leur départ de jour en jour, non-
obstant le traité de paix.

D. Mais n'alliez-vous pas plus loin que des conjectures, et
ne parliez-vous pas d'après une connaissance particulière et positive, lorsque vous disiez : « *Il arrivera des scènes sanglantes
» avant que la révolution puisse être consommée ; mais le
» point est arrêté, et l'impulsion donnée ?* »

R. Je ne dis pas *il arrivera*, mais *il pourrait arriver*, ce qui
change le sens de cette phrase, et convertit la certitude en possibilité. D'ailleurs les nouvelles précédentes justifiaient cette opinion jusqu'au moment où j'ai été détrompé ; et ces nouvelles ne
se bornaient pas seulement au départ de ce courrier, elles s'ap-
pliquaient à tous les événements politiques qui faisaient alors le
sujet de l'entretien général.

J'ajouterai enfin que mes opinions politiques, et je viens d'en
faire la déclaration franche, n'ont eu aucune influence sur ma
décision lors de la proposition qui me fut faite de sauver M. Lavalette. Je n'ai entendu sauver qu'un homme malheureux, dont
les circonstances m'appelaient en quelque sorte à devenir l'ar-
bitre de sa vie ou de sa mort, et qui s'adressait à moi, non-
seulement parce qu'il comptait sur mon humanité personnelle,
mais sur la générosité nationale.

Lecture faite, le prévenu a dit ses réponses contenir vérité,
y persister, n'avoir rien à y changer ou ajouter, et a signé avec
nous et le greffier.

Signé à la minute : ROBERT WILSON, DUPUY et DEROSTE.

23 *février.* — *Neuvième interrogatoire.*

D. Vos nom et prénoms, âge, profession, lieu de naissance
et demeure ?

R. Je m'appelle Robert-Thomas Wilson ; je suis âgé de trente-
huit ans, né à Londres, général-major en non activité, demeurant à Paris depuis trois mois, rue de la Paix, numéro
vingt-un.

D. Reconnaissez-vous pour être votre ouvrage, ou au moins
pour avoir été copié par vous, le rapport que je vous représente, et que son titre attribue à M. Pozzo di Borgo, ministre

plénipotentiaire, lequel serait censé l'adresser à l'Empereur de Russie ?

R. Le Gouvernement français m'a calomnié, ou a permis que je fusse calomnié dans les journaux imprimés sous sa direction, en disant qu'on avait trouvé le brouillon original de ce rapport dans mes papiers, écrit de ma main, et que j'en étais l'auteur. Je vous représente, et je dépose, pour être jointe au présent interrogatoire, la lettre que j'ai adressée à ce sujet à M. Pozzo di Borgo, le vingt-trois janvier dernier, et que j'ai fait imprimer dans les journaux anglais.

D. N'avez-vous pas du moins coopéré à la publicité de la circulation de cette pièce, qui pouvait produire un résultat si fâcheux pour l'Europe en général et la France en particulier ?

R. Non. On m'a prêté seulement une copie, dont je devais faire tirer une autre copie pour le Gouvernement anglais ; la copie qui m'est représentée avait été empruntée par moi pour la communiquer à un sujet de l'Empereur de Russie, afin d'avoir son avis sur l'authenticité de cette pièce, que je croyais moi-même être un document officiel, d'après la citation qui s'y trouve d'une lettre de lord Castlereagh ; lettre qui n'a pu être connue que de quelqu'un qui avait l'accès au porte-feuille de l'Empereur. Comme document historique d'état, j'avais le droit de le posséder, mais je ne l'ai jamais prêté à aucun Français.

D. N'avez-vous pas cherché du moins à en accréditer le contenu en vous expliquant hautement sur les principes qui y sont développés, et dont les conséquences, s'ils avaient été suivis, pouvaient opérer le renversement du système adopté par toutes les puissances de l'Europe, en portant l'agitation et le désordre au sein de la France, dont le souverain légitime venait d'être rétabli par toutes les armées alliées ?

R. Il paraît qu'on oublie que je suis Anglais, et qu'on ne connaît pas le droit d'un Anglais. Ma réponse précédente est définitive ; je ne veux plus être entraîné dans cette discussion métaphysique de la politique. Qu'on m'accuse, qu'on me juge ; et quand je serai devant les tribunaux, je saurai comment je dois me défendre moi-même et soutenir mes droits.

D. Reconnaissez-vous pour être de votre écriture la lettre que je vous représente, et qui a été trouvée dans les papiers de Lavalette ?

R. Non, Monsieur, elle n'est pas de ma main.

Et, attendu la réponse du prévenu, nous avons clos le présent procès-verbal d'interrogatoire, qu'il a signé, après lecture, avec nous et le greffier, et a signé et paraphé *ne varietur* les lettres que nous lui avons représentées, le rapport attribué à M. Pozzo di Borgo, et la lettre qu'il a déposée en nos mains.

Ainsi signé à la minute : ROBERT WILSON, DUPUY et DEROSTE.

Protestation de sir R. WILSON, mentionnée dans son interrogatoire du 24 janvier, et annexée à la minute d'icelui.

Avant de répondre aux interrogatoires, c'est de mon devoir d'exposer les motifs qui m'ont retenu jusqu'à ce moment, et qui me décident de changer de système.

1.° J'ai reçu l'assurance que M. Bruce et le capitaine Hutchinson ont déjà répondu, et ainsi je me trouve *libre à l'acquit de leurs procédés ;*

2.° L'application de la QUESTION MORALE n'existant plus dans toute sa première rigueur, j'ai eu l'occasion de faire parvenir le rapport de ma position à l'ambassadeur d'Angleterre, et de transmettre à sa responsabilité la défense des droits et des grands principes de la justice dont je fus chargé, et que j'aurais su maintenir à toute extrémité sans l'ouverture de cette communication ;

3.° On m'a dit que par ma persévérance, et depuis les réponses de MM. Bruce et Hutchinson, et mes communications avec l'ambassadeur de ma nation, ma résistance devenant seulement personnelle, je diffère le procès et que je *prolonge l'état de souffrances de mes amis ;*

M'impatientant aussi pour paraître devant les tribunaux, mais protestant toujours dans la manière la plus solennelle contre l'atteinte portée aux droits des gens, aux lois civiles et militaires de ma patrie et les principes les plus sacrés et consacrés de la justice par UN SYSTÊME INQUISITORIAL ; et protestant toujours contre la production et l'usage *d'aucune évidence obtenue* ou *devant être obtenue de moi* ou de tout autre par ces moyens illégitimes, pour dresser et établir l'acte d'accusation contre moi et mes amis, je me dispose à écouter et à répondre aux interrogatoires ; me réservant toujours le droit de donner telles réponses qui me semblent convenables, pas avec une vue égoïste, mais pour l'intérêt de tout prévenu à l'avenir, et pour ajouter force à une affaire qui ne peut que devenir nationale.

J'ai soutenu les prétentions et les droits des citoyens de la Grande-Bretagne. Je me repose avec confiance sur ma patrie pour la protection que je réclame.

R. WILSON.

Janv. 24. — 1816.

INTERROGATOIRE DE MICHEL BRUCE.

13 janvier 1816. — Premier interrogatoire.

CE JOURD'HUI, treize janvier mil huit cent seize, trois heures
après midi,

Nous, soussignés, Pierre-Georges-François Monnier et Pierre
Malleval, commissaires de police de la ville de Paris, en exécution des ordres de Son Excellence le secrétaire d'état-ministre
de la police générale, nous sommes transportés à l'hôtel de la
préfecture de police, où, étant dans le cabinet de M. l'inspecteur général Foudras, nous avons transmis l'ordre verbal au
concierge du dépôt établi dans ledit hôtel d'en extraire et de
conduire devant nous le sieur Bruce, Anglais, arrêté ce matin,
comme il conste du procès-verbal de notre collègue Beffara, en
date de ce jour, pour qu'il soit par nous procédé à son interrogatoire.

Interrogé sur ses noms, prénoms, etc.

Répond : Je me nomme Michel Bruce, natif de Londres, âgé
de vingt-six ans, gentilhomme anglais, demeurant à Londres.

D. Depuis quelle époque êtes-vous à Paris? Pour quel objet?
Où est votre demeure?

R. Je suis à Paris depuis un an environ; quelques jours après
le départ de Buonaparte pour l'armée, en juin dernier, je quittai
Paris et me dirigeai vers la Suisse; mais à la frontière on ne
me permit pas de passer, et je fus ainsi forcé de revenir à Paris;
je fis ainsi une absence d'environ trois semaines. Je suis à Paris
pour mon agrément : ma demeure est rue Saint-Georges, n° 24.

D. Quelles sont les personnes que vous fréquentez le plus à
Paris?

R. Je suis répandu dans beaucoup de sociétés : je fréquente
un très-grand nombre de personnes; mais depuis trois ou quatre
mois, je mène une vie assez retirée.

Lui ayant présenté une petite caisse dans laquelle les papiers
qui lui ont été saisis ce matin se trouvent renfermés, il a
reconnu que ses cachets étaient intacts. Nous avons procédé en
sa présence à l'ouverture de la caisse et au dépouillement des
papiers. Nous avons formé deux paquets, l'un des papiers
anglais d'une date postérieure à mil huit cent quatorze, et
l'autre des papiers français de même date, et nous avons remis

tous les autres papiers ainsi que les brochures et les imprimés,
dans la caisse.

Et plus outre n'avons procédé. Lecture du présent ayant été
donnée à M. Bruce, il a dit qu'il contient la vérité, et a signé
avec nous.

Clos les susdits jour, mois et an, à cinq heures de relevée.

Signé à la minute :

MICHEL BRUCE, MONNIER et MALLEVAL.

14 janvier. — Deuxième interrogatoire.

D. N'avez-vous pas formé le projet de procurer l'évasion du
maréchal Ney?

R. Non.

D. N'avez-vous pas fait des démarches très-actives en sa
faveur?

R. Non : seulement mon opinion personnelle a toujours été
que l'on ne pouvait le mettre en jugement sans violer la capitulation de Paris.

D. N'étiez-vous pas en correspondance avec le maréchal
Ney ?

R. Je le voyais presque tous les jours. Je le connais depuis
long-temps, c'est-à-dire, depuis que je suis à Paris.

D. N'êtes-vous pas lié avec le général Wilson et avec le capitaine Hutchinson?

R. Je suis lié avec l'un et l'autre.

D. Dimanche dernier, à environ huit heures du soir, ne passâtes-vous pas une partie de la soirée chez M. Hutchinson, rue
du Helder, n° 3 ?

R. J'y fus effectivement; mais avant de passer outre, je vous
prie de me faire connaître positivement les motifs pour lesquels je me trouve détenu. Nous ne sommes pas accoutumés en
Angleterre à fournir des réponses avant de savoir ce que l'on
nous impute.

D. Vous êtes accusé d'avoir favorisé l'évasion du condamné
Lavalette, et d'avoir prêté votre cabriolet pour le conduire hors
de Paris : qu'avez-vous à répondre?

R. Quand je serai mis en jugement, je fournirai les explications nécessaires.

D. N'êtes-vous pas lié avec M. Elister, du cinquième régiment ?

R. Je ne le connais pas.

D. Où aviez-vous envoyé votre cabriolet lundi dernier, demi-
heure avant le jour?

R. Je répondrai lorsque je serai mis en jugement.

D. N'avez-vous pas un cousin qui est général, et qui commande une brigade anglaise en France ?

R. J'ai effectivement un cousin qui est général, et qui a commandé une brigade anglaise en France : il n'y est plus depuis environ deux semaines.

D. Le samedi six du courant, l'aide-de-camp de ce général n'était-il pas chez vous ? N'y eut-il pas chez vous une conférence entre le général Wilson, l'aide-de-camp et vous ? Quel en était l'objet ?

R. Je ne sais rien de cela, cette réunion n'ayant pas eu lieu chez moi.

D. Vous n'avez pas eu votre cabriolet le lundi huit de ce mois : quand vous a-t-il été rendu ?

R. Je crois qu'il ne m'a pas encore été rendu. Je n'en suis pas certain, parce qu'il y a plusieurs jours que je n'ai été dans mon écurie.

D. A qui l'aviez-vous prêté ?

R. Je le dirai au tribunal.

D. Le cinq ou six du courant, ne remîtes-vous pas au capitaine Hutchinson une mesure d'après laquelle cet officier fit faire une redingote, un gilet et un pantalon militaires ?

R. Je m'expliquerai à ce sujet devant le tribunal.

D. Dimanche dernier au soir, ne vîtes-vous pas le condamné Lavalette, travesti en officier anglais, chez M. Hutchinson ?

R. Je répondrai à cela devant un tribunal.

D. Savez-vous si le condamné Lavalette est parti de Paris, ou ne le savez-vous pas ?

R. Je sais qu'il est parti de Paris.

D. Quel jour ? à quelle heure ? avec qui et comment ?

R. Je ne saurais répondre à cette question ; mais je n'ai pas difficulté à dire que j'ai coopéré à la fuite de Lavalette par sentiment d'humanité.

D. Comment avez-vous coopéré à sa fuite ?

R. J'ai prêté mon cabriolet pour cela.

D. A qui avez-vous remis votre cabriolet ?

R. A la personne qui a accompagné Lavalette dans sa fuite.

D. Quelle est cette personne ?

R. Je ne veux pas la désigner.

D. En quel lieu aviez-vous mis la mesure de Lavalette pour qu'on lui fît des habillements anglais ?

R. Je n'ai point pris cette mesure.

D. Où et par qui vous avait-elle été remise?

R. Je ne veux pas répondre à cette question.

D. Avant que Lavalette sortît de Paris, ne saviez-vous pas depuis plusieurs jours où il se tenait caché?

R. Non : je ne l'avais point vu depuis son arrestation, lorsque je le vis chez M. Hutchinson dimanche dernier au soir.

D. N'était-il pas habillé en officier anglais?

R. Je crois qu'oui.

D. Vint-il seul chez M. Hutchinson, ou accompagné, et par qui?

R. Je l'ignore.

D. Quelles étaient les personnes présentes chez M. Hutchinson, lorsque M. Lavalette s'y trouvait?

R. Je ne répondrai pas à cette question.

D. N'est-ce pas alors que vous promîtes de prêter votre cabriolet pour que M. Lavalette pût partir le lendemain matin de bonne heure, et ne concertâtes-vous pas toutes les mesures propres à favoriser sa fuite?

R. Avant cette réunion chez M. Hutchinson, j'avais déjà promis de prêter mon cabriolet pour M. Lavalette.

Et plus n'a été interrogé. Lecture à lui faite du présent interrogatoire, il dit qu'il contient la vérité, et a signé avec nous.

Ainsi signé à la minute :

M. BRUCE , MONNIER et MALLEVAL.

15 *Janvier.* — *Troisième interrogatoire.*

Enquis de ses nom, prénoms, âge, profession, lieu de naissance et demeure.

A répondu : Je m'appelle Michel Bruce, âgé de vingt-six ans, gentilhomme, né à Londres, logé à Paris, rue St-George, n° 24.

D. Lors des premiers interrogatoires que vous avez subis, vos réponses se sont fait distinguer par un caractère particulier de franchise et de loyauté : vous avez dit qu'indépendamment de quelques révélations que vous aviez faites, vous feriez connaître la vérité toute entière lorsque vous seriez en présence de la justice ; vous comparaissez aujourd'hui devant un membre du tribunal : êtes-vous prêt à tenir votre promesse ?

R. Je suis prêt à dire la vérité ; j'ai témoigné le désir de voir M. de Cazes , ministre de la police ; et s'il peut m'entendre, je m'expliquerai avec toute la franchise que l'on a droit d'attendre de moi.

D. Les formes de la justice s'opposent à ce que vous demandez. M. de Cazes, comme chef de la police administrative, est chargé spécialement de prévenir les délits ; mais une fois commis, la connaissance en est attribuée à la police judiciaire, et M. de Cazes se récuserait lui-même, s'il avait connaissance du désir que vous témoignez. Ce que vous regardez comme une grâce serait une chose illégale, dont vous auriez vous-même le droit de vous plaindre. Je recevrai comme lui les renseignements que vous croirez pouvoir donner pour éclairer la justice ; c'est dans l'intérêt de la vérité que je vous les demande, et non pour les faire tourner contre vous.

R. Je demande, pour conserver plus de liberté dans ma déclaration, que les personnes ici présentes se retirent, et je ne déguiserai rien.

Et à l'instant nous avons enjoint aux deux gendarmes et aux différentes personnes qui avaient accompagné ledit sieur Bruce, de passer dans la pièce voisine. Le sieur Bruce alors a continué en ces termes.

Je n'ai jamais été lié d'amitié avec M. Lavalette, je n'ai jamais été chez lui ; il n'est jamais venu chez moi : cependant je le connaissais un peu avant son arrestation : ses qualités personnelles, sa douceur dans la société, son amabilité, m'avaient inspiré pour lui plus d'intérêt qu'on n'en porte aux personnes que l'on ne voit pas d'habitude. Son procès, sa détention et la condamnation prononcée contre lui ajoutèrent aux sentiments que je me sentais disposé à lui prouver ; mais depuis son arrestation, je n'avais eu avec lui aucune relation directe ni indirecte ; j'ignorais entièrement le lieu de sa retraite depuis son évasion : je croyais même que depuis long-temps il était sorti de France. Je ne connaissais point sa femme ; je ne l'ai vue de ma vie.

Le 2 ou le 3 de ce mois, un inconnu m'apporta une lettre anonyme dans laquelle on exaltait la bonté de mon caractère, en ajoutant que la confiance qu'il inspirait déterminerait à me révéler un grand secret ; et ce secret, ajoutait-on, c'est que M. Lavalette était encore à Paris : moi seul, disait-on, étais capable de le sauver, et l'on désirait que j'expliquasse mes intentions à cet égard. Je ne le fis pas sur-le-champ, mais je promis une réponse dans un endroit que je désignai, et que je me crois engagé par l'honneur à ne pas faire connaître. J'ajoute que ma prudence m'empêcha de faire aucune question et sur le nom de la personne qui m'adressait la lettre, et sur le lieu de la retraite de M. de Lavalette. Je pensai que dans une affaire de cette nature on ne pouvait trop éviter les indiscrétions.

Le général Wilson ignorait tous ces détails. Ce fut moi qui les lui appris : ce fut moi qui l'engageai à réunir ses efforts aux miens en faveur de M. de Lavalette, et s'il y a un coupable dans cette circonstance, je déclare que c'est moi seul, puisque ce sont mes instances qui ont déterminé celui que l'on regarde à tort comme l'auteur de ce projet.

D. Des opinions politiques plutôt que des affections personnelles ne vous auraient-elles pas engagé à servir Lavalette ? Et ne l'avez-vous pas fait par suite des mêmes sentiments que vous aviez manifestés lors de l'affaire du maréchal Ney ?

R. Je conviens que mes opinions politiques ont influé avec l'humanité sur la conduite que j'ai tenue lors de l'affaire du maréchal Ney ; je pensais fermement que la capitulation de Paris s'opposait à ce qu'il fût mis en jugement. Quant à M. de Lavalette, je déclare sur mon honneur que je n'ai été mu que par la commisération qu'il m'a inspirée ; l'aventure de son évasion m'a paru avoir quelque chose de romanesque, et pour ainsi dire de miraculeux, qui avait frappé vivement mon imagination, et avait excité en moi une sorte d'intérêt vif pour lui.

D. N'est-ce pas vous qui avez procuré la mesure de Lavalette à sir Hutchinson pour qu'il la remît à un tailleur.

R. Je ne sais à qui je l'ai donnée. Cette circonstance, qui me parut indifférente, est sortie de ma mémoire ; mais il est vrai que je l'ai procurée.

D. Connaissez-vous le tailleur qui fut chargé de la confection es habits ?

R. Je ne le connais pas ; je ne l'ai jamais vu.

D. Le 7 janvier courant, au soir, lorsque vous vîtes Lavalette chez sir Hutchinson, apprîtes-vous comment Lavalette s'était rendu chez lui, et le lieu d'où il venait ?

R. Je ne le lui ai pas demandé ; et je déclare que je n'ai même pas voulu le savoir.

D. Savez-vous au moins s'il est venu à pied ou en voiture ?

R. Je crois qu'il est venu en cabriolet, cependant je ne l'affirme pas : lorsque je le rencontrai à la porte, il était à pied.

D. N'avez-vous pas su qu'un moment après qu'il eut été introduit dans l'appartement du capitaine Hutchinson, un de ses amis se présenta à la porte pour lui apporter une paire de pistolets ?

R. Je l'ai entendu dire, mais je n'ai pas vu la personne ; elle n'est pas entrée dans l'appartement.

D. A quelle heure avez-vous quitté l'appartement du capitaine Hutchinson ?

R. Vers minuit.

D. Pour y arriver , n'est-il pas nécessaire de traverser l'appartement du sieur Sauvage , chez lequel le capitaine était logé ?

R. Je n'ai jamais entendu nommer le sieur Sauvage ; je n'ai aperçu ni lui ni personne de sa maison , du moins à ce que je crois ; et je n'ai remarqué aucune communication de l'appartement du capitaine Hutchinson avec celui d'un autre locataire.

D. N'est-ce pas dans votre cabriolet que Lavalette est parti ? Ce cabriolet vous a-t-il été renvoyé ?

R. Je n'ai pas vérifié si le cabriolet m'avait été renvoyé ; je ne puis rien dire de positif à cet égard : je ne nie pas l'avoir prêté ; les pièces qui sont entre vos mains ne vous laissent peut-être aucun doute sur le nom de la personne à qui je l'ai prêté ; mais il ne m'appartient pas de la faire connaître. Je dis la vérité sur tout ce qui m'est personnel ; je ne crois pas la devoir , lorsqu'elle peut compromettre les autres.

D. N'est-ce pas vous qui avez envoyé à un perruquier un échantillon de cheveux et trois mesures pour faire la perruque de Lavalette ?

R. Non , Monsieur.

D. Cependant le contraire paraîtrait résulter de la note que je vous représente , ainsi que l'échantillon , et qui ont été trouvés dans votre porte-feuille.

R. Je reconnais effectivement cet échantillon et la note ; mais je déclare que ni l'un ni l'autre n'ont rapport à M. Lavalette ; j'affirme que c'est une commission que j'ai reçue, il y a près d'un an, d'un nommé Berthold, qui était alors à Constantinople, et , je crois , attaché à l'ambassade anglaise. On doit , je crois , trouver dans mon porte feuille la lettre qui justifiera de cette déclaration.

Lecture faite , le prévenu a dit ses réponses contenir vérité, y persister , n'avoir rien à y changer ou ajouter, et a signé avec nous et le greffier , tant le présent que la note y énoncée.

'Ainsi signé à la minute :

BRUCE , DUPUY et DEROSTE.

11 février. — Quatrième interrogatoire.

D. Reconnaissez-vous la caisse que je vous représente , scellée du sceau de la préfecture de police , pour vous appartenir ?

R. Non, Monsieur.

Et à l'instant nous avons rompu la bande de papier cache-
ée par ses deux extrémités, dont l'une par-dessus la caisse,
t l'autre sur son couvercle; et après avoir fait l'ouverture de la
caisse, nous avons posé la question suivante :

D. Reconnaissez-vous le porte-feuille et les divers papiers con-
enus dans cette caisse.

R. Je reconnais ce porte-feuille : à l'égard des papiers, leur
examen seul m'apprendra si tous m'appartiennent, et s'il n'y en a
pas qui me soient étrangers.

De suite procédant à l'examen desdits papiers, et nous étant
convaincus par la nature de la plupart d'entre eux et leurs
dates, qu'ils ne pouvaient avoir aucun rapport ni direct ni
indirect avec l'affaire sur laquelle nous cherchons des rensei-
gnemens, nous nous sommes occupés de faire un triage de tous
ceux que nous avons reconnus étrangers aux recherches qui
nous ont amenés, et nous avons remis tous ces papiers dans ladite cassette pour y être renfermés de nouveau, apposition
préalablement faite de notre sceau, et après en avoir fait
une description sommaire et suffisante pour indiquer leur
contenu, dans le cas où l'on jugerait à propos de les examiner
par suite.

Lesdits papiers consistent :
1°. En une liasse composée de divers exemplaires imprimés
et en feuilles, relatifs à l'affaire du maréchal Ney, et de diverses
autres brochures politiques;
2°. En une liasse composée de lettres de famille, observa-
ions recueillies dans des voyages, et adressées au sieur Bruce,
de Constantinople, Alep, Londres, Genève, etc., toutes
datées de mil huit cent treize, de mil huit cent quatorze
et mil huit cent quinze : ces dernières antérieures au mois de
juillet;
3°. En un rouleau de papiers inutiles et enveloppes de
lettres.
Nous avons également remis dans ladite cassette un petit
agenda en maroquin rouge, et le porte-feuille qui contenait
une partie des papiers, sur la serrure duquel est écrit le nom
du sieur Bruce.
Nous avons ensuite procédé à la séparation des autres papiers;
et nous en avons formé deux liasses.
La première est composée de neuf lettres ou billets écrits en
anglais, que nous avons cotés et paraphés avec le sieur Bruce.
La deuxième liasse, composée de cinquante-quatre pièces

écrites en français, également cotées et paraphées par nous et le sieur Bruce.

Enfin, nous avons remis sous une même enveloppe quatre lettres cachetées, adressées à monsieur le duc de Galle; à madame Richt, à Constantinople; au sieur Clandiers James Richt et à madame la comtesse Aldborough, à Bruxelles. Le sieur Bruce déclare avoir été chargé de faire parvenir trois de ces lettres, mais ne pas savoir comment celle adressée au duc de Galle s'est trouvée parmi ses papiers. Nous avons aussi mis sous la même enveloppe une autre lettre décachetée, en date du 10 octobre mil huit cent quatorze, écrite en français, et non signée.

Le sieur Bruce déclare qu'il croit se rappeler que cette lettre, adressée à la princesse Stahremberg, lui avait été remise pour la porter à cette princesse, dans un voyage qu'il se proposait de faire à Vienne.

Enfin, la dernière pièce par nous mise sous ladite enveloppe, est un mémoire du général Lamarque au Roi, en date du 5 août mil huit cent quinze. A l'égard de cette dernière pièce, le sieur Bruce déclare ne l'avoir jamais vue, et qu'elle ne peut se trouver parmi ses papiers que par une méprise.

Ce fait, nous avons apposé notre cachet et celui du sieur Bruce sur chacun des bouts de la ficelle servant à attacher chaque liasse sur l'enveloppe dont il vient d'être parlé, puis nous avons refermé à clef la cassette, et avons mis sur icelle le scellé au moyen d'une bande de papier, sur les bouts de laquelle nous avons également mis notre cachet et celui du sieur Bruce.

Lecture faite du présent procès-verbal, le sieur Bruce a signé avec nous et le greffier.

Ainsi signé à la minute : BRUCE, DUPUY et DEROSTE.

14 février. — Cinquième interrogatoire.

D. Vos nom, prénoms, âge, profession, lieu de naissance et demeure ?

R. Je m'appelle Michel Bruce, âgé de vingt-six ans, gentilhomme anglais, né à Londres, logé à Paris, rue Saint-George, numéro 24.

D. Des opinions politiques, et une opposition prononcée contre le gouvernement, ne vous ont-elles pas déterminé à coopérer à l'évasion de Lavalette, plutôt qu'un sentiment d'affection pour lui ?

R. Je répète aujourd'hui ce que j'ai déjà dit dans mon premier interrogatoire, qu'un sentiment d'humanité a réglé ma conduite dans cette affaire.

D. N'avez vous pas précédemment manifesté votre opposition au gouvernement, à l'occasion du procès du maréchal Ney ?

R. A l'égard du maréchal Ney, j'ai été mu par un sentiment public et politique. J'ai envisagé sa cause comme dépendante de la convention de Paris ; j'avais pensé et je pense encore que l'honneur de mon pays pouvait être entaché par la violation de cette convention : c'est sous ce rapport seulement, et non pas par opposition avec le gouvernement français, que j'ai manifesté mon opinion dans cette circonstance.

D. N'avez-vous eu jamais connaissance d'un complot arrêté par quelques-uns de vos complices, et qui aurait eu pour but de détruire ou changer le gouvernement français ?

R. Une pareille question ne pourrait qu'exciter mon indignation : tous ceux qui me connaissent savent combien je suis incapable de jouer le rôle d'un conspirateur. J'éprouve un autre sentiment d'indignation à la seule idée qu'on ait eu de moi l'opinion que je pourrais trahir l'amitié, si elle avait été assez confiante pour me faire part d'un complot, même que je n'aurais pas approuvé.

Lecture faite, le prévenu a dit ses réponses contenir vérité et y persister.

Et à l'instant lui ayant représenté une lettre signée de lui, sans date et sans adresse, laquelle a été trouvée dans les papiers saisis chez le général Wilson, nous lui avons fait la question suivante :

D. Reconnaissez-vous la lettre que je vous représente, et à quelle époque l'avez-vous écrite ?

R. Je la reconnais pour être de mon écriture. Je ne me rappelle pas à quelle époque elle a été écrite, ni à qui elle était adressée ; au surplus je n'ai aucun intérêt à déguiser la vérité à cet égard, dans la supposition où elle aurait quelque rapport à l'évasion de M. Lavalette, puisque je suis convenu de la part que j'y avais prise.

D. Voulez-vous signer et parapher *ne varietur* cette lettre qui vous est représentée ?

R. Oui, Monsieur.

Lecture faite de cette addition à l'interrogatoire, le prévenu a dit ses réponses contenir vérité, y persister, et a signé avec nous et le greffier, tant le présent que la lettre y énoncée.

Signé à la minute : MICHEL BRUCE, DUPUY et DEROSTE.

6

25 février. — Sixième interrogatoire.

D. Vos nom, prénoms, âge, profession, lieu de naissance et demeure ?

R. Je m'appelle Michel Bruce ; je suis âgé de vingt-six ans, né à Londres, gentilhomme anglais, logé à Paris, rue St.-Georges, n° 24.

D. Reconnaissez-vous pour être écrite de votre main ou dictée par vous, la lettre que je vous représente, et qui a été trouvée parmi les papiers de Lavalette ?

R. Je déclare que cette lettre n'est pas de moi, et que je n'en connais pas l'auteur.

Lecture faite, le prévenu a dit persister, et a signé avec nous et le greffier, tant le présent que la lettre y énoncée.

Signé à la minute : M. BRUCE, DUPUY et DEROSTE.

INTERROGATOIRE DE JOHN-ELY HUTCHINSON.

13 Janvier 1816. — Premier interrogatoire.

CE JOURD'HUI 13 janvier 1816, à huit heures du soir, en exécution des ordres de Son Excellence le Secrétaire d'Etat Ministre de la Police générale ;

Nous soussignés, Monnier et Malleval, commissaires de police de la ville de Paris, nous sommes transportés à l'hôtel de la Préfecture de police, où étant dans le cabinet de monsieur l'inspecteur-général, nous avons transmis au concierge du dépôt établi dans ledit hôtel, l'ordre d'en extraire et d'amener devant nous le sieur John Hutchinson, officier anglais, arrêté ce matin, ainsi qu'il conste du procès-verbal de notre collègue Alletz, lequel officier anglais ayant été amené devant nous, nous l'avons interrogé comme il suit :

Interpellé sur ses nom, prénoms, etc.

R. Je me nomme John-Ely Hutchinson, natif de Wexford en Irlande, âgé d'environ vingt-six ans, capitaine au premier régiment des grenadiers de la garde, troisième bataillon, demeurant à Paris, rue du Helder, n°. 3. Je suis en activité de service, mon bataillon étant caserné rue Pépinière.

D. Reconnaissez-vous pour vous appartenir le porte-feuille fermé, dont vous devez avoir la clef, ainsi que l'enveloppe en cuir de ce même porte-feuille que je vous présente ; lesquels deux objets contiennent les papiers saisis chez vous ce matin?

R. Ces deux objets m'appartiennent.

D. Pourquoi n'avez-vous pas voulu ce matin apposer votre cachet sur les bandes qui scellent ce porte-feuille et l'enveloppe, et vous êtes-vous contenté de prendre la clef du porte-feuille?

R. Je n'avais pas de cachet propre à cet usage.

D. Voulez-vous me remettre la clef du porte-feuille, pour que nous procédions, en votre présence, à l'ouverture et au dépouillement de vos papiers?

R. Voici la clef.

Ayant ouvert le porte-feuille et l'enveloppe du porte-feuille, le sieur Hutchinson a reconnu pour lui appartenir les papiers que nous en avons extraits et que nous y avons remis, pour qu'ils soient examinés avec soin.

D. Quelles sont les personnes que vous fréquentez le plus souvent à Paris?

R. Je suis particulièrement lié avec le lieutenant Bruce, de mon régiment; le major Ellison et le colonel Recve.

D. Depuis quinze jours, votre service vous a-t-il éloigné de Paris?

R. Mon service n'a point exigé que je m'éloignasse de Paris depuis quinze jours et plus.

D. Vous êtes-vous éloigné de Paris il y a moins de quinze jours? Pour quel motif? Combien de jours avez-vous été absent?

R. Je me rendis mardi dernier à cheval à Gonesse, où plusieurs officiers anglais étaient convenus de se trouver pour une partie de chasse. Je n'y trouvai personne, le temps n'étant pas favorable; et je revins de suite à Paris.

D. Désignez-moi quelques-uns des officiers qui avaient formé le projet de cette chasse, et qui devaient s'y rendre?

R. Le colonel Smith, du quatre-vingt-quinzième régiment; le fils du duc de Richmond.

D. Avez-vous couché constamment à Paris depuis huit jours?

R. Oui.

D. Toutes les nuits?

R. Avant de continuer mes réponses, je désire savoir si je parle à M. de Cazes, ministre de la police générale.

Ce à quoi ayant répondu que non, le sieur Hutchinson nous a déclaré qu'il ne voulait répondre à aucune des questions que nous pourrions dorénavant lui faire, se plaignant de se trouver privé de sa liberté sans qu'on lui ait fait connaître l'imputation ou les griefs qui ont fait prendre cette mesure de rigueur.

Et toutes nos observations pour l'engager à répondre à nos questions ayant été inutiles ; et cet officier s'obstinant à dire que si l'on a des preuves de délit à sa charge, on doit le mettre en jugement pour qu'il soit puni, mais qu'il ne veut répondre à aucun interrogatoire préliminaire ;

Nous avons clos le présent, qu'il a signé avec nous, après en avoir eu lecture.

Signé à la minute : J. HELY HUTCHINSON, MALLEVAL et MONNIER.

14 Janvier. — Deuxième interrogatoire.

D. N'avez-vous pas pris un très-grand intérêt au sort du maréchal Ney ? N'avez-vous pas cherché à le soustraire à l'exécution de son jugement ? N'avez-vous pas connaissance de projets tendant à ce but ?

R. Je n'ai jamais connu le maréchal Ney ni son épouse. Je m'intéressais à lui comme beaucoup d'autres personnes qui pensaient, ainsi que moi, qu'il ne pouvait pas être jugé ni condamné à cause de la capitulation de Paris.

D. Le général Wilson ne vous avait-il communiqué aucun projet tendant à faire évader le maréchal Ney ?

R. Jamais.

D. Que signifie le billet que je vous présente, à vous adressé par le général Wilson, sous la date du 13 décembre, commençant par ces mots : « When these expt. are attempted, *success must* » *be insured* », et où il est question de démarches faites auprès de l'ambassadeur Stuart pour sauver Linois et autres ?

R. Je ne me crois pas obligé de vous fournir l'explication que vous me demandez : adressez-vous à la personne qui a écrit ce billet.

D. Vous êtes parti de Paris le lundi 8 de ce mois, avant le jour : vous n'étiez pas seul ? Quel était le but de votre voyage ? Où êtes-vous allé ? Quelles étaient les personnes qui étaient avec vous ?

R. Je vous dis hier que, mardi dernier, je sortis de Paris à cheval pour aller à Gonesse, pour une partie de chasse : il est possible que je me sois trompé de jour, et que ç'ait été lundi.

D. Mais vous me dîtes hier que vous étiez sorti de Paris pour aller à Gonesse seul, tandis qu'il est certain que lundi dernier, avant le jour ou au point du jour, vous sortîtes de Paris à cheval en compagnie d'autres personnes.

R. Je ne veux pas m'expliquer là-dessus.

D. Connaissez-vous beaucoup M. Bruce (Michel) et le général Wilson?

R. Je connais M. Bruce et sa famille depuis sept à huit ans. Le général Wilson a été aide-de-camp de mon oncle; je le connais depuis le même espace de temps.

D. Quel était le but de la réunion qui eut lieu chez vous dimanche dernier à environ huit heures du soir, et où ces messieurs se trouvaient?

R. Nous bûmes chez moi un bol de punch.

D. Aucun autre individu ne se trouvait-il à cette réunion?

R. Non.

D. N'amena-t-on pas chez vous, ce soir là, un individu portant l'uniforme d'officier anglais?

R. Non.

D. Cet individu, portant l'uniforme anglais, ne resta-t-il pas chez vous et n'y passa-t-il pas la nuit?

R. Non.

D. Par quelle barrière sortîtes-vous de Paris pour aller à la prétendue partie de chasse de Gonesse?

R. Par la barrière de Clichy.

D. Ne passâtes-vous pas à la Chapelle-en-Cerval, au lieu d'aller à Gonesse?

R. Je ne veux pas dire où j'ai été.

D. Une des personnes que vous accompagniez n'était-elle pas en uniforme d'officier-général anglais? Ne rencontrâtes-vous pas, en sortant de la barrière Clichy, plusieurs officiers anglais qui parurent surpris de voir un officier-général de leur nation qui leur était inconnu?

R. Je ne me souviens de rien de semblable.

D. N'allâtes-vous pas jusqu'à Compiègne?

R. Je ne veux pas répondre à cette question.

D. Combien de temps fûtes-vous absent de Paris?

R. Je ne me crois pas obligé de vous le dire. S'il existe des charges contre moi, qu'on produise les preuves devant un tribunal, et je me défendrai.

D. Les charges qui existent contre vous sont que, le 7 du courant, à huit heures du soir environ, le condamné Lavalette, habillé en officier anglais, fut amené chez vous; que le lendemain matin il partit de chez vous au point du jour dans un cabriolet découvert, où était à côté de lui le général Wilson; que vous étiez à cheval à côté de la voiture; que vous sortîtes tous par la barrière de Clichy; que vous passâtes à la Chapelle-en-Cerval, et allâtes à Compiègne, où le général Wilson et le condamné Lavalette prirent une autre voiture ; vous êtes en conséquence accusé d'avoir favorisé l'évasion du condamné à mort. Qu'avez-vous à dire pour votre justification ?

R. Quand je serai mis en jugement, je produirai mes moyens de défense.

Et plus n'a été interrogé.

Lecture à lui donnée du présent interrogatoire, il dit qu'il contient la vérité, et a signé sur les deux feuillets.

Ainsi signé : J. HELY HUTCHINSON, MALLEVAL et MONNIER.

15 janvier. — Troisième interrogatoire.

Enquis de ses nom, prénoms, âge, profession, lieu de naissance et demeure,

A répondu : Je m'appelle John Ely Hutchinson ; je suis âgé de vingt-six ans environ, capitaine des grenadiers de la garde royale d'Angleterre, né à Wexford en Irlande, logé à Paris, rue du Helder, numéro trois.

D. Quand et par qui avez-vous reçu la première proposition de prendre part aux mesures concertées pour opérer la sortie de France de Lavalette ?

R. Je n'ai rien à répondre à cet égard ; je n'ajouterai aucune réponse à celles que j'ai faites lors de mes interrogatoires à la préfecture de police.

D. Convenez-vous du moins que, le sept de ce mois, Lavalette s'est rendu chez vous vers huit heures du soir, et qu'il y a passé la nuit entière ?

R. Je n'ai rien à dire.

D. Je vous fais observer que ce système de dénégation est plutôt propre à vous accuser qu'à vous justifier, puisqu'il est déjà constant, d'après la déclaration de sir Bruce lui-même, que Lavalette s'est présenté chez vous, que vous l'y attendiez, et que, le lendemain matin, vous l'avez accompagné lorsqu'il partit, et monta dans un cabriolet avec le général Wilson.

R. Je veux bien avouer que je me fais tort par le refus de m'expliquer ; mais je n'en persiste pas moins à garder le silence.

D. Pourriez-vous donner l'explication d'une note envoyée par vous au général Wilson, en date du onze de ce mois, et qui contient divers articles par vous payés, tant pour des chevaux que pour une voiture de poste et les fournitures faites par un tailleur ? Je vous représente cette note, la reconnaissez-vous ?

R. Je la reconnais, c'est de mon écriture ; mais je ne veux point faire connaître les raisons des dépenses qui s'y trouvent énoncées.

D. Quelles sont les personnes qui, le sept de ce mois, sont restées dans votre appartement, et ont bu du punch avec vous jusqu'à minuit?

R. Toutes questions deviennent inutiles. Je suis déterminé à ne pas revenir sur les déclarations que j'ai faites précédemment.

D. Mais l'on ne vous avait pas demandé, et peut-être êtes-vous en état de donner des renseignements à cet égard, si vous aviez connaissance du lieu où s'était réfugié Lavalette avant de se rendre chez vous?

R. Je n'en avais pas la moindre idée.

D. Connaissez-vous la personne qui l'a amené à votre porte, et savez-vous s'il est venu à pied ou en voiture?

R. Je répondrai d'un seul mot à ces deux questions : à l'exception d'un maître de langue française, de MM. Livry-Martel, marchand de vin, et Sauvage, chez lequel je logeais, je ne connais personne à Paris.

D. N'est-ce pas vous qui avez porté à un tailleur la mesure qui vous avait été remise par le sieur Bruce, et qui a servi à faire les habits d'uniforme anglais dont Lavalette était vêtu lorsqu'il sortit de Paris?

R. M. Bruce ne m'a jamais donné de mesure.

D. Quel est le nom du tailleur qui travaille pour vous à Paris?

R. Je ne le dirai pas.

D'après les dénégations dans lesquelles le prévenu persiste à se renfermer, nous avons jugé inutile de pousser plus loin cet interrogatoire, et nous nous sommes bornés à lui demander s'il voulait signer avec nous le présent interrogatoire et la note y énoncée.

Le prévenu a répondu qu'il consentait à signer l'un et l'autre, et de suite les a effectivement signés avec nous et le greffier, après lecture.

Signé à la minute : HELY HUTCHINSON, DUPUY et DEROSTE.

19 *janvier.* — *Quatrième interrogatoire.*

Enquis de ses nom, prénoms, âge, profession, lieu de naissance et demeure,

A répondu : Je m'appelle John Ely Hutchinson ; je suis âgé de vingt-six ans environ, capitaine de grenadiers de la garde royale d'Angleterre, né à Wexford en Irlande, logé à Paris, rue du Helder, numéro trois.

D. Êtes-vous dans l'intention de répondre aux diverses questions qu'il est de mon devoir de vous faire sur les circonstances qui ont préparé et fait réussir la sortie de Lavalette hors du royaume, et auxquelles vous êtes prévenu d'avoir pris part?

R. Oui, Monsieur; je dirai tout ce que je sais.

D. Depuis combien de temps étiez-vous instruit que Lavalette se tenait caché dans Paris?

R. Je ne l'ai pas su avant le trois ou quatre de ce mois.

D. Le connaissiez-vous avant son arrestation et son procès?

R. Non, Monsieur; je ne connaissais ni lui ni personne de sa famille.

D. Par quel sentiment alors, ou par les suggestions de qui avez-vous été déterminé à prendre part aux mesures concertées pour le soustraire à la justice?

R. Par un sentiment d'humanité et de générosité.

D. Est-ce un Anglais ou un Français qui a le premier sondé vos dispositions à cet égard?

R. C'était un Anglais.

D. Quel est son nom?

R. Je ne puis répondre à cette question. Je dirai vérité dans tout ce qui me concerne; mais l'honneur me défend de compromettre les autres.

D. Le dimanche sept de ce mois, dans la journée, n'avez-vous pas donné des ordres à vos gens pour partir en avant, et vous attendre avec vos chevaux en relais sur l'un des points de la route de Paris à Compiègne?

R. Oui, Monsieur.

D. Vos domestiques n'ont-ils pas exécuté vos ordres?

R. Mes ordres ont été exécutés, non pas par mes domestiques, mais par les deux que j'ai envoyés : un d'entr'eux seulement était à mon service : c'est le nommé Thomas Hooges.

D. Combien y avait-il de jours que vous étiez convenu de disposer ainsi le départ de Lavalette, et de le recevoir chez vous, lorsqu'il s'y est présenté?

R. Du même jour où j'avais fait connaître mon consentement, c'est-à-dire, depuis le trois ou le quatre de ce mois.

D. Connaissez-vous le lieu d'où il est sorti, le dimanche sept, pour se rendre dans votre logement?

R. Non, Monsieur.

D. Mais puisque vous l'attendiez à une heure indiquée, vous connaissiez du moins la personne qui s'est chargée de l'aller chercher dans sa retraite pour le conduire chez vous?

R. Non, Monsieur. Voici comment les choses se sont passées : j'étais instruit que Lavalette arriverait chez moi sur les neuf heures et demie, et je l'y attendais avec M. Bruce. Deux ou trois minutes avant l'heure donnée, M. Bruce me quitta, descendit, et remonta presque aussitôt, amenant avec lui Lavalette, qui lui avait été remis par une personne que je ne connais pas, et qui n'est point entrée dans la maison.

D. Cette personne, ou une autre de sa part, ne se serait-elle pas un moment après aperçue que Lavalette avait oublié ses pistolets, et ne se serait-elle pas présentée à votre porte pour les lui remettre?

R. Oui, Monsieur. Mon domestique John Baldwick est venu m'annoncer que quelqu'un demandait à me parler dans l'antichambre. Je sortis pour l'empêcher d'entrer ; je vis un Français vêtu d'une redingote un peu entr'ouverte, et de manière à me laisser apercevoir dans la poche de côté un pistolet à deux coups. La première idée qui se présenta à mon esprit fut que tout était découvert, et j'avoue que je me préparais à faire résistance. Je lui demandai le pistolet, et j'avançai en même temps la main pour le saisir avant qu'il eût eu le temps de faire un mouvement. Il n'en fit aucun pour s'opposer à mon action ; il me dit seulement : *Vous êtes donc de nos amis?* Je lui répondis affirmativement ; mais je ne voulus pas permettre qu'il entrât dans ma chambre, et j'insistai pour qu'il s'éloignât sur-le-champ : c'était la première fois que ce Français se présentait à mes yeux, et je l'ai vu si peu de temps, qu'il me serait impossible aujourd'hui de le reconnaître. Le pistolet a été oublié chez moi le lendemain matin par M. Lavalette. A mon retour, je donnai à mon domestique l'ordre de le décharger, et j'eus la précaution moi-même d'ôter l'amorce. Ce pistolet doit être chez moi : mon valet-de-chambre pourra le donner.

D. M. et madame Sauvage, dont vous occupiez une partie de l'appartement, ou quelques-uns de leurs domestiques, ou enfin la portière de la maison, ont-ils eu connaissance de l'introduction de M. de Lavalette chez vous, et du séjour qu'il y a fait pendant la nuit?

R. Non, Monsieur : M. et madame Sauvage avaient dîné en ville, ou du moins je le présume ; car j'ai remarqué que la clef n'était point à leur porte : leurs domestiques se tiennent d'ordinaire dans la cuisine, qui est située un étage plus bas. Au moment où M. de Lavalette est entré, il n'y avait dans mon antichambre que Baldwick, et mon domestique que j'ai chassé le mardi suivant. Quant à la portière, je ne lui ai jamais parlé, et je ne crois pas que les personnes qui venaient chez moi se soient jamais adressées à elle.

D. Quelle est la personne qui, le lendemain, entre sept et huit heures du matin, est venue dans le boguey qui s'est arrêté à votre porte, et dans lequel est monté Lavalette pour sortir avec elle de Paris?

R. J'ai déjà dit que je ne croyais devoir la vérité qu'en ce qui me touche, et je ne puis avec honneur satisfaire à cette question.

D. Lorsque vous êtes arrivés à Compiègne, est-ce par un Français ou par un Anglais que vous avez été recueillis et traités pendant l'espace de temps que vous y êtes restés?

R. Je crois que la même raison m'empêche de répondre sur ce point.

D. Lorsque le dimanche sept au soir, Lavalette est entré chez vous, était-il vêtu d'un uniforme d'officier anglais?

R. Non, Monsieur, et je saisis cette occasion pour expliquer la réponse que j'ai faite à la préfecture de police, et que je ne veux pas qui soit regardée comme un mensonge. L'on m'a demandé s'il n'était pas venu chez moi une personne habillée en uniforme anglais; j'ai répondu négativement; ce qui ne constitue pas une contradiction avec ce que je dis aujourd'hui : en effet, M. Lavalette avait encore son habillement français, et c'est chez moi seulement qu'il s'est revêtu de son uniforme anglais.

D. Quelles sont les personnes qui vous ont adressé ou apporté cet uniforme?

R. L'uniforme m'a été prêté par un officier de mon régiment qni n'était point dans la confidence, et auquel j'avais fait accroire que M. Bruce et moi nous voulions enlever une femme de Paris. Cet officier se nomme Bruce; il est lieutenant de la première compagnie des grenadiers de la garde royale d'Angleterre.

D. Il paraît cependant, d'après la note que vous avez signée et que je vous représente, que cet uniforme aurait été fourni par un tailleur : cela résulte du premier article de cette note, montant à cent cinquante-deux francs?

R. Cet article n'a point de rapport à l'habit d'uniforme; le tailleur n'avait été chargé que de la confection d'une redingote, d'un gilet bleu et d'un pantalon gris; j'en avais remis la mesure au tailleur sans lui en faire connaitre l'objet, et j'avais eu soin d'éloigner tout soupçon de sa part, en lui disant que ces vêtements devaient être envoyés à Abbeville à un quartier-maître ; et pour donner plus de vraisemblance à ce récit, je lui avais donné l'ordre d'envelopper le tout dans un papier, ajoutant que je le remettrais au domestique du quartier-maître qui se trouvait alors à Paris.

Le tailleur demeure rue Pinon : il est Allemand ; il a une petite boutique. J'ai oublié son nom de famille, et ne le connais que sous celui de Frédéric.

Lecture faite, le prévenu a déclaré persister, et a signé avec nous et le greffier.

Signé à la minute :

HELY HUTCHINSON, DUPUY et DEROSTE.

9 février. — Cinquième interrogatoire.

D. Reconnaissez-vous, pour vous appartenir, le porte-feuille en cuir jaune que je vous représente, scellé par une bande de papier, sur les deux bouts de laquelle est apposé le cachet de la préfecture de police?

R. Oui, Monsieur; ce porte-feuille m'appartient.

Et à l'instant ayant rompu les bandes de papier, nous avons trouvé un second porte-feuille en maroquin noir, non fermé, et renfermant divers papiers que nous avons représentés au sieur Hutchinson, lequel, après les avoir examinés, a déclaré les reconnaître tous pour avoir été saisis chez lui.

Nous avons alors formé deux liasses de ces papiers.

La première liasse contient trente-quatre pièces composées de notes et divers exercices sur les langues française et italienne.

La deuxième et dernière liasse contient trente-une pièces de diverses lettres, mais dont il nous a fait observer que deux ou trois ne lui sont pas adressées. Les autres ne sont relatives qu'à des affaires de famille.

Nous avons également trouvé un petit registre servant à inscrire les comptes du sieur Hutchinson, lequel registre nous avons signé et paraphé *ne varietur* sur le couvert d'icelui.

Ce fait, nous avons coté et paraphé toutes les pièces composant les deux liasses, que nous avons attachées avec une corde neuve sans nœuds, sur les deux bouts de laquelle nous avons apposé notre cachet et celui du sieur Hutchinson, qui a également paraphé toutes les pièces.

Nous avons ensuite donné lecture du présent au sieur Hutchinson, lequel a signé avec nous et le greffier.

Ainsi signé à la minute :

HUTCHINSON, DUPUY et DEROSTE.

14 février. — Sixième interrogatoire.

D. Vos nom, prénoms, âge, profession, demeure et lieu de naissance ?

R. Je m'appelle John Ely Hutchinson ; je suis âgé de vingt-cinq ans, capitaine des grenadiers de la garde royale d'Angleterre, né à Wexford en Irlande, logé à Paris, rue du Helder, n° 3.

D. Pourquoi votre domestique n'a-t-il pas satisfait à la citation que nous lui avions notifiée, à l'effet de comparaître devant nous, et de nous apporter le pistolet que, lors de votre précédent interrogatoire, vous avez déclaré devoir être trouvé chez vous ?

R. C'est qu'à la même époque, tous mes gens étaient partis pour Cambray. Je n'ai aucun intérêt à cacher ce pistolet ; j'en avais moi-même fait la déclaration, et je renouvelle l'offre de le représenter si on le juge nécessaire, et d'écrire en conséquence à Cambray.

D. La participation que vous avez eue à l'évasion de Lavalette n'était-elle pas le commencement de l'exécution d'un complot arrêté, dont vous aviez eu connaissance, et qui avait pour principal objet de détruire ou changer le gouvernement ?

R. Non ; je n'ai eu d'autre pensée que de sauver un malheureux.

D. N'aviez-vous pas écrit une lettre à M. Bruce le vendredi qui a précédé l'arrivée chez vous de Lavalette, et qui était datée de l'hôtel du Helder ?

R. Je n'ai jamais habité cet hôtel : c'est mon oncle qui y logeait.

D. N'avez-vous pas reçu, le 13 décembre dernier, une lettre du général Wilson, dans laquelle il vous disait : *si ces expédients sont essayés, le succès doit s'ensuivre ?* A quoi se rapporte cette phrase ?

R. Je me souviens fort bien d'avoir reçu cette lettre ; mais je déclare sur mon honneur qu'elle n'avait aucun rapport à M. Lavalette ; elle avait trait à des affaires particulières sur lesquelles je ne puis m'expliquer.

Lecture faite, le prévenu a dit ses réponses contenir vérité, y persister, et a signé avec nous et le greffier.

Ainsi signé à la minute :

HELY HUTCHINSON, DUPUY et DEROSTE.

23 février. — Septième interrogatoire.

D. Vos nom, prénoms, âge, profession, lieu de naissance et demeure?

R. Je m'appelle John Ely Hutchinson; je suis âgé de vingt-six ans, né à Wexford en Irlande, capitaine des grenadiers de la garde royale d'Angleterre, logé à Paris, rue du Helder, n° 3.

D. Reconnaissez-vous pour être écrite de votre main ou dictée par vous, la lettre que je vous représente, et qui a été trouvée parmi les papiers de Lavalette?

R. Je ne connais pas cette lettre, elle n'est pas de mon écriture; dès les premières lignes, je vois que celui qui l'a écrite parle d'une conversation qu'il a entendue chez lord Castlereagh, et je déclare que je ne suis jamais allé chez lui, à Paris.

Lecture faite, le prévenu a déclaré persister dans ses réponses, et a signé avec nous et le greffier, tant le présent que la lettre que nous lui avons présentée.

Ainsi signé à la minute :

HUTCHINSON, DUPUY et DEROSTE.

DÉBATS

DEVANT LA COUR D'ASSISES;

Audience. du 22 Avril 1816.

LE 22 avril 1816, la cour d'Assises du département de la Seine a commencé le procès relatif à l'évasion du condamné Lavalette. Cette cause avait vivement excité la curiosité publique. Les circonstances extraordinaires qui avaient donné lieu au procès; le désir d'en connaître, d'en approfondir tous les détails; les titres, les qualités, le caractère de quelques-uns des accusés, tout concourait à donner à cette affaire, déjà importante en elle-même, une sorte d'intérêt particulier. Aussi, long-temps avant l'ouverture de l'audience, les portes du Palais étaient assiégées par une foule immense, dans laquelle on put remarquer plusieurs Anglais de distinction venus exprès de Londres pour assister aux débats, des princes, des ambassadeurs et des personnages d'un rang éminent, qui avaient sollicité et obtenu des cartes d'entrée.

Avant neuf heures, le public avait commencé à être admis dans la salle d'audience. Des dames françaises et étrangères occupaient une partie du parquet; des places étaient réservées pour messieurs le maréchal duc de Reggio, le duc d'Aumont, le duc de Grammont, le prince Wolkonski, le lord Stuart, le comte de Rochechouart, le comte de Gand, sir Sidney-Smith, le marquis de Vence, le prince de Massérano, etc.

A onze heures, messieurs les Jurés prennent place sur le banc qui leur est destiné, dans l'ordre de leur désignation par le sort. Les témoins et les accusés sont introduits. La manière dont ces derniers sont placés sur les banquettes, indique la différence des imputations dont ils sont l'objet. Le porte-clefs Eberle, seul accusé d'un fait qualifié crime, est sur la banquette supérieure, dont le reste est occupé par des gendarmes. Les six autres occupent la banquette inférieure. Sir Robert Wilson est à la première place, revêtu de l'uniforme de général-major anglais, décoré du grand-cordon de l'ordre de Sainte-Anne, de l'ordre du Bain, du Croissant, de Saint-Joseph, et de plusieurs autres. Sir John Hutchinson, capitaine, portant l'uniforme de son grade, et M. Bruce, vêtu d'un habit ordinaire, viennent à la suite. Le concierge Roquette, le valet-de-chambre Bonneville, et le porteur Guérin occupent les dernières places. Les Anglais ne sont séparés par aucun gendarme.

La cour entre bientôt après, et la séance est ouverte.

Monsieur le conseiller Romain de Sèze, fils de M. de Sèze, pair de France, préside la séance. M. Hua, avocat-général, représente le ministère public.

M. Carré, greffier, tient la plume.

Le Jury est composé ainsi qu'il suit :

J U R É S.

MESSIEURS,	MESSIEURS,
Trouillebert, avoué, chef du Jury;	Grillon-Deschapelles;
	Edon, notaire;
Tiron, référendaire à la commission du sceau;	Leprieur, banquier;
	Marie, avocat au conseil;
Levacher-Duplessis;	Deliége, avocat au conseil;
Lemit, avoué;	Maurey, avoué;
Thevenin, avocat;	Cottereau, fils, épicier en gros.

JURÉS-SUPPLÉANTS.

M. Gille , docteur en médecine ; M. Moreau , avocat.

Les accusés sont défendus, savoir : les trois Anglais, par Me Dupin ; le gardien Eberle, par Mc Claveau ; le greffier-concierge Roquette, par Me Blacque ; le valet-de-chambre Bonneville , par Me Mauguin ; le porteur Guérin , dit Marengo , par Me Conflans.

La cour ayant pris place, monsieur le président dit :

» La cour va soumettre à l'examen du jury une cause dans laquelle figurent plusieurs accusés tant français qu'étrangers , et qui fixe depuis long-temps l'attention publique. Elle est convaincue que les personnes admises dans cette enceinte ne troubleront en aucune manière l'ordre public ; qu'elles sauront se maintenir dans ce religieux silence que l'on doit observer lorsqu'on se trouve devant la loi et en présence de la justice. »

Monsieur le président demande ensuite à chacun des accusés ; ses nom, prénoms, âge, qualités, lieu de naissance , et domicile. — Ils font successivement les réponses suivantes :

Premier accusé. Je me nomme Jacques Eberle, âgé de 38 ans, gardien de la Conciergerie, né à Paris , demeurant rue des Trois-Canettes.

Second accusé. Je me nomme Jean-Baptiste Roquette de Kerguidu, âgé de 61 ans , greffier-concierge de la Conciergerie de Paris , né à Libourne, demeurant à Paris , à la Conciergerie.

Troisième accusé. Je me nomme Benoît Bonneville , âgé de 24 ans, né à Paris, valet-de-chambre, demeurant chez M. de Lavalette , rue de Grenelle-Saint-Germain , n° 105.

Quatrième accusé. Je me nomme Joseph Guérin , âgé de 53 ans, né à Charteau, en Savoie, commissionnaire et porteur , demeurant à Paris , rue du Cœur-Volant, n° 4.

Cinquième accusé. Je me nomme Robert-Thomas Wilson, militaire Anglais (1), âgé de 38 ans, né à Londres, résidant depuis quelque temps à Paris , rue de la Paix , n° 31.

Sixième accusé. Je me nomme John Ely Hutchinson , âgé de 25 à 26 ans, capitaine des grenadiers de la garde de S. M. B., né à Wexford , en Irlande , logé à Paris , rue du Helder, n° 3.

Septième accusé. Je me nomme Michel Bruce , *citoyen an-*

---

(1) Wilson est général-major en non activité.

glais (1) , âgé de 26 ans , né à Londres , demeurant à Paris , rue Saint-Georges , n° 24.

M. le président rappelle aux défenseurs les devoirs que la loi leur impose. Il reçoit ensuite le serment individuel de MM. les jurés. Puis s'adressant aux accusés étrangers :

« Vous n'avez point choisi d'interprète , leur dit-il, parce que vous comptez sur la connaissance que vous paraissez avoir de notre langue. Mais la loi française , toujours protectrice , veut que les accusés ne soient privés d'aucun moyen de faciliter leur justification , même de ceux qu'ils ne réclament pas. En conséquence la Cour nomme M. John Roberts pour remplir au besoin dans la cause les fonctions d'interprète. »

M. John Roberts est admis à prêter le serment d'usage.

En ce moment , M. Bruce demande la parole, et fait lecture de la déclaration suivante :

« Messieurs , quoique soumis à la loi française pour l'accusation dont nous sommes devenus l'objet , il ne nous a jamais été interdit d'invoquer le droit des gens.

» La réciprocité entre les nations est le premier article de tous les traités ; et comme en Angleterre les Français accusés ont le droit de réclamer un jury mi-parti de nationaux et d'étrangers , il nous a semblé que le même droit, ou , si l'on veut , la même faveur , ne pourrait nous être refusée en France.

» C'est dans cette vue que nous avons fait soumettre à des jurisconsultes de notre nation , diverses questions dont la solution devait attester le droit dont nous parlons.

» Forts de cette décision, nous aurions donc pu réclamer la faveur d'un jury mi-parti de Français et d'Anglais.

» Mais, Messieurs, la justice qui nous a été rendue en grande partie par la chambre d'accusation, nous a déterminés à en user autrement.

» Nous nous abandonnons pleinement et sans réserve à la loyauté et à la conscience d'un jury entièrement composé de Français. Nous ne ferons même aucune récusation.

» Si , du reste , nous faisons de ceci la matière d'une déclaration spéciale, c'est pour exprimer que *nous n'entendons renoncer qu'au droit qui nous est personnel ;* et pour empêcher que , plus tard , on ne s'autorise de la manière dont on aura pro-

---

(1) L'accusé a sensiblement appuyé sur cette qualité.

cédé envers nous, contre ceux de nos compatriotes qui, à l'avenir, se trouveraient dans la même situation.

» Nous ne pouvons ni ne voulons préjudicier à leur droit.

» En foi de quoi nous avons signé la présente déclaration ;

» Paris, ce 22 avril 1816.

» *Signé*, WILSON, BRUCE et HUTCHINSON.

» Pour consultation, *Signé*, DUPIN, avocat. »

M. Dupin. Plaise à la Cour donner acte de cette déclaration que je dépose entre ses mains. (La pièce est déposée.)

M. l'avocat-général. Cette déclaration, Messieurs, a droit de nous étonner. Réclamer en France, pour un délit commis en France, les dispositions d'une loi étrangère, c'est oublier ou méconnaître les premiers principes de la législation des peuples. Si quelque chose est attributif de juridiction, c'est un délit; car il attente à l'ordre public, et il n'est point d'État qui n'ait le droit et pour qui même ce ne soit un devoir de veiller à sa conservation. La France, sous laquelle on insinue plutôt qu'on ne propose cette déclaration, ne la justifie pas. Si c'est une protestation, vous devez la rejeter; si c'est une déclaration simple, elle est inutile, et vous ne pouvez en donner acte. Je réquiers donc que, sans avoir égard à la déclaration des accusés anglais, et sans qu'il leur en soit accordé acte, il soit passé outre aux débats.

M. Dupin. Je ne vois ici aucune opposition entre les intérêts de mes clients et ceux du ministère public : ils ne protestent point contre les débats ; ils déclarent formellement au contraire qu'ils renoncent aux protestations qu'ils auraient droit de former. Mais s'ils n'avaient pas jugé à propos de faire cette renonciation spéciale, qui d'ailleurs atteste la confiance avec laquelle ils se livrent à la loyauté et à la conscience des jurés français, s'il leur avait plu de demander que le jury fût mi-parti de Français et d'Anglais, la cour eût été obligée de statuer sur cet incident, peut-être mal fondé. Puisqu'ils renoncent à leur droit, ils sont fondés à demander acte de leur renonciation. Qu'on ne pense pas d'ailleurs que cette formalité soit inutile ; mes clients ne veulent pas qu'il leur puisse être reproché d'avoir négligé de la remplir ; elle est moins pour eux que pour leurs compatriotes qui pourraient se trouver en pareille circonstance. Le jury qui doit les juger doit-il être composé mi-partie d'Anglais et de Français ? c'est une question neuve. Encore une fois ils ne l'élèvent pas pour eux ; ils se soumettent pour eux-mêmes à la loi française ; mais ils ne doivent pas oublier qu'ils sont Anglais, qu'ils retourneront en Angleterre;

et là ils veulent jouir du premier honneur pour un citoyen anglais, celui de n'avoir jamais sacrifié, pas même dans les fers, les droits de citoyen anglais. Cette déclaration ne préjudicie en rien aux droits de la justice; on ne doit donc pas en refuser acte; au surplus, je m'en rapporte à la sagesse de la cour.

M. l'avocat - général. Dire qu'on consent à être jugé par un jury français, ce serait supposer qu'un autre droit pouvait être réclamé. C'est cette prétention que je repousse pour l'intérêt et pour l'honneur national. Peu importe que vous soyez soumis de cœur à notre législation, vous y êtes soumis de nécessité. Le délit a été commis en France, la poursuite en appartient exclusivement aux lois françaises; accusé anglais, *defende causam.*

La cour se retire dans la chambre du conseil pour délibérer sur l'incident.

Au bout de dix minutes, la cour rentre, et M. le président prononce l'arrêt suivant : « La cour, après avoir entendu les accusés anglais en personne et par l'organe de leur défenseur; après avoir entendu M. le procureur-général en ses conclusions et en avoir délibéré conformément à la loi ; attendu que tout délit est essentiellement attributif de juridiction, que l'exception de réciprocité invoquée n'est admise par aucune disposition du Code d'instruction criminelle, déclare qu'il n'y a lieu à donner acte aux accusés anglais de leur déclaration, et ordonne qu'il sera passé outre aux débats ».

« Accusés, ajoute M. le président, soyez attentifs. Il va vous être donné lecture de l'arrêt de la chambre d'accusation qui ordonne votre renvoi devant la cour d'assises, et de l'acte d'accusation dressé contre vous par M. le procureur-général ».

Le greffier donne lecture de ces pièces.

COUR ROYALE DE PARIS. (1)

ARRÊT DE RENVOI.

La cour réunie en la chambre du conseil, M. le procureur est entré et a fait le rapport du procès intenté contre Robert-Thomas Wilson, John-Ely Hutchinson, Michel Bruce, Jacques Eberle, Jean-Baptiste Roquette de Kerguidu père, Emilie-Louise Beauharnais, femme Lavalette; Benoît Bonneville, Joseph Guérin dit Marengo ; et le greffier a donné lecture des pièces du procès qui ont été laissées sur le bureau ; le substitut a déposé sur le bureau sa réquisition écrite et signée , tendant à ce que Anne-Marguerite Boylledieu, veuve Dutoit; les nommés Wilson, Hutchinson et Bruce soient mis en ac-

---

(1) *Voyez* pages 193 et *suiv.*, le Mémoire des accusés devant la chambre d'accusation.

cusation , comme prévenus des crimes et délits prévus par les
articles 87 , 88 , 89 , 240 et 248 du Code pénal; à ce que Eberle
soit également mis en accusation , comme prévenu du crime
prévu par l'article 240 dudit Code ; à ce que Roquette de Kerguidu père , la veuve Dutoit , Benoît Bonneville et Guérin dit
Marengo , constitués seulement en prévention du délit déterminé par l'article 240 du Code pénal soient , à raison de la connexité , renvoyés en état de mandat - d'arrêt devant la cour
d'assises de la Seine; à ce qu'il soit déclaré n'y avoir lieu à suivre
contre la femme Lavalette , et à ce que sa liberté provisoire
soit déclarée définitive. M. le procureur - général s'est retiré
ainsi que le greffier.

(Suit le récit des faits qui seront reproduits avec plus de détail
dans l'acte d'accusation).

L'instruction relative aux prévenus susnommés était terminée,
et il allait être passé outre , lorsqu'un événément imprévu qui
semblait être la suite de l'évasion de Lavalette , et avoir avec
ce premier fait la plus étroite connexité , parvint à la connaissance de la justice , et nécessita de nouvelles poursuites.

(Ici se trouve le détail des faits relatifs au recelé de Lavalette
par les Anglais , et à sa sortie de Paris.)

Dans une partie de la correspondance de Wilson qui est parvenue à la connaissance de la justice , on a remarqué des passages dans lesquels ce prévenu et ceux avec lesquels il correspond d'une manière intime et habituelle en Angleterre, en pro-
fessant les principes les plus dangereux, les plus opposés à toute
espèce d'ordre social , manifestent beaucoup de haine contre le
gouvernement actuellement existant en France , et semblent
appeler par leurs vœux les événements qui pourraient en troubler l'ordre et en altérer la force et la stabilité. L'on avait pu
inférer des expressions contenues dans ces lettres , que les par-
tisans de ces affreuses et épouvantables doctrines , ennemis
jurés de tous les gouvernements sages et réguliers ; après en
avoir désiré le renversement, n'étaient pas loin d'en comploter
la ruine.

En conséquence, dans l'instruction qui a eu lieu contre Wilson
et ses complices , on a cherché si le fait qui leur est imputé relativement au recélé et à la sortie de France de Lavalette , ne se
rattachait pas à un complot par eux formé contre la sûreté intérieure du royaume , et s'ils n'avaient pas eu pour objet de produire une commotion politique , qui pût ébranler et renverser le
gouvernement. Mais les charges qui sont résultées des pièces et
de l'instruction , quelque caractère de gravité qu'elles présentent,
ne paraissent pas néanmoins suffisantes dans les termes de la

loi pour établir contre les prévenus une prévention d'attentat, ou de complot contre le gouvernement; la correspondance de Wilson ne présentant pas de sa part de résolution *concertée et arrêtée* d'agir en conformité des affreux principes par lui projetés ; et Bruce et Hutchinson étant d'ailleurs étrangers à cette correspondance. Néanmoins l'instruction étant terminée, et les procédures ayant été jointes, attendu la connexité, le tribunal de première instance de Paris, par ordonnance du 2 mars présent mois, a statué sur l'ensemble du procès. Il a prévenu Wilson, 1° de complot dirigé en général contre le système politique de l'Europe, et ayant pour but spécial de détruire ou changer le gouvernement français, d'exciter les habitans à s'armer contre l'autorité du Roi; 2° d'avoir tenté de parvenir à l'exécution de ce complot en cherchant à arracher par adresse ou violence aux poursuites de la justice des individus compris dans l'article premier de l'ordonnance du 24 juillet 1815, et principalement en concluant, arrêtant et consommant l'évasion et le recèlement de Lavalette, condamné pour crime de haute trahison.

Hutchinson et Bruce ont été prévenus de s'être rendus complices de Wilson en aidant et assistant ce dernier, avec connaissance dans les faits qui ont préparé, facilité et consommé le même complot et coopéré à son exécution. Savoir : Bruce en concertant avec Wilson la fuite de Lavalette et en lui en fournissant les moyens ; et Hutchinson en recélant Lavalette, et en l'accompagnant jusqu'à Compiègne.

A l'égard des individus prévenus d'avoir facilité l'évasion de Lavalette de la prison de la Conciergerie, la même ordonnance a prévenu Eberle d'avoir, de connivence avec Lavalette, dont il était gardien, facilité l'évasion de ce condamné. Roquette de Kerguidu, concierge, la veuve Dutoit, Bonneville et Guérin, dit Marengo, ont été prévenus d'avoir facilité l'évasion de Lavalette : le premier par négligence, et les autres par leur coopération volontaire.

A l'égard de la femme Lavalette, considérant qu'il n'existait pas contre elle d'indices suffisants d'une coopération criminelle à l'évasion de son mari, il a été déclaré qu'il n'y avait lieu à suivre contre elle quant à présent.

La cour, après en avoir délibéré : En ce qui touche Robert-Thomas Wilson, John-Ely Hutchinson et Michel Bruce, attendu qu'il ne résulte pas des pièces de l'instruction charges suffisantes contr'eux d'avoir, vers la fin de 1815, et dans le mois de janvier 1816, commis un attentat formé ni exécuté un complot ayant pour objet de détruire ou changer le Gouvernement français ou d'exciter les citoyens ou habitants à s'armer contre l'autorité royale, ni de s'être rendus complices desdits crimes;

Dit qu'il n'y a lieu à accusation contre lesdits Wilson, Hutchinson et Bruce à raison desdits faits d'attentat et de complot; en conséquence annulle l'ordonnance de prise-de-corps, contr'eux décernée par le tribunal de première instance de Paris, le 2 mars, présent mois, et dans laquelle, les faits ont été mal qualifiés.

En ce qui touche Jacques Eberle, attendu que de l'instruction il résulte charge suffisante contre lui, d'avoir le 20 décembre 1815, de connivence avec Lavalette, condamné à la peine capitale et à la garde duquel il était préposé, facilité l'évasion de la prison audit Lavalette;

En ce qui touche Jean-Baptiste Roquette de Kerguidu père, attendu qu'il résulte de l'instruction, charges suffisantes contre lui d'avoir le 20 décembre 1815, par négligence, facilité l'évasion de Lavalette, condamné à la peine capitale, et à la garde duquel il était préposé en qualité de greffier concierge de la prison;

En ce qui touche Benoît Bonneville et Joseph Guérin, dit Marengo, attendu qu'il résulte des pièces de l'instruction, charges suffisantes contre eux d'avoir le 20 décembre 1815, facilité l'évasion de Lavalette, condamné à la peine capitale, en procurant à ce condamné les moyens d'effectuer ladite évasion;

Et encore en ce qui touche Wilson, Hutchinson et Bruce, attendu qu'il résulte des pièces de l'instruction, charges suffisantes contre eux, d'avoir de complicité dans le mois de janvier 1816, recelé Lavalette, sachant qu'il était condamné à la peine capitale, et d'avoir facilité et consommé son évasion;

Crimes et délits connexes prévus par les art. 59, 60, 240 et 248 du Code pénal;

Ordonne la mise en accusation de Jacques Eberle, le renvoie devant la cour d'assises du département de la Seine, pour y être jugé conformément à la loi; et attendu la connexité et vu l'article 3 du Code civil qui oblige tous ceux qui habitent le territoire en matière de police et de sûreté, renvoie devant la même cour d'assises; Roquette père, Bonneville, Guérin, Wilson, Hutchinson et Bruce, en état de mandat d'arrêt pour y être jugés à raison des délits qui leur sont imputés, par un seul et même arrêt.

En ce qui touche Emilie-Louise Beauharnais femme Lavalette, et Anne Marguerite Boylledieu veuve Dutoit, attendu qu'il ne résulte pas des pièces et de l'instruction, charges suffisantes contre elles, d'avoir prêté une assistance criminelle à l'évasion de Lavalette, ni d'avoir facilité ladite évasion et que l'obéissance passive, à laquelle elles se trouvaient réduites par leurs qualités et leur position vis-à-vis de Lavalette, ne pouvait d'ailleurs être considérée, comme une participation volontaire et active aux faits de l'évasion effectuée par ce condamné, dit qu'il n'y a lieu ni à accusation, ni à poursuite contre lesdites femmes Lavalette, et veuve Dutoit.

En conséquence déclare définitive la liberté provisoire accordée à ladite femme Lavalette, dans le cours de l'instruction, et ordonne que Anne-Marguerite Boylledieu, veuve Dutoit, sera sur-le-champ mise en liberté, si elle n'est retenue pour autre cause.

Ordonne en outre que Jacques Eberle, âgé de trente-huit ans, l'un des gardiens de la Conciergerie de Paris, né à Dijon, demeurant à Paris, rue des Canettes en la cité, n° 5, de la taille d'un mètre soixante-deux centimètres, front haut, nez ordinaire, yeux bruns, bouche moyenne, menton saillant, figure ovale et gravée, cheveux et sourcils noirs, sera pris au corps et conduit dans la maison de justice, près la cour d'assises, où il sera écroué par tous huissiers requis ; comme aussi que le présent sera exécuté à la diligence du procureur-général.

Fait au palais de justice de Paris, ce 15 mars 1816, en la chambre du conseil, où siégeaient MM. Malleville, président ; Pinot-Cochery, Bretin d'Aubigny, Larrieu, conseillers, et M. de Haussi, conseiller - auditeur ayant voix délibérative ; tous composant la chambre d'accusation, et qui ont tous, ainsi que le greffier, signé le présent.

ACTE D'ACCUSATION

CONTRE

JACQUES EBERLE, — JEAN-BAPTISTE ROQUETTE DE KERGUIDU, — BENOÎT BONNEVILLE, — JOSEPH GUÉRIN (dit MARENGO), —ROBERT-THOMAS WILSON, JOHN-ELY HUTCHINSON, et MICHEL BRUCE.

———

LE procureur-général près la cour royale de Paris expose : que, par arrêt du 15 mars présent mois, la Cour a ordonné la mise en accusation, et le renvoi devant la cour d'Assises du département de la Seine,

De Jacques *Eberle*, prévenu d'avoir, de connivence avec un prisonnier condamné à la peine capitale, et à la garde duquel il était préposé, facilité l'évasion de ce condamné ;

Et le renvoi pardevant la cour d'Assises, attendu la connexité, pour y être jugés correctionnellement,

1° De Jean-Baptiste *Roquette* de Kerguidu, prévenu d'avoir, par négligence, facilité l'évasion du même condamné, à la garde duquel il était préposé ;

2° De Benoît *Bonneville*, et Joseph Guérin, dit Marengo, prévenus d'avoir facilité l'évasion de ce condamné, en lui procurant les moyens d'effectuer ladite évasion ;

3° De Robert-Thomas Wilson, de John-Ely Hutchinson, et de Michel Bruce, prévenus d'avoir, de complicité, recelé le même condamné, sachant qu'il était condamné à la peine capitale, et d'avoir facilité et consommé son évasion ;

Pour y être jugés conformément à la loi ;

Déclare, en conséquence, le procureur-général, que des pièces et de l'instruction résultent les faits suivants :

Marie-Chamans Lavalette, traduit en jugement pour crime de haute trahison, avait été condamné à la peine capitale par arrêt de la cour d'assises du département de la Seine, le 22 novembre dernier. Il s'était pourvu en cassation contre cet arrêt, et la cour de cassation ayant rejeté son pourvoi, l'arrêt de condamnation porté contre lui devait être mis à exécution le jeudi 21 décembre.

La police avait donné les ordres les plus précis pour que le condamné fût gardé en la maison de justice de Paris dite la Conciergerie, où il était détenu, avec toutes les précautions d'usage ; et depuis le rejet du pourvoi, le préfet de police avait mandé Jean-Baptiste Roquette père, greffier-concierge de cette maison, pour lui recommander de redoubler de surveillance, ajoutant que, dans le cas même où l'on se présenterait à la Conciergerie avec une permission signée de sa main, pour communiquer avec Lavalette, le concierge ne devait y avoir aucun égard, nul ne pouvant plus voir le condamné que sur un ordre émané du procureur-général.

Lavalette, à qui le concierge fit part de ces nouveaux ordres, écrivit aussitôt au procureur-général pour le supplier de permettre qu'il communiquât avec sa femme, et avec un petit nombre de personnes qu'il désigna. Le procureur-général ne crut pas devoir se refuser à cette demande ; mais il exprima formellement dans sa permission que les personnes désignées ne pourraient voir Lavalette que successivement, et l'une après l'autre.

Néanmoins, le 20 décembre, veille du jour fixé pour l'exé-

: cution de l'arrêt rendu contre Lavalette, vers trois heures de l'après-midi, l'épouse et la fille de ce condamné, accompagnées de la veuve Dutoit, femme âgée de 70 ans, et attachée au service de la demoiselle Lavalette, furent introduites en même temps, par le concierge Roquette, à la maison de justice, et dans la chambre de Lavalette, quoique le nom de la demoiselle Lavalette et celui de la veuve Dutoit ne fussent point compris dans la liste arrêtée par le procureur-général.

La dame Lavalette s'était fait transporter à la Conciergerie dans une chaise à porteur, servie par le nommé Guérin, dit *Marengo*, son porteur ordinaire, et par le nommé Brigant, commissionnaire choisi ce jour-là par Guérin, pour remplacer un nommé Laporte, qui faisait habituellement ce service avec lui, et qui se trouvait malade. Les porteurs étaient dans l'usage de conduire la dame Lavalette jusque dans la cour de la Conciergerie ; mais le 20 décembre, elle descendit dans la cour du Palais, et s'achemina à pied vers la grille de la Conciergerie. Benoît Bonneville, son valet de chambre, ayant dit aux porteurs de *s'arrêter, que madame se trouvait assez forte pour achever à pied le trajet qui lui restait à faire*, la chaise fut rangée par ceux-ci vers le mur du Palais de justice. On en tira un coussin recouvert de taffetas vert, et un paquet assez volumineux, de forme irrégulière, qui paraissait renfermer des bouteilles de vin. Ce paquet, ainsi que le coussin, et un sac à ouvrage, que portait la dame Lavalette, furent reçus dans la prison, et parvinrent dans la chambre de Lavalette, sans avoir subi l'examen préalable prescrit en pareil cas par les réglemens sur la police des prisons.

La dame Lavalette, en arrivant à la Conciergerie, était vêtue d'une robe ou redingote de mérinos rouge, garnie de fourrure, et avait sur la tête un chapeau noir à plumes mélangées. Elle entra, avec sa fille et la veuve Dutoit, dans la chambre de son mari ; et le valet de chambre Benoît demeura dans la première pièce dite l'*avant-greffe*, où on le vit, près du poêle, pendant plus de deux heures. Les porteurs avaient été reçus dans le corps-de-garde de la gendarmerie.

A cinq heures, le nommé Jacques Eberle, l'un des guichetiers de la Conciergerie, qui avait été spécialement préposé par le concierge à la garde et au service de Lavalette, lui servit un dîner qui fut partagé par la dame et la demoiselle Lavalette et par la veuve Dutoit.

Après le dîner, qui dura une heure, Eberle servit le café, qu'il avait été chercher au café dans la cour du Palais, et quitta l'appartement de Lavalette, avec ordre, dit-il, de n'y pas revenir qu'on ne l'eût sonné. Roquette fils soutient au contraire qu'en quittant la chambre de Lavalette, Eberle dit qu'il venait de recevoir l'ordre de ne pas attendre qu'on le sonnât pour retourner dans l'appartement.

Cependant Benoît, qui était dans le secret de ce qui se préparait et qui voyait approcher l'heure du dénouement, avait quitté l'avant-greffe pour s'assurer des porteurs. Il les trouva au corps-de-garde, et les invita à venir boire avec lui. Guérin ne se fit pas prier, mais Brigant ne bougeait pas. *Allons donc, camarade*, lui dit Benoît, *approchez ; vous ne serez pas de trop.* Brigant se laisse persuader, et sort avec son camarade. Chemin faisant, Benoît leur dit : *Camarades, il y a vingt-cinq louis à gagner : vous serez un peu plus chargés, et il faudra aller un peu plus vite ; mais vous n'aurez que dix pas à faire.* — C'est donc M. Lavalette que nous allons porter ? — Cela ne vous regarde pas. Allez toujours. Brigant rejette la proposition ; Benoît insiste, et lui répète plusieurs fois, *tu n'es pas un homme...* Guérin, l'autre porteur, se joignait à Benoît, et disait à Brigant : *Qu'est-ce que cela te fait, dès que Monsieur assure qu'il n'y a rien à craindre?* Brigant voulait absolument savoir *qui l'on devait porter ;* Benoit et Guérin lui répétaient toujours *que cela était indifférent,* puisqu'il n'y avait *rien à craindre ; et qu'il fallait gagner de l'argent quand on en trouvait l'occasion.* Enfin, Brigant poussé à bout, et venant à se représenter quelles pourraient être pour lui et pour sa famille les suites de sa condescendance, jette la bricole que Guérin lui avait donnée ; et, sans entrer chez le marchand de vin, s'empresse de regagner son domicile, où il raconte à sa femme ce qui vient de se passer.

Guérin ne perd pas de temps, il jette les yeux sur un charbonnier qui était à boire avec deux de ses camarades chez le marchand de vin ; il lui propose la bricole ; Benoit l'en affuble, et ils partent aussitôt. Il était sept heures.

Arrivés dans la cour du Palais, au bord de l'escalier qui descend à la Conciergerie, ils trouvèrent la chaise à porteur, dont l'entrée regardait la porte de la prison. Chopy (c'est le nom du charbonnier qui avait remplacé Brigant) ne vit entrer personne dans cette chaise. On lui *assigna* la place de derrière ; Guérin prit celle de devant, tourna vers la grille du Palais ; et, après l'avoir dépassée, prit à droite, et suivit la rue de la *Barillerie.*

Pendant que Benoît et Guérin étaient occupés au dehors, une scène d'une autre genre se passait à la Conciergerie.

Peu de temps après le café, et vers sept heures environ, un coup de sonnette parti de la chambre de Lavalette avertit le concierge que son prisonnier demandait quelqu'un : Roquette père se trouvait en ce moment avec Eberle auprès du poêle, dans l'avant-greffe; il donne à Eberle l'ordre de se rendre dans la chambre de Lavalette. Il entend le guichetier ouvrir la porte du couloir qui mène à cette chambre; et, comme il s'avançait pour savoir ce qu'on désirait chez Lavalette, il voit paraître trois personnes vêtues en femmes, qui étaient suivies d'Eberle, et qui arrivaient de front dans l'avant-greffe.

La personne qu'il prit pour la dame Lavalette était vêtue d'une jupe noire, d'une robe de mérinos rouge, garnie de fourrure; elle avait des gants blancs, une collerette sur les épaules, et sur la tête un chapeau noir à plumes mélangées; en un mot, elle avait exactement pris le costume sous lequel la dame Lavalette avait été introduite quelques heures auparavant dans la chambre de son mari. Un mouchoir blanc couvrait le visage de cette personne qui avait l'air de sangloter; et la demoiselle Lavalette, qui marchait à ses côtés, poussait des cris lamentables. Tout offrait dans cette scène de roman le spectacle d'une famille livrée aux déchiremens d'un dernier adieu. Le concierge attendri, et trompé par ce déguisement et par la lueur incertaine des deux lampes qui l'éclairaient, ne se sentit pas, dit-il, la force de soulever le mouchoir qui lui cachait les traits de la personne déguisée, et négligeant de remplir ce devoir pénible, mais indispensable, il présenta la main à cette personne, comme il était dans l'usage de la présenter à la dame Lavalette, et la conduisit, ainsi que ses deux compagnes, jusqu'au dernier guichet.

Alors Eberle reprit le devant, et courut appeler Benoit qui *arrivait* avec les porteurs. Lavalette, sous les habits de sa femme, était déjà dans la chaise, qui s'achemina aussitôt, suivie par Benoit, par la demoiselle Lavalette, et par la veuve Dutoit. Eberle ayant aperçu en ce moment un autre guichetier nommé Bodiscar, l'emmena boire l'eau-de-vie, en lui disant : *Ces trois êtres-là ne me parlent pas.*

La chaise et sa suite marchèrent, suivant la version de Benoît, de Guérin, et la demoiselle Lavalette, jusqu'au milieu de la rue de la Barillerie; et, suivant le porteur Chopy, dont le témoignage est moins suspect, jusque sur le quai des Orfèvres, à trois ou quatre maisons en avant de la rue Sainte-Anne, où les porteurs s'étant arrêtés par l'ordre de Benoit, elle s'ouvrit; Lavalette en sortit, disparut, et fut remplacé par la demoiselle Lavalette. Benoit donna aussitôt aux porteurs l'ordre de tourner vers l'*Abbaye-aux-Bois.*

Cependant le concierge Roquette entre une première fois dans la chambre de Lavalette; il ne voit personne, mais il entend quelqu'un remuer derrière le paravent. Il revient une secondfois ; il appelle, on ne répond pas ; il s'inquiète, s'avance vers le paravent ; et, reconnaissant la dame Lavalette, il s'écrie : *Ah ! Madame, vous m'avez trompé !* Il veut sortir pour donner l'alarme. La dame Lavalette s'attache à lui, le retient par la manche de son habit. — *Attendez, M· Roquette, attendez.* — *Non, Madame, cela est affreux !* On se débat, l'habit se déchire, Roquette sort en appelant du secours, et apprend à son fils l'évasion du prisonnier.

Roquette fils s'élance hors de la Conciergerie ; il rencontre à la grille du palais Eberle, qui venait de boire l'eau-de-vie avec Bodiscar ; il lui donne ordre de suivre la chaise par la rue de la Barillerie, en lui annonçant qu'il va prendre la rue de Jérusalem, pour gagner les devants et couper le chemin aux porteurs, et qu'ils se rejoindront au bout de la rue de Jérusalem.

Roquette fils suit en effet la rue de Jérusalem ; et au débouché de cette rue, il atteint la chaise et l'arrête. Mais il n'y trouve que la demoiselle Lavalette, et revient en toute hâte à la Conciergerie.

A peine avait-il quitté la chaise, que Benoit, qui suivait toujours les porteurs, dit : *Il est bien heureux que cela ait tourné ainsi.*

Quant à Eberle, au lieu d'exécuter l'ordre qu'il avait reçu de Roquette fils, et de suivre la chaise par la rue de la Barillerie, il était rentré à la prison, *et s'était rendu à la chambre de Lavalette,* sous le prétexte de s'assurer si le prisonnier s'était réellement évadé ; et, en sortant, il avait dit à ses camarades, avec une affectation de zèle qui ressemble à une plaisanterie : *Il y a toujours quelqu'un d'enfermé dans la chambre, et celle qui y est n'en sortira que par bon ordre.*

Il fut arrêté dès ce moment ; et deux heures après, comme il disait, en parlant de l'évasion : *qu'il était bien facile de reconnaître le déguisement de Lavalette, parce que sa femme était plus grande que lui de la moitié de la tête,* Roquette fils lui demanda *pourquoi il n'avait pas fait cette réflexion dans le moment où elle aurait pu être utile ;* et il répondit : *Le chef étant là, cela ne me regardait pas.*

L'instruction établit qu'Eberle, attaché au service de Lavalette, comme il l'avait été précédemment à celui du maréchal Ney, avait reçu de ces prisonniers diverses sommes d'argent à titre de gratifications. Eberle ne fait monter qu'à 100 francs ce qu'il aurait reçu de Lavalette. Mais, le jour même de l'évasion, il a été fait une perquisition à son domicile, et l'on y a trouvé une somme de 1,700 francs, que sa femme avait d'abord cherché à soustraire à la connaissance de la police ; d'où l'on a conclu

que la majeure partie de cette somme pouvait provenir des libé-
ralités de Lavalette.

On a rattaché à la même idée cette particularité, que le soir
du 20 décembre, et comme il était déjà gardé à vue, Éberle a
voulu deux fois sortir de la Conciergerie, et qu'en ayant été
empêché par un porte-clefs, il manifesta un vif désir d'écrire à
sa femme, et d'envoyer sa lettre par une fille de service appelée
Fanchette; ce à quoi le porte-clefs et Fanchette se refusèrent
encore.

Dans un interrogatoire subi le même jour, Eberle avait assuré
qu'à sept heures, lorsque Lavalette le sonna, il avait reçu de
Lavalette lui-même l'ordre de prévenir Benoît *qu'il eût à faire
avancer la chaise, parce que les dames allaient sortir;* et qu'en
ce moment Lavalette était encore vêtu, comme le matin, d'un
pantalon de drap bleu, d'un gilet rayé fond jaune, et d'une redingote couleur puce; et il ajoutait qu'étant sorti aussitôt pour
prévenir le concierge, et pour s'acquitter de la commission qu'il
venait de recevoir, il avait trouvé Roquette père dans l'avant-
greffe, et *qu'au même moment* il avait vu les trois dames au
milieu du guichet, entre le poële et la porte de l'avant-greffe.

On lui objecta qu'il n'avait pu voir Lavalette encore vêtu de
ses habits, lorsqu'il a été prendre l'ordre du départ, puisque,
d'après sa propre déclaration, les trois personnes vêtues en
femmes, parmi lesquelles se trouvait Lavalette, ont quitté la
chambre aussitôt que lui, ce qui excluerait la possibilité du déguisement dont s'est servi Lavalette, à moins de supposer que
ce déguisement eût été opéré d'avance; et l'on induisait de ce
raisonnement la conséquence naturelle qu'Eberle avait vu dans
la chambre Lavalette vêtu en femme, et qu'ayant dissimulé
cette circonstance, il était nécessairement dans le secret de
l'évasion.

A cette objection Eberle répondit que les trois femmes étaient
près de la cheminée; qu'il y avait quatre personnes dans la
chambre lorsqu'il s'y présenta, et *qu'il n'a pas fait attention si,
parmi elles, il y avait quelqu'un de déguisé.*

Dans un second interrogatoire, Eberle n'affirme plus qu'il ait
vu Lavalette sous ses habits d'homme, lorsqu'il est allé prendre
l'ordre du départ. Il s'était arrêté sur le seuil de la porte; et il
ne sait s'il doit attribuer sa première déclaration à l'habitude
qu'il avait de voir Lavalette, ou à la certitude même de l'avoir
vu en ce moment. Mais il lui reste la conviction *bien intime*
qu'il regardait Lavalette pendant que celui-ci lui donnait ses ordres, et que c'était Lavalette lui-même qui lui adressait la pa-

role, assis au milieu des trois dames, et vêtu comme à son ordinaire.

Interrogé une troisième fois, on lui demande comment il a pu, d'après les ordres sévérés qui lui avaient été donnés peu d'heures auparavant, laisser, en quittant la chambre du prisonnier, trois portes ouvertes, et trois portes dont la garde lui était confiée? Il répond *qu'il n'était pas dans l'usage de les fermer.*

Dans un dernier interrogatoire, on lui oppose une déclaration de Roquette père, de laquelle il résulterait que les trois personnes vêtues en femmes parurent à la porte de l'avant-greffe aussitôt que lui, Eberle, eut ouvert la porte du couloir, d'où il suivrait qu'il n'a pas mis le pied dans le couloir, et encore moins dans la chambre de Lavalette. Il répond *que cela est faux.*

Interrogé sur les sources d'où lui provenaient les dix-sept cents francs trouvés en son domicile, il indique une succession de cinq à six cents francs recueillis, il y a quatre ans, du chef de sa femme; plus les bénéfices que sa femme a pu faire dans le commerce auquel elle se livre depuis la même époque; enfin ses gages de guichetier, et environ trois cents francs de gratification qu'il a reçus, tant de Lavalette que du maréchal Ney.

Interpellé d'expliquer la conduite étrange qu'il a tenue, le 20 décembre au soir, après avoir reçu de Roquette fils l'injonction formelle de se mettre à la poursuite de la chaise, par la rue de la Barillerie jusqu'au bout de la rue de Jérusalem, il a avoué qu'il était rentré presqu'aussitôt à la Conciergerie; mais il a prétendu qu'il avait été arrêté en chemin, ou *par Roquette fils lui-même,* ou *par une autre personne qu'il croit être un nommé Louis,* et qui lui a dit *que Lavalette était sauvé;* qu'à cette nouvelle, il a pensé qu'il était inutile de courir davantage après la chaise, et que d'ailleurs il lui tardait de retourner dans la chambre de Lavalette, d'où il n'avait vu sortir que trois personnes, et où il présumait que Lavalette serait encore, malgré l'assurance qu'on lui donnait du contraire.

Enfin, sommé de déclarer s'il a dit, le soir même de l'évasion, *qu'il était bien facile de reconnaître le travestissement de Lavalette, puisque sa femme était plus grande que lui de la moitié de la tête,* il avoue le propos; mais il en donne cette explication : *que la différence de taille devait trahir Lavalette, si l'on eût eu le moindre soupçon de son déguisement.* Il ne nie pas non plus sa réponse à Roquette fils : *que ce n'était point à lui, guichetier, de surveiller un prisonnier, quand le chef était là;* mais il prétend qu'il a voulu dire seulement *qu'il s'occupait moins des personnes qui sortaient de la Conciergerie, quand le concierge était avec elles.*

Roquette père, concierge de la Maison de Justice, a cherché, dans ses interrogatoires, à repousser d'abord les soupçons de *connivence* qui auraient pu s'élever contre lui, et il y a réussi aisément, l'instruction ne fournissant, à cet égard, aucune charge de nature à le rendre suspect.

Ensuite il a essayé de se défendre du reproche de *négligence*, et tout en convenant qu'il avait reçu, depuis le rejet du pourvoi de Lavalette, les ordres les plus sévères de surveiller ce prisonnier, et que le 20 décembre, entre quatre et cinq heures du soir, il avait été averti par un avocat-général que l'exécution de Lavalette était fixée au lendemain, il a prétendu se disculper en disant :

Que la démarche du marquis de Carvoisin auprès de Lavalette, pour le déterminer à recourir aux consolations de la religion, et la manière dont Lavalette avait accueilli les conseils de cet homme respectable, ne lui permettaient de voir dans son prisonnier qu'un homme entièrement résigné, et avaient écarté de son esprit toute espèce de soupçon.

Cependant il rapporte que le jour même de l'évasion, et une heure et demie auparavant, la dame Lavalette vint le trouver au greffe, sous le prétexte de lui demander du papier pour écrire un mot, et qu'ayant lié conversation avec lui, elle lui parla beaucoup de la position de son mari, des espérances fondées qu'elle croyait avoir d'obtenir sa grâce, et termina en lui disant : *Si cependant la chose tournait différemment, pourrais-je compter sur vos bontés ?* Qu'il répondit : *Je ferai pour vous obliger, Madame, tout ce qui dépendra de moi, et qui ne sera pas contraire à mes devoirs ;* à quoi la dame Lavalette ajouta : *Eh bien ! Monsieur Roquette, nous en parlerons demain ou après demain ;* et que, pour éviter toute explication ultérieure, lui Roquette interrompit la conversation, et reconduisit la dame Lavalette jusqu'à la porte de la chambre de son mari. Mais il assure qu'il n'avait d'abord interprété ce discours de la dame Lavalette que comme une invitation de se prêter aux desseins de dévotion de M. de Carvoisin, et que ce n'est que depuis l'événement, et à l'aide de la réflexion, qu'il a conçu des soupçons sur leur sens possible.

Au surplus, il affirme que jamais il n'avait pris autant de précautions que ce jour-là ; qu'il avait recommandé à Eberl de ne laisser sortir qui que ce soit sans l'avertir, et qu'en outre il avait consigné le nommé Tuillier au guichet, avec défense de

ne laisser entrer ni sortir personne. Mais il avoue qu'il ne s'est
point opposé à ce qu'Eberle reçût les dons de Lavalette.

Eberle avait soutenu qu'au coup de sonnette parti de la
chambre du prisonnier, il s'était rendu de son propre mouvement dans cette chambre, et qu'il était ensuite revenu prévenir
le concierge que *les dames allaient sortir*. Roquette père dit
que cela est faux ; que c'est lui concierge qui, ayant entendu
sonner dans la chambre de Lavalette, a donné à Eberle l'ordre
de s'y rendre, et que celui-ci avait à peine ouvert la porte du
couloir, que les dames parurent.

Roquette ajoute qu'Eberle a pu facilement s'aboucher avec
Benoît, qui était resté près du poêle dans l'avant-greffe ; et il
donne comme un fait certain, ou du moins très-vraisemblable,
qu'Eberle, qui avait la libre entrée de la chambre de Lavalette, y ait fait une apparition un quart-d'heure ou une demi-
heure avant le fatal coup de sonnette.

Revenant à ce qui lui est personnel, et répondant à cette
objection : « que, d'après les ordres du préfet de police, il est
» inconcevable qu'il ait donné l'entrée de la Conciergerie et de
» la chambre de Lavalette à la demoiselle Lavalette, et à la
» veuve Dutoit, qui ne se trouvaient point comprises dans la
» permission du procureur-général, et cela précisément le jour
» où le procureur-général lui donnait avis de la prochaine exé-
» cution du condamné, et qu'il ait ainsi ouvert une libre com-
» munication entre Lavalette et les personnes qui ont favorisé
» sa fuite : » Roquette se borne à dire qu'il ne voyait aucun
danger à laisser une jeune personne de treize ans accompagner
sa mère dans la chambre du prisonnier, et qu'il ne se défiait
s davantage de la veuve Dutoit, femme de soixante-dix ans,
qui ne quittait point la demoiselle Lavalette ; ajoutant qu'il avait
toujours regardé le défaut de mention de ces deux personnes
dans le permis du procureur-général, plutôt comme une omis-
sion de ce magistrat et de Lavalette, que comme une défense
ositive ; et que le 20 décembre la demoiselle Lavalette et la
veuve Dutoit étaient déjà entrées dans la chambre de Lava-
ctte, lorsque l'avocat-général vint donner l'avis que l'exécution
du condamné aurait lieu le lendemain.

Benoît Bonneville, valet-de-chambre de Lavalette, a nié ou
déguisé dans ses interrogatoires les faits les mieux établis par
l'instruction.

« Si on veut l'en croire, il ignorait entièrement le projet de
l'évasion, lorsque le 20 décembre il a accompagné la dame
avalette à la Conciergerie.

» Il n'a eu aucun rapport avec Eberle.

» S'il est sorti quelque temps avant sept heures, pour aller chez le marchand de vin, c'est qu'il s'ennuyait auprès du poêle de l'avant-greffe.

» Il n'a point proposé de récompense aux porteurs pour favoriser la fuite de son maître.

» Il n'a tenu à Brigant ni à Guérin aucun des discours rapportés par Brigant.

» Toutes les fois qu'il est en contradiction avec Guérin, c'est Guérin qui s'est trompé.

» S'il a été chercher les porteurs, c'est qu'il avait entendu un guichetier les demander.

» Il ne sait comment la chaise s'est ouverte au moment où Lavalette en est descendu pour faire place à sa fille.

» A la manière brusque dont on quittait la chaise, il a bien eu le soupçon que la personne vêtue des habits de madame Lavalette n'était pas une femme.

» Quand la demoiselle Lavalette a été dans la chaise, il n'a donné l'ordre de tourner vers l'Abbaye-aux-Bois que parce qu'il venait de recevoir cet ordre de sa jeune maîtresse.

» Enfin, quand le fils du concierge eut atteint la chaise, et » reconnu la demoiselle Lavalette, il a bien pu dire *qu'il* « *était heureux que les choses eussent tourné ainsi* ; car, « en ce moment, il n'avait plus de doutes sur l'évasion de son « maître.

» Il nie, au surplus, qu'en rentrant à l'hôtel il ait dit à ses « camarades que *madame Lavalette revenait en voiture.*

Guérin, dit *Marengo*, a suivi à peu-près le même système.

Il avait d'abord nié de la manière la plus formelle que, depuis la conciergerie, la chaise eût été posée, jusqu'à l'endroit où elle fut arrêtée par le fils du concierge.

Mis en présence de Benoît, il a été obligé de convenir qu'il l'avait posée dans la rue de la Barillerie ; mais il a soutenu qu'il n'avait vu personne en sortir ni y entrer.

Il n'avait pas eu, dans le premier moment, l'idée de rejeter sur l'ivresse où il était le 20 décembre l'incohérence de ses réponses. Cette idée lui est venue le lendemain, et il ne l'a pas reproduite dans les interrogatoires qu'il a subis depuis.

» Il sait, mais *confusément*, qu'il a posé la chaise un instant dans la rue de la Barillerie, et il ne se rappelle pas s'il en avait reçu l'ordre, ou s'il y a été contraint par l'embarras des voitures. Ces voitures fixaient toute son attention ; ce qui l'empêcha de se retourner et de voir qu'on sortait de sa chaise.

« Il ne s'est point aperçu de la différence de poids après que la demoiselle Lavalette eut remplacé son père dans la chaise, *parce que cette différence ne paraît pas être assez sensible pour être aperçue au premier moment*, et qu'il se passa très peu de temps entre la première pause de la chaise et l'instant où elle fut arrêtée par le fils du concierge.

On lui objecte qu'occupant le brancard de devant, la chaise ne pouvait s'ouvrir sans que la porte, en le touchant, ne vînt l'avertir de ce qui se passait derrière lui ; et l'on ajoute que la demoiselle Lavalette ayant passé par l'extrémité du brancard pour entrer dans la chaise, il est impossible qu'il ne l'ait pas vue. Il répond à la première objection, que probablement la chaise n'aura été qu'entr'ouverte ; à la seconde, que la demoiselle Lavalette aura passé par-dessus le brancard, *puisqu'il ne l'a point vue, lui qui n'est pas sorti de ce brancard*.

Sommé de déclarer si Brigant, qui avait été son second ce jour-là, et qui devait finir avec lui le reste de la journée, ne s'est pas refusé à sortir la chaise de la Conciergerie, et pourquoi il a fait ce refus?

Guérin a d'abord répondu que Brigant s'était plaint *d'une douleur aux reins* ; mais sur l'observation que Brigant était bien disposé à porter la chaise, puisqu'il l'attendait depuis près de cinq heures, et qu'il avait commencé à la ranger près de la guérite du factionnaire, Guérin dit *que cela est vrai, mais que Brigant, voyant le retard que la dame Lavalette apportait à son retour, et entendant Benoît parler de doubler le pas, s'était effrayé, et avait disparu.*

Guérin a nié que Benoît et lui aient fait des propositions à Brigant pour l'engager, à prix d'argent, dans le complot de l'évasion. Il avoue seulement qu'il a fait des instances à Brigant pour le déterminer à ne pas quitter la chaise, et qu'il lui a dit : *Pourquoi ne venez-vous pas, puisqu'il n'y a rien à craindre? Il faut gagner de l'argent quand on en trouve l'occasion.* Mais c'est *très-innocemment* qu'il lui a tenu ce discours, persuadé qu'il ne s'agissait que de porter madame Lavalette.

On lui objecte que ses réponses se trouvent en contradiction avec les déclarations de deux témoins infiniment graves, de Brigant, dont la conduite est celle d'un honnête homme, et de Chopy, qui n'a aucun intérêt à déguiser la vérité. Il persiste dans son système.

La dame Lavalette et la veuve Dutoit avaient été mises en prévention, et elles ont été interrogées.

La veuve Dutoit s'es. tenue dans les termes d'une réticence

invincible, et l'on voit par ses réponses qu'elle a craint de trahir ses maîtres en compromettant les coopérateurs de l'évasion.

La dame Lavalette est allée plus loin ; elle a prétendu les justifier en imputant à elle seule le plan, la conduite et l'exécution de l'entreprise ; et la fertilité de son esprit lui fournit pour s'accuser plus de ressources que l'innocence même n'en trouverait pour se défendre.

« Elle n'a point essayé de corrompre par des largesses le concierge ni les geoliers ; ce moyen était trop dangereux pour qu'elle risquât de l'employer.

» M. Lavalette lui avait souvent parlé d'Eberle comme d'un homme dont l'intelligence était extrêmement bornée, et cette raison seule eût suffi pour qu'elle ne s'adressât pas à lui.

» Elle n'avait pas même communiqué son projet à Benoît ni à la veuve Dutoit, quoiqu'ils l'accompagnassent à la Conciergerie. Elle n'était pas assez sûre de leur discrétion. Se fier à eux, c'était s'exposer à un danger au moins probable. *Tout attendre de l'audace, lui parut le meilleur parti*, et elle s'y arrêta.

» Un moment avant l'exécution de son plan, son mari voulait qu'elle essayât de pressentir au moins la bonne volonté des personnes préposées à sa garde ; elle s'y refusa formellement, et lui remontra le danger d'une pareille imprudence.

» Depuis quelques jours elle roulait vaguement l'idée du travestissement qu'elle a mis en usage ; mais elle ne s'y est fixée qu'après avoir vu s'évanouir l'espérance qu'elle avait toujours fondée sur la clémence du Roi.

» Elle prit dès-lors toutes les mesures propres à favoriser l'évasion de son mari, et à assurer sa conservation.

» Elle se rappèle positivement que son mari était encore sous ses habits d'homme lorsqu'il fit venir Eberle, pour lui donner l'ordre de faire avancer les porteurs ; et c'est elle qui en avait donné le conseil, afin que la chaise étant disposée, son mari n'éprouvât pas de retard, et qu'Eberle l'ayant vu en habit d'homme, fût moins porté à soupçonner son déguisement un instant après.

» Elle n'a pas introduit de paquets à la Conciergerie ; elle avait seulement apporté dans son sac, et *à l'insu* de ses gens, une jupe noire et un bonnet, et elle a habillé son mari avec les vêtements sous lesquels elle était arrivée.

» Elle a pressé le départ, parce qu'elle avait remarqué précédemment que c'était l'heure du diner chez le concierge, et qu'elle espérait qu'à cette heure son mari ne trouverait pas le concierge sur son passage.

» Elle ne sait pas ce qui s'est passé depuis. Elle se rappèle seulement qu'à l'instant où le concierge s'est aperçu de l'évasion de son mari, elle a fait tous ses efforts pour l'arrêter, et que, le retenant par la manche de son habit, l'habit s'est déchiré ».

La demoiselle Lavalette a aussi été entendue. Elle s'est tenue dans la même ligne que sa mère. Ses efforts, comme ceux de la dame Lavalette, paraissent avoir eu pour but principal la justification d'Eberle ; mais elles tombent l'une et l'autre dans une contradiction majeure avec cet accusé, en assurant qu'il a fait deux apparitions dans la chambre de Lavalette immédiatement avant l'évasion, tandis qu'Eberle nie de la manière la plus positive qu'il y soit allé plus d'une fois.

L'instruction était terminée, et il allait être passé outre, lorsque de nouveaux faits, étroitement liés à l'évasion de Lavalette, et qui peuvent être considérés comme une dépendance même de cette évasion, sont venus donner lieu à de nouvelles poursuites.

Lavalette, en sortant de la Conciergerie, s'était procuré une retraite qui le déroba, plus de quinze jours, à la surveillance de la police ; mais il sentit bien qu'il n'échapperait aux recherches dont il était l'objet qu'en mettant entre la police et lui les barrières de la capitale et la frontière de France. Le pas était glissant. Il fallait trouver des guides habiles, des confidents sûrs et d'un zèle à toute épreuve. Il ne les choisit point parmi les personnes que les liens du sang, les nœuds de l'amitié ou les devoirs de la reconnaissance unissaient à sa famille ; il se promit une assistance plus active de l'esprit de parti, et c'est parmi les ennemis du Roi qu'il chercha des libérateurs.

Il se trouvait à Paris une foule d'étrangers, et, parmi eux, quelques hommes imbus de ces doctrines anti-sociales qui agitent l'Europe depuis un demi-siècle, et qui ont produit des fruits si amers en France. Ennemis, par principe, de toute idée d'ordre et de légitimité ; ennemis du pouvoir des rois et du repos des peuples ; ennemis de la justice, qui est la base de l'un et de l'autre ; de pareils hommes, en guerre avec leur Gouvernement, ne pouvaient respecter le nôtre. Aussi se montraient-ils les censeurs impitoyables, ou plutôt les détracteurs acharnés de toutes les mesures que la justice et le bien de l'Etat dictaient au Gouvernement du Roi. Ils ne dissimulaient point leur haine pour la dynastie des Bourbons, encore moins l'espérance de voir de nouvelles tempêtes agiter l'Europe ; et, pour coopérer au grand œuvre de *l'émancipation générale*, ils commençaient par se faire les champions de tous les grands coupables poursuivis en France, et les complices des factieux de tous les pays.

Entre eux se distinguaient Michel Bruce, gentilhomme anglais, qui s'était déjà signalé par *son zèle ardent* pour le maréchal Ney, et Robert-Thomas Wilson, officier général anglais, en non activité, qui avait montré la même prédilection pour le maréchal, et qui, depuis, avait reporté tout son intérêt sur Lavalette; parce qu'il paraît que c'est un système bien arrêté entre certains hommes, de protéger, de recueillir avec soin, et de conserver précieusement tous les instruments de licence et de discorde. C'est à la protection de ces étrangers que Lavalette eut recours.

L'instruction ne fournit pas de lumières sur les relations préliminaires qui eurent lieu entre Lavalette et Bruce, celui des accusés qui paraît avoir été initié le premier dans le secret de sa retraite. Mais elle nous fait voir Bruce concevant le projet de conduire Lavalette hors de France, et n'osant prendre sur lui l'exécution de ce projet, dans la crainte d'attirer sur son protégé les regards de la police, déjà fixés sur ses propres démarches. Elle nous le montre cherchant des coopérateurs dans la secte des *indépendants*, et s'associant d'abord avec Hutchinson, puis avec Wilson, qui devient le chef et la cheville ouvrière du complot.

Il paraît que Hutchinson, capitaine anglais, et Ellister, autre officier anglais, qu'on crut devoir aussi mettre dans le secret, *avaient été précédemment engagés dans une affaire de cette nature*, et qu'Ellister eût joué le principal rôle dans celle-ci, s'il eût pu obtenir la permission de quitter son régiment.

Wilson se chargea donc de l'exécution. C'était le 5 janvier que Bruce avait fait à cet officier la première ouverture de son projet. Les bases en furent discutées et arrêtées presque aussitôt.

Il faut laisser parler ici Wilson lui-même, dans la relation *secrète* et *confidentielle* qu'il donne de son entreprise à un de ses amis d'Angleterre :

« Il fut arrêté, dit-il, que le fugitif porterait l'uniforme d'officier anglais; que je le conduirais hors des barrières dans un cabriolet anglais, portant moi-même l'uniforme ; que j'aurais un cheval de relais à la Chapelle, et me dirigerais de là sur Compiègne, où Ellister se rendrait avec ma voiture, dans laquelle je monterais ensuite avec Lavalette, pour gagner Mons par Cambray.

» Je n'eus point de difficulté à me procurer auprès de Stuart, sur ma demande et sous ma responsabilité, des passeports pour le général Wallis et le colonel Laussac, noms que nous avions choisis, parce qu'ils ne sont point précédés de prénoms. Ces passeports furent dûment contresignés par le ministre des affaires étrangères ; mais, lorsqu'on lés présenta à la signature, un des secrétaires demanda à Hutchinson, *qui était le colonel* Laussac ? Il répondit aussitôt : *C'est le frère de l'amiral.* Cet objet rempli, Ellister prit le passeport du colonel Laussac, et se procura des chevaux de poste pour ma voiture ; et afin d'éviter tout soupçon, il prit un appartement et une remise à l'hôtel du Helder, sous le nom du colonel Laussac.

» Bruce apprit heureusement que la brigade de son cousin, le général Brisband, était à Compiègne, et que son aide-de-camp quitterait Paris le lendemain 7 du mois, pour se rendre à Compiègne, avec les chevaux et le bagage du général qui était alors en Angleterre. Nous vîmes l'aide-de-camp chez Bruce, où nous lui avions donné rendez-vous ; et nous lui dîmes que, des circonstances très-particulières nous mettant dans la nécessité de passer par Compiègne, avec une personne qui devait rester inconnue, nous avions besoin d'y rester une heure ou deux dans un quartier retiré. Il répondit avec grâce, qu'il s'en fiait entièrement à nous ; que son existence dépendait de la conservation de son état ; mais qu'il n'hésiterait jamais à accéder à notre proposition, et surtout lorsqu'il savait que nous *étions intéressés* dans l'affaire. J'avoue qu'il me répugnait d'impliquer une pareille personne dans cette affaire : mais *la cause était trop importante pour m'arrêter à cette considération*, et je conçus l'espérance qu'un jour viendrait où il me serait possible de reconnaître ce service.

» Bruce se procura la mesure de Lavalette, et Hutchinson la donna à un tailleur, comme étant celle d'un quartier-maître de son régiment, qui avait besoin d'une redingote, d'un gilet et d'un pantalon, et qui en avait besoin de suite. Le tailleur fit l'observation que c'était la mesure d'un homme de haute taille, et dit qu'elle n'avait pas été prise par un tailleur. Son observation m'effraya au point que je crus devoir renvoyer Hutchinson lui dire que le quartier-maître ne pouvant pas attendre jusqu'au samedi soir, il fallait que les habits fussent encaissés avec soin, et qu'on les lui enverrait après son départ.

» Hutchinson et Ellister prirent en outre toutes les précautions nécessaires relativement aux chevaux, et furent se promener le soir précédent pour reconnaître les barrières.

» Toutes les précautions prises pour éviter les accidents, il fut définitivement convenu que Lavalette se rendrait chez Hutchinson, le dimanche 7 janvier au soir, à neuf heures et demie précises, et que le lendemain matin à sept heures et demie, aussi précises, je me trouverais à sa porte dans le cabriolet de Bruce, avec mon domestique, me suivant sur ma jument bien équipée, comme si j'allais passer une inspection ; qu'Hutchinson se tiendrait à côté du cabriolet, faisant la conversation avec nous ; et que dans le cas où il surviendrait quelque embarras, Lavalette monterait sur son cheval, et moi sur la jument, afin de pouvoir agir plus librement et gagner de vitesse.

» J'aurais certainement préféré de passer les barrières à cheval ; mais nous pensâmes qu'un chapeau à la française pourrait attirer l'attention, et que le passage de la barrière en plein jour, et dans un cabriolet découvert, annonceroit trop d'assurance pour donner lieu au soupçon.

» Enfin l'heure étant arrivée, Hutchinson, Ellister, Bruce et moi nous réunîmes dans l'appartement de Hutchinson, sous le prétexte d'une partie de punch, et au moment qui devait offrir Lavalette à nos regards, Bruce s'avançant sur le haut de l'escalier, Lavalette le prit par la main, et nous vîmes devant nous ce personnage intéressant. Il était vêtu d'un uniforme bleu, et assez bien déguisé pour passer, et sans être remarqué, dans l'appartement d'un Anglais. L'ami qui le conduisait n'entra pas dans l'appartement, mais il remit à Hutchinson une paire de pistolets à deux coups pour Lavalette. Celui-ci parut d'abord très-ému, mais nous ne lui permîmes pas de donner cours aux sentiments de la reconnaissance, et peu d'instants après Ellister et moi nous nous retirâmes, et le laissâmes aux soins de Hutchinson et de Bruce.

» Le lendemain, à sept heures et demie, je me trouvai à la porte de Hutchinson. En cinq minutes, j'étais monté pour appeler Lavalette, et nous étions en route pour gagner la barrière de Clichy. Nous rencontrâmes un officier anglais, qui parut surpris de voir un officier général qu'il ne connoissait pas ; mais mon domestique évitait toute question. Je passai la barrière d'un pas modéré. Les gendarmes nous regardèrent fixement, mais la présentation des armes mit Lavalette à même de couvrir son profil dans le salut. Quand nous eûmes franchi la barrière, Lavalette pressa sa jambe contre la mienne, et lorsque nous fûmes hors d'observation, tout son visage parut rayonnant à cette première faveur de la fortune.

» Le chemin était couvert de toutes sortes de gens ; mais, lorsque nous rencontrions des diligences, j'engageais la conversation bien haut en anglais, et je remarquais que mon chapeau, garni d'un plumet blanc, et que Lavalette tenait à la main, attirait les regards des voyageurs, et nous dérobait à la curiosité.

» Lavalette a des traits si prononcés , et sa figure est si bien connue des postillons et des maîtres de poste, que la plus grande précaution était nécessaire. A la Chapelle , où nous relayâmes , nous eûmes un moment d'alarme à la vue de quatre gendarmes qui rôdaient auprès de nous ; Hutchinson, questionné par eux , nous en débarrassa , en leur répondant *que nous venions choisir des cantonnements pour une division anglaise.*

» Nous fûmes obligés de passer auprès d'autres gendarmes qui avoient des affiches du signalement de Lavalette , et c'est ici l'occasion de remarquer que ces affiches avoient été distribuées à presque tous les individus de France.

» En approchant de Compiègne , j'aperçus quelques cheveux blancs qui sortaient de dessous la perruque brune de Lavalette : me trouvant heureusement des ciseaux sur moi , je lui fis la toilette en chemin.

» A l'entrée de Compiègne , nous trouvâmes le sergent annoncé par le capitaine Franell , qui nous conduisit par la ville dans un quartier très-heureusement choisi , car nous ne fûmes point incommodés par les spectateurs des rues. Personne ne nous vit entrer, excepté les soldats et domestiques anglais qui nous servirent ; et , tandis que nous attendions Ellister avec la voiture , M. F. nous offrit une collation.

» Enfin , à la nuit tombante , ainsi qu'il avait été convenu , Ellister arriva avec la voiture , qui était sortie de Paris par la barrière Saint-Denis , suivie jusqu'à la Chapelle par des gendarmes.

» Je fis allumer des lampes , autant pour assurer notre route que pour montrer que nous étions tranquilles ; et , ayant pris congé de nos amis , nous nous mîmes en route , *bien armés , et préparés à faire résistance , si nous rencontrions quelque obstacle.*

» Nous fûmes souvent questionnés aux relais ; mais le colonel Laussac se tenait bien en arrière , et j'avais soin de bien couvrir la portière. *Une voiture anglaise et le général anglais* , toujours dans la bouche de mon domestique et du postillon , étaient d'un très bon effet. Je dois faire remarquer que nous ne prîmes que trois chevaux et un coureur , pensant que quatre chevaux montreraient trop d'impatience , ou au moins un trop grand besoin de célérité , et qu'il était bon d'ailleurs d'éviter les regards de l'homme qu'il aurait fallu prendre , et qui aurait pu être un *argus* pour nous.

» Nous n'éprouvâmes aucun retard jusqu'à Cambray, où nous perdîmes trois heures aux portes par la faute de la garde anglaise, qui, n'ayant pas d'ordres pour appeler le portier, ne voulut point se rendre à tout ce que nous pûmes lui dire ; négligence qui a déjà

eu de grands inconvénients pour les communications du gouvernement, et qui aurait pu nous être funeste.

» En passant à Valenciennes, nous fûmes sévèrement examinés jusqu'à trois fois, et nos passeports furent portés au commandant.

» Enfin nous subîmes un autre examen à quelque distance de
là, et ce fut le dernier. Nous ne nous arrêtames qu'à Mons, où
nous dînâmes, et prîmes des arrangements pour le voyage ulté-
rieur de Lavalette. J'écrivis plusieurs lettres pour lui faciliter les
moyens de parvenir à sa destination ; et, ayant pourvu à tout
ce qui était nécessaire pour sa sûreté et sa satisfaction, je pris
congé de lui, et m'en revins à Paris, hier soir, par la route de
Maubéuge, Soissons et la porte Saint-Martin, après une absence
de soixante heures.

Voilà la traduction littérale de la dépêche de *Wilson*, dégagée
des réflexions qui n'ont pas paru devoir trouver place dans ce
récit.

Cette lettre, reconnue par Wilson, se trouve confirmée dans
ses détails par les documents de l'instruction. L'information et
les interrogatoires des accusés sont venus en expliquer plusieurs
passages.

Il a été reconnu, par exemple, que l'uniforme anglais et le
chapeau qui ont servi au déguisement de Lavalette, avaient été
empruntés, le 6 janvier, par Hutchinson, au sieur Bruce,
lieutenant de grenadiers dans la garde royale anglaise, et ne lui
ont été rendus que le 10 du même mois. Hutchinson, en les
demandant, avait dit à Bruce qu'il s'agissait *de l'enlèvement
d'une femme*, sans s'expliquer sur le lieu où il voulait la conduire.

Il a été établi que Lavalette avait opéré son déguisement dans
l'appartement même de Hutchinson, où il était arrivé en habit
français, et qu'il y a passé la nuit qui a précédé sa sortie de
Paris.

Il paraît que c'est le 2 ou le 3 janvier qu'a été faite à Bruce
la première proposition de sauver Lavalette ; et Bruce raconte,
à ce sujet, « qu'un inconnu lui apporta une lettre anonyme dans
laquelle, en exaltant la bonté de son caractère, on se disait entraîné par la confiance qu'il inspirait à lui révéler un grand secret :
on lui apprenait donc que Lavalette était encore à Paris, en
ajoutant que lui seul pouvait le sauver, et qu'on le priait d'expliquer ses intentions à cet égard. » Qu'il ne donna pas de réponse sur-le-champ, mais qu'il promit de la porter dans un
endroit qu'il désigna, et que l'honneur lui défend de nommer ;
que la prudence l'empêcha de faire aucune question sur le nom

de la personne qui lui écrivait, ou sur le lieu de retraite de Lavalette, pensant que, dans une affaire de cette nature, on ne pouvait trop éviter les indiscrétions. « Le général Wilson ignorait, dit-il, tous ces détails; c'est moi qui les lui ai appris; c'est moi aussi qui l'engageai à réunir ses efforts aux miens en faveur de Lavalette; et, s'il y a un coupable dans cet affaire, c'est moi. Mes opinions politiques ont pu influer sur les sentiments que j'ai exprimés lors de la mise en jugement du maréchal Ney : je pensais fermement que la capitulation de Paris s'opposait à ce qu'il fût jugé. Quant à l'affaire de Lavalette, j'affirme que je n'ai été mu que par la commisération qu'il m'avait inspirée. Il y avait dans son évasion quelque chose de romanesque, et, pour ainsi dire, de miraculeux, qui avait frappé vivement mon imagination, et excité dans mon cœur un puissant intérêt pour lui. »

Hutchinson fait les mêmes aveux, et exprime à-peu-près les mêmes sentiments. « Comme Bruce, il se défend d'avoir eu l'idée de conspirer contre le gouvernement français. Il ne connaissait personne à Paris; et, s'il a coopéré à la fuite de Lavalette, c'est par le seul désir de sauver un malheureux. »

Sir Robert-Thomas Wilson assigne à ses démarches un but plus relevé. Il voulait laver le gouvernement de son pays de l'opprobre attaché à la violation de la capitulation de Paris. Il proteste qu'il n'est jamais entré dans ses vues de porter atteinte au gouvernement français : mais il avoue son opposition aux principes qui dirigent actuellement le gouvernement de son pays, et au système politique de l'Europe, ce qui n'est pas un crime pour un Anglais; et il ajoute que la constitution de sa patrie, son indépendance et son bonheur, sont d'une bien autre considération à ses yeux que le salut du gouvernement français et le repos de l'Europe établi sur la ruine de l'Angleterre.

Mais, si l'on veut connaître les véritables sentiments de Robert-Thomas Wilson, il faut les chercher dans la correspondance qu'il a tenue avec quelques particuliers d'Angleterre, correspondance dont les pièces, émanées de lui ou de sir Edouard Wilson son frère, ont été produites à ses yeux et reconnues par lui. On y verra ses principes à découvert : comme il sait respecter les lois de l'hospitalité, ce qu'on doit penser de l'intérêt qu'il a pris au maréchal Ney, et des motifs qui l'ont porté à favoriser la fuite de Lavalette, enfin à quelle source il faut reporter les bruits absurdes que la malveillance fait circuler en France depuis quelques mois.

Dans une première lettre écrite le 6 décembre 1815 par Robert-Thomas Wilson à Edouard Wilson son frère, on ne trouve pas seulement de ces rapports mensongers qui caractérisent un espionnage suivi, mais on y voit percer une haine invétérée contre le roi de France et sa famille, et contre les gouvernements qui ont coopéré à relever le trône des Bourbons. Wilson se flatte de l'idée *que les affaires ont pris un cours tout-à-fait contre-révolutionnaire sous la sanction des cours d'Autriche et de Russie ;*

Que lord Wellington, voyant qu'il ne peut soutenir plus long-temps l'idole qu'il a élevée, commence à coopérer avec un parti dont le but est de renverser le gouvernement du Roi ;

Que le détrônement des Bourbons est irrévocable, et qu'il faut s'attendre a voir les fonds publics en France au-dessous de 5o *francs avant six semaines ;*

Et il ajoute *que chaque courrier apporte des nouvelles des progrès de l'esprit public en Allemagne.*

Dans une seconde lettre écrite le 28 décembre à un particulier de Londres, dont on s'étonne de voir figurer le nom dans une pareille correspondance, et qui désavouerait sans doute les sentiments de cet illuminé, Wilson suppose :

Que tout annonce à Paris l'approche d'une crise ; que tous les ministres étrangers sont convaincus que leur système ne peut tenir ; *et quoiqu'il ne les regarde pas*, dit-il, *comme des oracles, la publicité de leurs prophéties leur prête de l'importance.*

Il ose accuser un prince qu'on a nommé quand on a dit le meilleur des Rois, *de n'être pas sincère, et de se jouer de ses protestations de clémence* ; puis, attaquant directement le gouvernement de son pays, il soutient *que l'Angleterre doit se laver de l'opprobre attaché à son nom par les mesures que prend son gouvernement, et qu'elle a à prouver si elle est coupable, ou si les dépositaires de ses pouvoirs ont abusé de sa confiance.*

Et voici les preuves qu'attend Wilson : *Que la révolte éclatera d'abord dans les provinces éloignées ; que tout concourt à fortifier cette idée.....*

Que tout dépendra de la marche que le parlement va suivre, et des explications du gouvernement anglais sur le traité ; qu'il en est beaucoup qui pensent que le gouvernement aimera mieux s'avouer coupable d'une clause obscure, que de compromettre dans les débats publics la cause des Bourbons, et celle de la légitimité en général.....

Que, bien qu'il y ait peu d'apparence que l'on puisse parvenir à déjouer ce piége inique, il espère cependant que la tentative sera faite comme si l'on était assuré du succès ; que le coup qui éclatera se fera sentir à Paris d'une manière terrible, et qu'il espère que les peuples de l'Europe ne seront pas sourds à l'appel qui leur sera fait.

Il regrette ensuite que les rédacteurs des REVUES D'ÉDIMBOURG *n'aient pas un traducteur français pour leurs articles politiques ; il trouve que les copies manuscrites qui sont en circulation font du bien, mais non pas tout celui qu'on pourrait obtenir de l'impression.* Il propose l'établissement d'un journal politique français, dont l'existence dépendrait de la durée des Chambres ; et il insiste fortement sur l'importance *d'une communication publique destinée à donner aux discours publics tous les développements dont on les jugerait susceptibles.*

Il donne l'épithète de *maniaque légitime* à un ami courageux qui a refusé d'écouter ses dangereuses inspirations.

Il témoigne l'intérêt le plus grand pour tous les individus que le Roi s'est vu forcé d'excepter de sa clémence.

Et il termine par cette phrase : *Vous entendrez bientôt parler d'événements extraordinaires en Allemagne ; le Barde.... est en campagne.*

La troisième pièce de cette correspondance est une lettre d'Edouard Wilson à Robert-Thomas Wilson, qui fait voir la conformité de principes et l'unité de sentiments qui existent entre les deux frères.

Edouard se plaint d'abord *de l'extrême faiblesse des amis de la liberté, et de ce que les Bourbons n'ayant aucunes forces militaires dans les provinces, il y règne cependant une tranquillité qui peut dégénérer en une adhésion positive aux vues des souverains.*

Il dit que *si la nation française, en général, était fortement indisposée contre les Bourbons, on en verrait journellement des démonstrations ;*

Et si l'on se propose de renverser l'ordre de choses actuel, le feu devrait être toujours entretenu et toujours visible, COMME UN RAYON D'ALARME, *en France et dans l'étranger ;*

Que les choses deviennent de jour en jour plus favorables à la reprise de la souveraineté et de l'indépendance par le peuple français ; mais qu'il est à craindre qu'on ne se refroidisse, et qu'on ne néglige des efforts qui, bien employés, amèneraient nécessairement à une émancipation générale.

Passant aux moyens qui pourront affaiblir l'attachement du plus grand nombre pour la cause des Bourbons, et insistant sur l'emploi de ces moyens, Edouard Wilson recommande par-dessus tout *la persécution réelle ou imaginaire* (ce sont ses propres termes) *contre les protestants : idée qui gagne,* dit-il, *comme un incendie, et se répand comme une contagion parmi le peuple en général, et engendre un esprit de haine mortelle et de mépris pour la nouvelle dynastie.* (C'est ainsi qu'il appelle les descendants de saint Louis).

« *Que les défenseurs des droits du peuple , ajoute-t-il, se mettent hardiment en avant , et affrontent même quelques dangers ; en agissant ainsi, ils avanceront l'état des affaires et amèneront leur délivrance. Le peuple français devrait porter son attention sur la position de l'Angleterre, afin de profiter de la crise pour se sauver , commencer par réclamer sur tous les points, et procéder par degré jusqu'au moment décisif. Puisse cette nouvelle année être celle de la liberté pour tous les peuples !!...* »

Il témoigne à son frère combien *il est las* de ses *sentiments et de ses fortes opinions,* et qu'il a besoin de faits pour établir ses espérances ; et il termine par ce conseil , qui ne laisse pas de doute sur les dispositions de ces implacables ennemis de notre repos : *Si cependant nos amis montrent trop de faiblesse , il vaut mieux ne rien tenter ; car, à moins que la grande masse du peuple ne se mette en avant, l'on n'obtiendrait aucun résultat.*

La quatrième pièce émane de Robert-Thomas Wilson :

On y retrouve les pronostics de cet étranger sur la révolution qui se prépare en France : *Il y aura des scènes sanglantes avant que cette révolution puisse être couronnée ; mais le point est arrêté, et l'impulsion donnée.*

Il se prépare aussi des mouvements révolutionnaires en Prusse...

Enfin, la cinquième pièce est la lettre dont est extraite la relation de la fuite de Lavalette. Wilson n'y dissimule point les motifs qui l'ont porté à protéger cet homme. *C'est qu'il voulait le soustraire à ses persécuteurs , qui multipliaient leurs efforts pour assurer leur triomphe sanglant ; c'est que les incidents intéressants de son évasion n'avaient fait que rendre les monstres plus furieux ; c'est enfin que lui,* WILSON, *avait à décider si cette rage de vengeance serait assouvie, tous les efforts précédents rendus inutiles, et la cause de* L'HUMANITÉ *et de la* LIBERTÉ *liée à la fortune de Lavalette , déshonorée par sa catastrophe ; ou si des espérances criminelles seraient déjouées , si l'Angleterre échapperait à la honte de participer à un nouvel assassinat, et si tout homme honnête et indépendant en Europe aurait au moins une fois l'occasion de se réjouir dans ces temps d'ignominie.*

Il ne s'est point dissimulé les conséquences fâcheuses de son entreprise. Il n'ambitionnait point l'emprisonnement, ni la perte de sa commission , mais il s'était résigné à tous les deux. Il a conçu quelquefois l'idée de communiquer ce qu'il a fait à un grand personnage, afin de ne pas encourir le soupçon de CONSPIRER CLANDESTINEMENT ; *il demande même conseil à ce sujet. On sent qu'il a dû acquérir des renseignements d'un grand intérêt, mais il doit attendre des occasions sûres pour en faire part à son correspondant. Il vient de savoir, par les confidens de* FELTRE, *que* SOULT *doit être porté sur la première liste, et il en avertira* SOULT.

Interrogé sur le contenu de ces lettres, Wilson n'en a rien désavoué, si ce n'est « l'aversion profonde *qu'on lui suppose,* dit-il, si *gratuitement* pour le gouvernement français. Il ne s'est jamais mêlé d'aucun acte de ce gouvernement, dans lequel l'honneur et la bonne foi de sa nation ne se trouvaient pas intéressés. Comme Anglais, il avait le droit de critiquer les actes où cet honneur était compromis.

» Dans l'acception qu'il leur donne, les mots *de liberté* et *d'humanité* n'expriment autre chose que le respect pour les lois et pour la justice.

» Les lettres qu'on lui oppose, s'adressant à un ami intime et éclairé, il n'avait pas eu besoin de détailler les divers sentiments qui l'animaient en les écrivant, suivant l'ordre où ils se présentaient à son esprit ; il n'a voulu tracer qu'un tableau général ; et il y a une grande distinction à faire entre la précision qui appartient essentiellement à une lettre confidentielle adressée à un ami éclairé, et les développements que doit contenir une lettre destinée à être mise sous les yeux du public.

» Sa politique, avouée et reconnue, a toujours été de respecter l'indépendance des nations, et il ne s'est jamais immiscé dans les affaires de leur gouvernement ; mais il a vu avec peine le gouvernement anglais sacrifier la constitution de son pays, pour se lier à la politique française ; et il aurait vu avec plaisir la fin de cette liaison.

» Comme Anglais, il ne reconnaît pas le principe de la légitimité, et il a pu donner le nom de *fou,* de *maniaque,* ou de *traître,* à un Anglais qui, en adoptant ce principe, outrageait les statuts en vertu desquels la maison de *Brunswick* règne en Angleterre.

» Il n'a point apporté en France de vœux contraires au bonheur des Français, mais seulement un dissentiment d'opinion avec ceux qui cherchent le repos de la France autre part que dans une amnistie.

» En élevant des doutes sur la clémence du Roi, il a peut-être fait injure aux intentions de ce prince qu'il a connu autrefois, et qui lui a inspiré un sentiment de respect dont il a donné des témoignages publics. Mais il a voulu signaler plutôt des Français avides de vengeance, qui s'opposaient au vœu que le cœur du Roi avait émis ouvertement, d'user de clémence à l'égard de Lavalette.

» La phrase que l'on a citée de la lettre d'Edouard Wilson est un raisonnement purement spéculatif et hypothétique, et n'a point d'objet présent. *Le but de mon frère*, dit-il, *s'explique par l'ensemble de cette lettre, où il n'était question que d'établir des calculs sur l'état de la France et sur celui de l'Angleterre.*

» Il serait absurde de penser, dit-il, qu'un homme qui vit en Angleterre, à la campagne, et éloigné des affaires, puisse et veuille entrer dans un complot en France.

» Et d'ailleurs on ne pourrait tirer contre moi aucune induction des sentiments exprimés dans cette lettre; si ces sentiments avaient été les miens, l'auteur de la lettre ne se serait pas donné tant de peines pour me développer ses opinions et me les faire partager ».

Enfin, Robert-Thomas Wilson, après avoir, dans ses différents interrogatoires, protesté contre son arrestation, contre les formes de l'instruction française, contre la saisie de sa correspondance et contre ce qu'il appelle le *système inquisitorial* des interrogations, a reconnu pourtant que, selon les principes du droit des gens, il *était soumis à l'empire des lois françaises pour la poursuite et la répression d'un délit commis en France*; mais il a mis fin à l'instruction par ces mots : *Il paraît qu'on oublie que je suis Anglais, ou qu'on ne connaît pas les droits d'un Anglais. J'ai fait ma dernière réponse. Que l'on m'accuse, que l'on me mette en jugement; quand je serai devant les tribunaux, je saurai me défendre comme je le dois, et soutenir mes droits.*

Dans ces circonstances, la cour royale de Paris, saisie de la connaissance de l'affaire, et statuant, aux termes de la loi, par un seul et même arrêt, sur les crimes et délits imputés à Eberle, à Roquette père, à Benoît, à Guérin, à la dame Lavalette et à la veuve Dutoit, et sur les délits imputés à Wilson, à Hutchinson et à Bruce, à raison de la connexité qui existe entre le fait de l'évasion de Lavalette hors de la Conciergerie, et celui du recélé qui a été fait de la personne dudit Lavalette, pour le soustraire aux recherches de la justice;

A renvoyé de la prévention la dame Lavalette et la veuve Dutoit; et ordonné la mise en accusation d'Eberle, en même temps que le renvoi devant la cour d'assises du département de la Seine des six autres prévenus.

En conséquence,

Jacques Eberle, âgé de trente-huit ans, né à Dijon, l'un des gardiens de la Conciergerie de Paris, demeurant à Paris, rue des Canettes, en la Cité, n° 3;

Jean-Baptiste Roquette de Kerguidu père, âgé de soixante-un ans, né à Libourne, greffier-concierge de la Conciergerie de Paris, y demeurant;

Benoît Bonneville, âgé de vingt-quatre ans, né à Paris, valet de chambre, demeurant chez Lavalette, à Paris, rue de Grenelle-Saint-Germain, n° 105;

Joseph Guérin, dit Marengo, âgé de cinquante-trois ans, né à Marleau, canton d'Ugine en Savoie, commissionnaire et porteur, demeurant à Paris, rue du Cœur-Volant, n° 4;

Robert-Thomas Wilson, âgé de trente-huit ans, officier-général anglais en non activité, né à Londres, résidant depuis plusieurs mois à Paris, rue de la Paix, n° 21;

John-Ely Hutchinson, âgé de vingt-six ans, capitaine de grenadiers dans la garde royale anglaise, né à Wexford en Irlande, logé à Paris, rue du Helder, n° 3;

Et Michel Bruce, gentilhomme anglais, âgé de vingt-six ans, né à Londres, logé à Paris, rue Saint-Georges, n° 24;

Sont accusés et prévenus, savoir:

Jacques Eberle, d'avoir, le 20 décembre dernier, de conni-vence avec Marie Chamans Lavalette, condamné à la peine capitale, à la garde duquel il était préposé, facilité l'évasion de ce prisonnier;

Jean-Baptiste Roquette de Kerguidu, d'avoir, par sa négligence, facilité l'évasion dudit Lavalette, à la garde duquel il était préposé;

Benoît Bonneville et Joseph Guérin, d'avoir facilité ladite évasion, en procurant sciemment au condamné les moyens de s'évader;

Et Robert-Thomas Wilson, John-Ely Hutchinson et Michel Bruce, d'avoir, de complicité, dans le mois de janvier 1816, recélé ledit Lavalette, sachant qu'il était condamné à la peine capitale; et d'avoir ainsi facilité et consommé son évasion:

Crimes et délits *connexes* prévus par les art. 59, 60, 240 et 248 du Code pénal.

Fait au parquet de la cour royale de Paris, le 25 mars 1816,

Signé BELLART.

Cette lecture achevée, M. le président explique à chacun des accusés l'objet de l'accusation dirigée contre lui. Puis leur adressant collectivement la parole: « Vous venez, dit-il, d'apprendre ce dont vous êtes accusés; vous allez entendre les charges qui vont être portées contre vous. »

M. l'avocat général prend la parole. En retraçant rapidement les faits de l'accusation, il fixe l'attention des jurés sur les points principaux; il distingue dans l'accusation deux parties, l'évasion, le recélé. C'est dans la première partie que se trouvent compris Eberle, Roquette, Bonneville, Guérin, dit Marengo. L'évasion est un fait simple, cependant elle est crime ou délit, suivant les circonstances. Si celui qui est préposé à la garde d'un prisonnier condamné à la peine capitale, ou seulement accusé d'un crime capital, le laisse échapper par connivence, il commet un crime; celui qui le laisse échapper par négligence, commet un délit. Dans la première espèce se trouve Eberle: c'est par lui que la cour d'assises est saisie de l'affaire. Roquette est placé dans la seconde. Les deux autres accusés, Bonneville et Marengo, n'étaient point chargés de la garde de Lavalette; ils ne sont accusés que de coopération à l'évasion: c'est un délit de complicité; mais s'ils sont coupables, ils ne le sont pas au même degré.

Après avoir résumé les charges qui s'élèvent contre les quatre accusés français, M. l'avocat général passe à la seconde partie de l'accusation, qui concerne spécialement les Anglais. Il rappelle que la chambre d'accusation a écarté des faits qui leur sont imputés la prévention de complot contre le gouvernement légitime de la France. Il est donc essentiel de distinguer les faits généraux de l'instruction des faits particuliers de l'accusation; ils s'y rattachent, mais ils n'en font plus partie; et s'ils peuvent encore jeter quelque lumière sur la cause, ils ne doivent plus faire la matière des débats.

Il ne doit donc plus s'agir que du fait matériel du recélé. Les trois Anglais savaient que Lavalette était condamné; ils ne le nient pas; ils avouent également avoir participé à son évasion.

« Sur le tout, ajoute-t-il, je laisse les faits se développer d'eux-mêmes; il est bon que les premières impressions dérivent des débats. Examinant froidement, vous jugerez de même. Les distinctions s'effacent toutes devant la justice; faibles et puissants, riches et pauvres, nationaux et étrangers, dans tous elle ne voit que des hommes; ce n'est pas de leurs qualités qu'il s'agit, mais de leurs œuvres. Que dirais-je qui puisse ajouter aux sentiments qui vous animent? Quand il s'agit d'équité, de devoir, d'honneur, il n'y a rien à recommander à un jury français. »

M. l'avocat général ayant cessé de parler, M. le président ordonne qu'il soit procédé à l'appel des témoins. Ils sont au nombre de vingt-six, dont quinze à charge (1). Sur l'ordre de monsieur le président, ils sortent de l'audience et se retirent dans la salle qui leur est destinée.

M. le président passe ensuite à l'interrogatoire des accusés, en commençant par Eberle pour finir par le général Wilson.

M. le président. Accusé Eberle, depuis combien de temps êtes-vous attaché à la maison de la Conciergerie, et quels étaient vos gages?

Eberle. Je suis employé à la Conciergerie depuis près de trois ans; je gagnais 1,000 fr. par an.

M. le président. Etes-vous marié? Votre femme n'avait-elle pas recueilli une petite succession dont vous avez placé le montant au Mont-de-Piété? N'a-t-elle pas entrepris aussi le commerce de fruitière?

Eberle. Je suis marié. Ma femme a fait un héritage de 527 fr., que nous plaçâmes d'abord au Mont-de-Piété, d'où nous les retirâmes ensuite, afin de lever une boutique de fruitière.

M. le président. D'où provient la somme de 1,700 fr. qui a été trouvée chez vous, dont vous n'avez point parlé lors de votre premier interrogatoire, et que votre femme semblait vouloir cacher à la justice?

Eberle. Cette somme est le fruit de nos économies. J'en avais parlé dans le principe à M. Bellart, procureur-général. J'expliquerai, d'ailleurs, tout cela dans ma défense.

M. le président. C'est vous qui serviez le condamné Lavalette dans la prison de la Conciergerie?

Eberle. Oui, depuis le 31 août; c'est moi qui faisais sa chambre, qui mettais son couvert, et qui faisais toutes les commissions pour son service.

M. le président. En supposant qu'il vous eût parlé de son évasion, avant qu'elle eût été consommée, n'étiez-vous pas en situation de l'aider dans ses projets?

Eberle. Je voltigeais à droite et à gauche : voilà ma réponse.

Ici l'accusé essaye de donner quelques détails sur la distribution intérieure de la Conciergerie. M. le président, pour suppléer à l'insuffisance de ses descriptions, trace à messieurs les jurés le plan des lieux où la scène s'est passée. L'entrée de la Conciergerie est fermée de deux portes pratiquées dans l'épaisseur du mur, la première en bois, la seconde en fer. Elles donnent entrée dans une pièce assez vaste; c'est l'avant-greffe qu'on appelle dans la maison le grand guichet, le guichet d'entrée. Au milieu est un gros poêle; vis-à-vis de la première porte une

____

(1) Un vingt-septième témoin a été appelé pendant le cours des débats en vertu du pouvoir discrétionnaire.

porte basse; on la franchit, et immédiatement on trouve un vestibule. Un peu à droite, se trouve une très-grosse porte fermée d'un énorme verrou extérieur, qui conduit dans un corridor; et à peu de distance est la chambre de Lavalette, où avait été détenu Ney. Elle est fermée par une serrure à pêne dormant que l'on ne fermait pas. Ainsi, lorsque la grosse porte était ouverte, il ne s'agissait plus que de passer le premier guichet.

Ces explications données, l'interrogatoire continue.

M. le président. Racontez-nous maintenant de quelle manière s'est passée la scène d'évasion du condamné Lavalette dans la soirée du 20 décembre dernier?

Eberle. A cinq heures du soir, M. Roquette me dit de ne laisser sortir personne sans l'en prévenir. J'avais mis comme à l'ordinaire le couvert de M. Lavalette, qui avait avec lui sa femme, sa fille et sa femme de charge, la veuve Dutoit. A six heures, il me demanda du café; il me dit ensuite de sortir et qu'il m'appellerait lorsqu'il aurait besoin de moi; je n'ai jamais reçu aucun ordre de rester dans la chambre, je sortis.

M. le président. La comtesse de Lavalette était la seule personne dont M. le procureur-général eût permis alors l'introduction auprès du condamné. Savez-vous comment les autres personnes qui s'y trouvaient furent introduites?

Eberle. Cela ne me regardait pas; elles avaient sans doute été admises par mon chef.

M. le président. Vous allâtes à la chambre du condamné Lavalette, au second coup de sonnette que vous entendîtes, ainsi que vous en aviez reçu l'ordre?

Eberle. Je n'ai jamais parlé que d'un seul coup de sonnette. Lorsque je l'entendis, il était sept heures; j'étais alors avec *Crieri*: je fus voir ce qu'on voulait; j'approchai seulement le seuil de la porte; j'aperçus M. de Lavalette, qui me dit d'appeler les porteurs, parce que ces dames allaient se retirer.

M. le président. Puisque vous avez vu alors le condamné Lavalette, comment était-il vêtu dans ce moment?

Eberle. Je ne l'ai pas vu *entier* : les trois dames me le cachaient; il avait selon sa coutume une redingote bleue et la tête nue.

M. le président. Que fîtes-vous pour exécuter l'ordre qui vous fut donné?

Eberle. Afin d'aller prévenir le valet de chambre, pour qu'il avertît les porteurs, je sortis en laissant la porte *tout contre.*

M. le président. Comment, vous n'avez pas fermé la porte?

Eberle. Non ; je n'avais reçu aucun ordre pour cela. Si c'est un tort, c'est le seul qu'on puisse me reprocher.

M. le président. MM. les jurés apprécieront cet aveu de votre part. Qu'avez-vous fait ensuite ?

Eberle. Je fus prévenir Benoît, le valet de chambre , et en rentrant, je rencontrai les trois *dames* qui sortaient de la chambre.

M. le président. Comment se peut-il faire que dans un si court espace de temps le condamné Lavalette ait pu revêtir des habits de femme ? N'était-il pas déjà travesti lorsque vous l'aviez vu un instant auparavant ?

Eberle. Il ne l'était nullement ; j'espère que cela sera prouvé. Les trois personnes restèrent en présence de M. Roquette ; il donna le bras à *madame Lavalette, supposition ;* ce fut lui qui dit à Thuilier : ouvrez la porte à ces dames.

M. le président. Dans quelle position étiez-vous auprès de ces trois personnes ? Comment les avez-vous aperçues ? Etiez-vous en face ?

Eberle. Non, je les ai vues de côté, et elles me montraient leur droite.

M. le président. Madame de Lavalette est plus grande et beaucoup plus mince que son mari ; et cela est facile à remarquer. N'avez-vous pas dit après l'évasion, à un porte-clef nommé Bodiscar : comment n'a-t-on rien aperçu ? c'était pourtant bien visible ; mais le maître était là ; je n'avais rien à dire.

Eberle. Je n'ai pas dit ça.

M. le président. Pourquoi, lorsque vous avez été arrêté, avez-vous témoigné tant d'inquiétude ? Pourquoi vouliez-vous écrire chez vous ?

Eberle. J'ai voulu envoyer près de ma femme, mais je ne lui ai pas écrit.

M. le président. Après l'évasion, n'avez-vous pas reçu l'ordre de courir après la chaise à porteur ? Au lieu d'exécuter cet ordre de suite, n'êtes-vous pas retourné dans la prison pour fermer la porte de la chambre où était restée madame la comtesse de Lavalette, en disant : Ah! pour celle-ci, elle ne s'échappera qu'après un bon ordre?

Eberle. Je courus de suite après la chaise, avec le fils de M. Roquette. Je ne rentrai qu'après.

L'accusé ayant montré, dans presque toutes ses réponses, beaucoup de divagations et une sorte de niaiserie, M. le président, en le lui faisant observer, lui dit : je crains que l'on vous ait fait une leçon, un dictionnaire auquel vous vous conformez. On vous a dit très-borné, ne serait-ce pas un rôle que vous jouez ?

Eberle. Non, M. le président ; *mon être simple et na-*
turel est bien facile à juger, et je ne me contrefais point.

M. *le président.* Répondez catégoriquement : Avez-vous dit,
en fermant la porte de la comtesse de Lavalette : celle-ci n'en
sortira que par bon ordre?

Eberle. Oui : c'est après avoir couru après la chaise à porteur.

On passe à l'interrogatoire du concierge, (que M. le président
fait descendre dans le parquet, afin qu'il soit mieux entendu du
jury).

M. *le président.* Accusé Roquette, vous étiez préposé à la
garde de la conciergerie du palais de justice ; c'est d'après votre
demande que cette place vous a été confiée ; c'était un motif de
plus pour vous de la remplir avec zèle, et de redoubler de surveillance. Il s'agit de savoir si vous avez participé directement
à l'évasion du condamné Lavalette, ou si l'on ne doit vous attribuer qu'un défaut de surveillance. Racontez les faits de l'évasion.

Roquette. Le 20 décembre, je me rendis, d'après les ordres
que j'en avois reçus, dans le cabinet de M. le procureur général;
il me dit que le jugement de M. de Lavalette devait être exécuté
le lendemain, et qu'il ne fallait plus permettre que personne le
vît. Je répondis à M. le procureur-général que madame la comtesse ainsi que sa fille étaient dans la prison, et que, selon l'u-
sage, elles devaient y dîner. En ce cas, me répondit M. le
procureur-général, comme il faut qu'on ne sache rien encore,
laissez-les auprès du condamné pour aujourd'hui. Le soir, entre
cinq et six heures, je fus chez M. le préfet de police, qui me dit
aussi de ne plus laisser pénétrer personne, pas même sur un
ordre signé par lui.

M. *le président.* Vous aviez reçu de M. le procureur-général
l'ordre de ne laisser pénétrer auprès du condamné que sa femme
seule ; cependant, la fille et la femme de charge sont entrées ?

Roquette. Cela est vrai. Quant à la fille de M. le comte, je crus
devoir la laisser entrer, parce que j'imaginai que c'était par oubli qu'elle n'était pas comprise dans l'ordre; mais pour la femme
Dutoit, je ne sais pas comment elle est entrée. C'est à mon insu
et sans aucun ordre qu'elle a pénétré dans la chambre; et ce doit
être pendant que j'étais chez le préfet de police.

M. *le président.* Ce n'est qu'à six heures vingt-cinq minutes
que vous êtes entré dans le cabinet du comte Anglès, (l'heure est
précise, je le sais), et la femme Dutoit était long-temps auparavant dans la chambre du condamné Lavalette; qui a pu la
laisser entrer?

Roquette. Il n'y a que moi ou Eberle, en mon absence, qui ait
pu la faire entrer, et ce n'est pas moi.

M. le président. Eberle, c'est donc vous ?

Eberle. Non, M. le président, ce n'est pas moi ; je ne sais pas comment elle est entrée ; elle était dans la chambre lorsque j'y fus pour mettre le couvert vers cinq heures ; d'ailleurs, lorsque M. Roquette et moi sommes absens, d'autres employés peuvent laisser entrer.

M. le président. Accusé Roquette, cela est-il vrai ?

Roquette. Eberle se trompe, M. le président ; il n'y a que lui ou moi qui ayons pu laisser entrer la veuve Dutoit ; et j'affirme que je ne savais seulement pas qu'elle fût dans la chambre de M. de Lavalette.

Eberle persiste à dire que ce n'est pas lui qui l'a introduite.

M. le président. Je n'insisterai pas davantage sur cette circonstance. Roquette, expliquez maintenant comment l'évasion s'est opérée.

Roquette. A sept heures j'entendis sonner ; je dis à Eberle, *allez voir.* Au moment où il ouvrait le verrou, les trois personnes sortirent du couloir : Eberle les laissa passer.

M. le président. C'est donc en face qu'il les a vues ; vous avez dit le contraire tout-à-l'heure, Eberle ; expliquez cette contradiction.

Eberle. C'est faux ; je ne les ai vues que de profil.

M. le président. Roquette, puisque vous ignoriez que la veuve Dutoit fût dans la chambre de Lavalette, vous avez dû être bien étonné de l'en voir sortir ?

Roquette. Cela m'a beaucoup surpris.

M. le président. Quelles réflexions avez-vous faites sur le compte d'Eberle lorsque vous avez su que par ordre de M. le préfet de police il avait été arrêté ?

Roquette. Je l'ai soupçonné coupable d'étourderie et de légèreté ; mais voilà tout.

M. le président. Vous n'avez pas cru qu'il fût complice de l'évasion ?

Roquette. Non monsieur, je ne l'ai jamais cru.

Me. Blacque, défenseur de Roquette. J'ai des raisons pour demander à quelle heure précisément Roquette est allé chez M. le préfet de police.

Roquette. C'est vers quatre ou cinq heures.

M. le président. Vous vous trompez. C'était au moment où le comte Anglès venait de se mettre à table ; il était six heures vingt-cinq minutes ; j'en ai la preuve positive. Trente-cinq minutes après, vous y êtes retourné pour lui apprendre l'évasion de Lavalette.

Roquette. Je peux me tromper. (Il retourne à sa place.)

L'audience est interrompue à trois heures. Elle est reprise au bout d'un quart d'heure. M. le président poursuit l'interrogatoire.

M. le président. Accusé Bonneville, il paraît que vous avez été le confident de M. et madame Lavalette ; et que vous étiez initié dans les secrets du projet d'évasion ?

Bonneville. Je n'étais initié dans aucun secret ; je n'avais aucune connaissance du projet qu'avaient pu former M. et madame de Lavalette.

M. le président. Cependant, le 20 décembre, vous avez eu de fréquentes communications avec Eberle ?

Bonneville. Le jour que vous citez, M. le président, je n'ai vu le guichetier Eberle qu'au moment où il est venu me dire que ces dames allaient sortir et demandaient la chaise. Je lui ai dit bonjour seulement comme d'usage, et nous n'avons pas eu d'autre entretien.

M. le président. Pourquoi Brigant, l'un des porteurs de la chaise, s'est-il retiré au moment où l'on supposait que madame de Lavalette allait quitter son mari pour rentrer chez elle ?

Bonneville. Il a donné pour raison qu'il était fatigué, et qu'il avait mal aux reins. Il craignait sans doute d'avoir trop de courses à faire.

M. le président. Vous lui avez dit qu'il y avait vingt-cinq louis à gagner, et qu'il s'agissait seulement d'aller un peu plus vite en portant un poids un peu plus fort. Sa vertu, sa délicatesse, furent alarmées. Voilà les motifs qui le décidèrent à se retirer.

Bonneville. Je n'ai fait aucune offre d'argent à Brigant. Je n'ai jamais reçu l'ordre d'en faire ; et, comme je l'ai déjà dit, je n'étais initié dans aucun secret. Il pourrait se faire que Marengo eût engagé son camarade à gagner l'argent de sa course, et qu'il eût même ajouté qu'il n'y avait rien à craindre. Mais ce ne serait pas à propos de cette offre de vingt-cinq louis, que je n'ai jamais faite.

M. le président. Accusé Guérin, vous étiez le porteur habituel de madame Lavalette ?

Guérin. Oui, M. le président, depuis un mois.

M. le président. N'a-t-on pas dit à Brigant pour le déterminer à vous seconder qu'il y avait ving-cinq louis à gagner ?

Guérin. Je n'ai pas entendu que Bonneville eût offert de l'argent à Brigant. D'ailleurs je n'ai pas supposé qu'il fût question de porter une autre personne que madame de Lavalette ; je croyais qu'en sortant de la Conciergerie elle se ferait conduire chez le ministre de la police ; mais ni pour or ni pour argent je n'aurais consenti à porter M. de Lavalette.

M. le président. En quel endroit vous êtes-vous arrêté avec la chaise que vous portiez ?

Guérin. Au bout de la rue de la Barillerie. J'ai bien senti que la chaise balottait, et j'ai cru que mon camarade avait perdu le pas. Je posai la chaise, mais j'entendis bientôt Bonneville me crier, *Marengo, marchez donc.* Un instant après nous fûmes arrêtés ; je me mouchai, et c'est apparemment pendant ce temps là que M. de Lavalette sortit de la chaise : car je ne l'aperçus point. J'ignorais alors que c'était lui que nous avions porté. Mademoiselle de Lavalette le remplaça sur-le-champ, également à mon insu.

M. le président. Pourquoi Brigant a-t-il refusé de faire avec vous la dernière course ?

Guérin. C'est qu'il avait mal aux reins et qu'il n'aimait pas à marcher le soir. Je me rappelle bien que je lui ai dit alors qu'on ne devait pas refuser l'occasion de gagner de l'argent. Mais je n'avais en vue que le salaire de la journée, et il ne s'agissait nullement d'une récompense que l'on ne nous a jamais proposée.

M. le président. Accusé Bruce, y a-t-il long-temps que vous êtes à Paris?

M. Bruce. Depuis environ treize mois.

M. le président. Vous y étiez sous la domination de Bonaparte?

M. Bruce. Oui. Mais j'ai quitté Paris deux jours après son départ pour l'armée, parce que je ne trouvais pas convenable qu'un gentilhomme anglais restât dans un pays, quand les hostilités étaient commencées entre ce pays et le sien.

M. le président. Il paraît que vous êtes revenu à Paris, et que vous y étiez le 28 juin.

M. Bruce. C'est parce que le maréchal Suchet qui commandait la partie de la frontière où je me présentai, refusa de me laisser passer.

M. le président. N'avez-vous pas, à cette occasion, écrit à la duchesse de Saint-Leu, en la traitant d'altesse impériale, quoique l'empire ne fût pas reconnu par l'Angleterre?

M. Bruce. Je lui ai écrit, c'est vrai ; quant à la qualité, c'est celle qu'elle prenait alors en France.

M. le président. N'êtes-vous pas lié avec plusieurs personnages qui entouraient Buonaparte, notamment avec le duc de Vicence?

M. Bruce. Cela est vrai ; mais je ne vois pas quel rapport ces questions ont avec l'affaire Lavalette.

M. le président. Le président est revêtu d'un pouvoir discrétionnaire ; il peut faire telles questions qu'il juge à propos, le
devoir des accusés est d'y répondre ; celui du juré seul est d'en
tirer des inductions.—Ne portiez-vous pas intérêt non-seulement
aux ministres de Bonaparte, mais encore au maréchal Ney ? On
a trouvé chez vous l'original d'une lettre du duc de Wellington,
adressée à *M. le Maréchal*, qui ne pouvait être que le maréchal Ney. Vous lui portiez sans donte un vif intérêt ?

M. Bruce. Vif, très-vif; je ne rougis pas de l'avouer.

M. le président. C'est à vous qu'on a fait la première ouverture du projet de recélé et ensuite d'évasion de Lavalette ?

M. Bruce. Oui, c'est à moi le premier.

M. le président. N'est - ce pas vous qui avez confié à
Wilson le désir de recéler d'abord Lavalette, et ensuite celui de
faciliter son évasion ?

M. Bruce. Il faut que je vous fasse deux observations sur le
mot recéler. D'abord on ne m'a jamais proposé de recéler, et
ensuite si on me l'avait proposé, je n'y aurais pas consenti, non
pas faute d'intention, mais parce que cela m'était impossible.

M. le président. Dans l'acception de la loi française, le mot
recélé s'applique à l'action de soustraire un accusé ou nn condamné à l'action de la loi, et de le mettre pour long-tems ou
momentanément à l'abri de ses poursuites. Ainsi, sans équivoque
sur les mots, répondez catégoriquement.

M. Bruce. Si vous voulez que je vous réponde catégoriquement, cela m'est égal ; mais si vous aimez mieux avoir des
éclaircissemens sur l'affaire, je vous les donnerai volontiers.

M. le président. Je vous demande si ce n'est pas vous qui
avez désiré que plusieurs personnes ou que Wilson concourus-
sent d'abord au recélé, et ensuite à l'évasion de Lavalette ?

M. Bruce. Voici l'affaire : Je ne sais plus quel jour, le 31
décembre ou le 1er. janvier, vers huit heures du matin, j'ai reçu
une lettre anonyme, où l'on me faisait beaucoup de compliments
sur mon caractère; je ne sais si je les mérite : on voulait, disait-on,
me donner une grande preuve de confiance, et c'était de me
dire que Lavalette était encore à Paris. Cet avis m'a beaucoup frappé. On ajoutait que sa vie était entre mes mains ; et
comme c'était une chose grave, que je prenais une grande responsabilité sur moi-même, je n'ai pas répondu sur-le-champ;
j'ai fait dire par mon domestique, car j'étais encore au lit, que
j'avais besoin de quelques moments de réflexion. On me dit de
faire remettre une réponse, à tel endroit, à telle heure. J'ai

beaucoup réfléchi ; je ne sais si j'ai eu tort, mais je ne pouvais penser sans frémir que j'avais la vie d'un homme entre les mains. Remarquez qu'il n'y a pas là un mot de recélé. J'ai gardé mon secret pendant trente-six heures, parce que je ne voulais compromettre personne. Je voulais sauver Lavalette moi-même, mais voyant les difficultés qui s'y opposaient (il y avait des obstacles insurmontables), je l'ai dit à un ami, que je ne vous nommerai pas parce qu'il se nommera lui-même ; car je dirai franchement toute la part que j'ai prise dans l'affaire, je ne vous cacherai rien de ce qui me regarde, mais je ne nommerai pas mon ami ; je lui dis donc : Voilà une grande nouvelle. — Est-ce une bonne nouvelle ? me dit-il. — Non, une bien mauvaise ; mais j'ajoutai que je ne pouvais pas la dire, parce que je n'avais pas la permission d'en parler. Ayant obtenu cette permission, j'allai le lendemain chez cet ami. Vous ne devineriez jamais, lui dis-je, ce que je vais vous dire : alors je lui confiai que Lavalette était à Paris. Quelle mauvaise nouvelle ! répondit-il. Vous voyez que je n'ai pas cherché à me mêler de moi-même dans cette affaire. Eh bien, cet ami a confié le secret à un autre ; nous avons pris tous nos arrangemens ; quand tout a été fait, nous les avons communiqués à Lavalette, et j'affirme ici, sur mon honneur, car c'est la vérité, que je ne sais pas la maison où était Lavalette ; comme il était dangereux d'aller chez lui, il fut convenu qu'il viendrait chez mon ami : il y est venu à l'heure indiquée, je l'ai reçu à la porte, je l'ai conduit dans la chambre où était cet ami, il y est resté jusqu'à minuit ; à minuit, je l'ai embrassé, je l'ai quitté. Voilà la vérité toute entière sur l'affaire de Lavalette.

M. le président. Ainsi, vous convenez que Lavalette a été reçu dans la chambre du capitaine Hutchinson, rue du Helder ?

M. Bruce. Je l'ai reçu moi-même ; mais quant à cette personne que vous avez nommée, que je n'ai pas nommée, que je ne nommerai pas.....

M. Hutchinson, placé auprès de M. Bruce, lui dit de le nommer.

M. le président. Cette affectation à ne pas nommer le capitaine Hutchinson est bien singulière. Vous savez bien, puisque vous avez communication des pièces, et que même, contre tous les usages reçus, vous avez fait connaître vos interrogatoires au public par la voie de l'impression, vous savez bien que le capitaine Hutchinson n'a nié aucun des faits établis dans l'instruction, et qu'il est prouvé que c'est chez lui que Lavalette a passé la nuit.

M. Bruce. Ces interrogatoires ont été imprimés pour notre justification. Il nous importait de détruire les bruits injurieux que l'on répandait sur notre compte. Au surplus, toute réticence devient inutile : mon ami, plein de loyauté, vient de me dire que je puis le nommer. C'est la première fois que nous paraissons devant les jurés ; ils sont censés n'avoir aucune connaissance du fait ; j'ai dû entrer dans ces détails, ce n'est pas moi qui ai parlé à Hutchinson ni qui l'ai engagé à sauver Lavalette.

Wilson se levant. Non, c'est moi.

M. le président à M. Bruce. C'est vous qui avez reçu Lavalette sur l'escalier?

M. Bruce. Je l'ai rencontré à la porte.

M. le président. Ce n'est pas vous qui avez pris la mesure de la tête de Lavalette pour lui faire la perruque qu'il portait dans sa fuite ?

M. Bruce. Non, monsieur.

M. le président. C'est qu'on a trouvé dans vos papiers un modèle de tête, comme pour prendre la mesure d'une perruque.

M. Bruce. Je vais vous donner sur cela une explication qui vous satisfera. Cette mesure m'a été envoyée de Constantinople, où probablement il n'y a pas de bons perruquiers, par un de mes amis qui me priait de lui faire faire des perruques à Paris. Si le juge d'instruction s'était donné la peine de lire mes papiers, il aurait trouvé la lettre qui en faisait mention.

M. le président. Je crains que vous ne vous trompiez. Les Anglais, même en voyage, se servent toujours de papiers anglais, de papier vélin; et le papier qui a servi pour la mesure, est du papier français, du papier coquille.

M. Bruce. Je ne sais d'où vient ce papier ; *mais je n'ai rien à faire avec la perruque de Lavalette.* L'homme qui m'a envoyé la mesure, se nomme Berthold : c'est un interprète attaché à l'ambassade de Constantinople.

M. le président. C'est vous qui avez prêté le cabriolet dans lequel est parti Lavalette?

M. Bruce. Oui, c'est moi.

M. le président. Accusé Hutchinson, c'est dans votre appartement que Lavalette a passé la nuit du 7 au 8 janvier ?

M. Hutchinson. C'est vrai. J'étais instruit que Lavalette arriverait chez moi sur les neuf heures et demie ; mais je ne savais pas d'où il venait. Je l'attendais, avec M. Bruce, qui descendit deux ou trois minutes avant l'heure, et remonta tout de suite, amenant avec lui Lavalette, qui avait été conduit par quelqu'un que je ne connais pas, et qui n'est pas entré dans la maison.

M. le président. Le condamné Lavalette étant entré dans

votre logement, un inconnu ne se présenta-t-il pas à votre porte, pour remettre à ce condamné deux pistolets qu'il avait oubliés?

M. Hutchinson. Un moment après l'arrivée de M. Lavalette, mon domestique vint m'annoncer qu'un homme était dans mon anti-chambre, et voulait parler à moi. Je sortis, pour l'empêcher d'entrer. Je vis un Français, vêtu d'une redingote qui était entrouverte, et j'aperçus dans sa poche un pistolet à deux coups. Je crus d'abord que le projet était découvert, et j'allais faire résistance. Je le saisis, en lui demandant le pistolet. Il me dit tranquillement: Vous êtes donc de nos amis? Je lui répondis affirmativement; mais je ne voulus pas le laisser entrer dans ma chambre. Il se retira, et je l'ai vu si peu, que je ne pourrais le reconnaître. Lavalette, en partant, a oublié ce pistolet chez moi.

M. le président. Vous l'avez escorté à son départ?

M. Hutchinson. Oui, à cheval.

M. le président. Vous n'avez sans doute que voulu rendre un service à vos amis?

M. Hutchinson. Ce n'est pas cela; j'ai été mu par un sentiment d'humanité.

M. le président. Mais vous ne preniez pas un intérêt particulier, un intérêt de cœur à ce projet, puisque vous avez dressé un mémoire de vos frais, qu'on a trouvé chez le général Wilson.

M. Hutchinson. J'ai fait ce mémoire parce que M. Wilson me l'avait demandé; mais je prenais beaucoup d'intérêt à M. de Lavalette.

M. le président. Accusé Wilson, c'est à vous qu'on a adressé ce mémoire?

M. Wilson. Oui, monsieur.

M. le président. Connaissiez-vous Lavalette avant son évasion?

M. Wilson. Je ne l'avais jamais vu.

M. le président. C'est en Egypte que vous avez commencé à servir?

M. Wilson. Non; c'est dans les campagnes de Flandres.

M. le président. Mais vous avez servi en Egypte?

M. Wilson. Oui.

M. le président. C'est vous qui avez répandu en Europe, par un ouvrage célèbre (1), des soupçons violents contre la moralité de certains agents de Bonaparte en Egypte?

---

(1) Dans sa relation de la campagne des Anglais en Egypte, M. Wilson a formellement accusé Bonaparte d'avoir fait empoisonner les pestiférés de Jaffa.

M. Wilson. C'est vrai, j'ai dit ce que je croyais être la vérité.

M. le président. C'est vous qui vous êtes chargé de conduire Lavalette hors de France ?

M. Wilson. Oui.

M. le président. C'est vous qui avez prié Hutchinson de vous prêter son appartement pour le recevoir ?

M. Wilson. Toutes les dispositions ont été faites sous mon influence.

M. le président. Vous êtes sorti de Paris avec Lavalette, votre domestique et Hutchinson ?

M. Wilson. Oui.

M. le président. Vous êtes resté quelques heures à Compiègne, et vous avez continué votre route par Cambrai et Valenciennes ?

M. Wilson. Tout cela est vrai.

M. le président. Général, quelles étaient les troupes que vous avez trouvées à la barrière ?

M. Wilson. Des troupes françaises de la police, et des troupes anglaises.

M. le président. Vous avez reçu les honneurs dus à votre grade ?

M. Wilson. Oui, mais pas tout-à-fait les honneurs qui m'étaient dus.

M. le président. Il y avait des troupes anglaises à Saint-Denis et sur toute la route jusqu'à Compiègne ?

M. Wilson. Partout.

M. le président. Et Compiègne était occupé par des troupes de votre nation ?

M. Wilson. Oui.

M. le président. Et toutes les autres villes aussi ?

M. Wilson. Pas toutes ; il y en avait sans garnisons.

M. le président. A Compiègne, vous avez trouvé le sergent qui vous a conduit dans une maison écartée ?

M. Wilson. Dans un quartier éloigné de la Grande-Rue.

M. le président. Il paraît que Lavalette était revêtu d'un uniforme anglais ?

M. Wilson. Non pas d'un uniforme, mais d'une capote grise à l'anglaise. Il était coiffé d'un schakos aussi à l'anglaise.

M. Bruce prend le schakos de M. Hutchinson, et le montre à M. le président, en disant : *C'est celui-là.*

M. le président. Vous aviez pris, sous des noms empruntés, pour vous et pour Lavalette, deux passeports que vous aviez eu soin de faire viser par les autorités compétentes ?

M. Wilson. Cela est vrai.

M. le président. Le trajet n'était pas difficile, puisque, en uniforme anglais, porteurs de passeports anglais, votre route était couverte de troupes anglaises.

M. Wilson. J'en conviens.

M. le président. Vous saviez que Lavalette avait été condamné par un jury à la peine capitale ?

M. Wilson. Oui, c'est sa condamnation qui lui rendait mon secours nécessaire.

M. le président. Et que c'était pour avoir supprimé des proclamations du Roi, s'être mis en correspondance avec l'usurpateur, et avoir coopéré au retour de Bonaparte ?

M. Wilson. Nous ne sommes pas d'accord sur le fait que vous venez de citer ; je n'ai jamais regardé M. Lavalette comme ayant fait partie d'une conspiration, parce que j'ai toujours été convaincu qu'il n'avait point existé de complot pour faire rentrer Bonaparte en France.

M. le président. Ce serait une controverse politique qu'il ne serait pas convenable d'entamer ici.

M. Wilson. L'on m'avait fait la proposition de sauver Lavalette ; l'opinion aurait pu me justifier d'avoir entrepris cette évasion, mais ce n'est pas une affaire de politique, c'est un mouvement d'humanité ; et quand Bruce me faisait lecture de la lettre, je ne pensais pas à mes opinions ; mais je voyais qu'il lisait dans mon cœur, et il n'a pas été trompé dans ses calculs, ni, je crois, dans ses espérances.

L'examen ainsi terminé, le président procède à l'audition des témoins.

Premier témoin. Roquette, fils du concierge. Malgré sa qualité, les accusés consentent à ce qu'il soit entendu.

Le 20 décembre, dit-il, j'étais dans l'avant-greffe avec mon père et Eberle ; celui-ci se rendit chez Lavalette, de la chambre duquel un coup de sonnette était parti ; presqu'aussitôt parurent trois personnes, parmi lesquelles je crus voir Madame Lavalette ; mon père les conduisit lui-même jusqu'à l'extérieur. Quelque temps après, la nouvelle d'évasion s'était répandue, j'engageai Eberle à courir après la chaise par le quai, tandis que j'irais par la cour de la Sainte-Chapelle ; mais il ne déféra pas à mon invitation, et je me trouvai seul sur le quai, où je pris un cabriolet pour courir après le condamné qu'on m'avait dit s'être aussi dirigé avec un cabriolet vers le faubourg Poissonnière.

M. le président. Eberle, avez-vous quelques observations à faire ?

Eberle. Oui, Monsieur, parce qu'il y a un peu de fausseté. D'abord c'est moi qui ai dit à Roquette fils de prendre par la cour de la Sainte-Chapelle ; et ensuite ce n'est que sur le quai des Orfèvres, près la caserne des pompiers, qu'il m'a parlé de l'évasion de Lavalette.

Roquette fils ajoute à sa déposition que, lorsqu'il a arrêté la chaise, il n'a pas vu Eberle. Il déclare enfin avoir entendu Eberle témoigner son étonnement, de ce qu'on n'eût pas reconnu Lavalette sous les habits de sa femme qui était beaucoup plus grande.

Second témoin. Bodiscar, gardien de la maison de justice. Il sortait pour porter une lettre, à sept heures du soir, en même temps que M. Lavalette quittait sa prison sous les habits de sa femme ; il rencontra Eberle qui venait de chercher les porteurs et qui l'emmena au cabaret. Eberle lui dit : C'est singulier, *ces trois êtres là ne me parlent pas.* Il dépose aussi du propos rapporté par Roquette fils.

Eberle. Il est possible que j'aie dit cela ; j'étais un peu étourdi du coup.

Troisième témoin. Perlet, gendarme. Il était de faction dans l'intérieur de la prison ; il a entendu la scène qui s'est passée entre le concierge et Madame Lavalette, au moment où l'on s'est aperçu de l'évasion du prisonnier ; D'ailleurs il ne dépose d'aucun des faits intéressans du procès.

Quatrième témoin. Gauthier, autre gendarme. Il était de faction devant les armes, à la porte de la Conciergerie. Il a vu trois femmes sortir. L'une d'elles a demandé les porteurs de la chaise. Eberle est allé les chercher. Trois ou quatre minutes après, ils sont venus, et ont emporté Lavalette, qui d'avance était monté dans la chaise.

Cinquième témoin. Brigant, maçon. Le 20 décembre, Marengo, porteur ordinaire de madame de Lavalette, propose au témoin de remplacer un camarade, qui probablement ne pourra pas l'aider ce jour-là. Brigant l'accepte; et, après plusieurs courses, il porte madame de Lavalette à la Conciergerie, et il l'attend avec Guérin au corps-de-garde de la gendarmerie.

Peu d'instans avant la sortie, Benoît Bonneville, valet-de-chambre de Lavalette, vient leur offrir un verre de vin, et leur dit : vous allez être peut-être un peu plus chargés qu'en venant, mais il faudra aller grand train. C'est donc, observe Brigant, M. de Lavalette que nous allons porter?—Cela ne te regarde pas; il y a vingt-cinq louis à gagner. — Vingt-cinq louis! s'écrie Brigant, que faut-il faire pour ça? on n'offre pas ainsi vingt-cinq louis : je suis un honnête homme, j'ai une femme et des enfants, je ne veux pas les mettre dans une mauvaise affaire. — Vous êtes donc un J. F.; il faut gagner de l'argent quand on en trouve l'occasion. — Je suis pauvre, mais je ne veux gagner ma vie que par un travail honnête. — Bah! lui dit Guérin-Marengo, que risques-tu, puisque monsieur t'assure qu'il n'y a pas de danger. —Tenez, Marengo, répondit-il, laissez tout ça là, venez avec moi, il vous arrivera malheur; pour moi, je vous rends votre bricole, je m'en vais chez nous ; et il jette les courroies qui lui servaient à porter la chaise. Il retourne chez lui, fait part à sa femme de l'offre qu'on lui a faite et de son refus. — Tu as bien fait, lui dit-elle. Le lendemain matin apprend que les barrières sont fermées, que Lavalette est évadé. —Oh! s'écrie-t-il, que j'ai donc bien fait!

Ici, l'émotion du témoin ne lui permet plus de continuer son naïf récit. Messieurs, dit-il, en pleurant, ne m'en voulez pas, si dans le temps je n'ai pas fait ma déclaration, mais j'étais hors de moi.

Marengo, continue-t-il, vint m'apporter le prix de ma journée de la veille, et me dit : « Vous avez eu tort de vous en aller, ce » n'était pas ce que vous croyez ; on a arrêté la chaise sur le » quai, et c'est la demoiselle qui était dedans. Au surplus, si » on vous interroge, vous n'avez pas besoin de dire qu'on vous » a proposé de l'argent. » — Ecoutez, lui répondis-je, j'ai abandonné le poste hier; ne me mêlez en rien, ou je dirai la vérité (1).

M. l'avocat général. Guérin vous a-t-il engagé à vous laisser séduire ?

Le témoin. Non, Monsieur, pas du tout. Oh! ça c'est vrai, on peut m'en croire.

______

(1) Cette déposition qui porte tout le caractère de la franchise et de la probité, a été recueillie à peu près textuellement.

M. le président. Vous avez donné un grand exemple d'hon-nêteté ; vous avez prouvé par votre conduite que l'honneur et la probité se trouvent dans les classes même les plus indigentes : continuez à tenir, vous et votre femme, une semblable conduite; élevez vos enfants dans les mêmes principes, et croyez que tôt ou tard, et même dans ce monde, la vertu trouve sa récompense.

L'un des accusés interpelle le témoin de déclarer si ce n'est pas une indisposition qui l'a empêché de porter la chaise ?

Le témoin. J'avais bien fait cinq voyages, répond-il ; j'en aurais bien fait six ; je n'aurais pas réfléchi, si on ne m'avait pas offert de l'argent :

Sixième témoin. La femme Brigaut. Elle déclare que son mari lui a raconté à son retour, dans la soirée du 20 décembre, les faits dont il vient de déposer.

Guérin et Bonneville opposent à ce double témoignage une dénégation absolue.

Septième témoin. La veuve Leroi, portière de la maison, rue du Helder, n° 5. Elle dépose que le dimanche soir, 7 janvier, elle a vu monter plusieurs personnes chez M. Hutchinson, mais sans pouvoir les désigner ; que le lundi matin elle a vu partir en cabriolet deux personnages inconnus, vêtus l'un de gris et l'autre de rouge.

Huitième témoin. Schwartz, tailleur. C'est à lui que Hut-chinson a commandé l'habit sous lequel Lavalette est sorti de Paris. Il ignorait l'usage auquel cet habit était destiné.

Neuvième et dixième témoins. Pinon et Vidaon, loueurs de cabriolets. Ils se trouvaient sur le quai de la Préfecture au moment de l'évasion. Ils déposent avoir conduit chacun un indi-vidu dans divers endroits. L'une des dépositions offre cette sin-gularité que la personne qu'il a conduite, que l'on soupçonnait être Lavalette, était M. Dupuis, juge chargé de l'instruction du procès sur l'évasion, et qu'il l'a déposé dans sa demeure, rue du Helder, n° 5, dans la même maison où Lavalette a été reçu le 7 janvier au soir, et d'où il est parti le 8 pour quitter la France.

Onzième témoin. M. Pasquier, interprète. Il a fait diverses traductions dans le procès, mais il n'a connaissance d'aucun des faits qui s'y rattachent.

Douzième témoin. Kretly, gardien à la conciergerie, etc. Il a été témoin de la sortie de Lavalette, qu'il n'avait jamais vu.

Interrogé si Eberle était devant ou derrière les dames dans le guichet, il dépose qu'il était passé devant elles pour aller avertir le porteur.

Treizième témoin. Auget, garçon de service à la Conciergerie.

Il était aussi présent au moment de la scène; mais il croit qu'au moment où l'on a sonné, Roquette était dans le greffe.

Quatorzième témoin. Thuillier, gardien à la Conciergerie.

Il était de garde au premier guichet le 20 décembre. Il a vu Lavalette soutenu par le concierge. Eberle a demandé à aller chez sa femme, il l'a refusé; alors il a demandé à écrire une lettre, mais il ne l'a pas écrite. Interrogé s'il savait comment la veuve Dutoit s'était introduite dans la chambre de Lavalette, il dépose qu'elle était dans le guichet, où elle s'est trouvée mal; on l'a portée alors dans la cour des femmes; il ignore comment elle est entrée chez Lavalette. Eberle est rentré un quart d'heure ou un quart d'heure et demi après la sortie de Roquette fils.

Tous les témoins à charge présens à l'audience ayant déposé on procède à l'audition des témoins à décharge.

Quinzième témoin. Madame de Lavalette. Son entrée est annoncée par un murmure, qui semble exprimer l'intérêt et la curiosité. Lorsqu'elle paraît, Wilson, Hutchinson et Bruce se lèvent et la saluent.

Le trouble et l'émotion de madame de Lavalette sont poussés à un tel degré, qu'elle peut à peine articuler les noms de Emilie-Louise Beauharnais de Lavalette. Interrogée sur son âge, elle répond : *Vingt-sept ans, je crois.* Après avoir recueilli ses idées pendant quelques instants, elle dit : Le trouble que j'éprouve, ne vient d'aucune crainte, mais de l'espèce de surprise de me voir devant un tribunal qui doit me paraître imposant plus qu'à tout autre, et d'avoir à parler en présence d'un auditoire aussi nombreux.

M. le président. Madame, ce n'est pas la justice qui vous fait appeler; ce sont quelques-uns des accusés, qui ont invoqué votre témoignage.

Madame de Lavalette. Je déclare que les personnes qui m'ont appelée, n'ont contribué en rien à l'évasion de M. de Lavalette; personne n'était dans ma confidence, moi seule j'ai tout fait.

M^e. Claveau. Je prie M le président de demander à madame de Lavalette, si elle sait par qui la veuve Dutoit a été introduite dans la chambre de son mari.

Madame de Lavalette. Je l'ignore absolument; je me rappelle seulement que comme cette femme était malade, j'ai désiré qu'elle sortît d'un endroit froid et humide pour entrer dans la chambre où il faisait chaud.

M. le président. Le concierge en a-t-il eu connaissance, cette fois ou une autre ?

Madame de Lavalette. Je n'en sais rien.

M. le président. A quelle époque le travestissement a-t-il eu lieu ? Est-ce avant qu'Eberle soit entré ?

Madame de Lavalette. A ce moment le travestissement était fait puisque M. Lavalette allait sortir (1).

M. le président. Combien a-t-on donné de coups de sonnette ?

Madame de Lavalette. Deux coups, à quelque distance l'un de l'autre.

M. le président. Quel était le but du premier coup ?

Madame de Lavalette. De faire nétoyer la chambre que la veuve Dutoit avait salie en rendant ce qu'elle avait pris.

M. le président. Combien y a-t-il eu d'intervalle entre les deux coups de sonnette ?

Madame de Lavalette. Une heure, une demi-heure peut-être.

M. le président. Vous rappelez-vous si l'on a pris du café ?

Madame de Lavalette. Il me serait impossible de répondre à cette question d'une manière positive.

M. le président. Au second coup de sonnette, est-ce Eberle qui est entré ? Qui lui a donné l'ordre d'avertir les porteurs ?

Madame de Lavalette. Je ne puis le savoir, puisque j'étais derrière le paravent.

M. le président. Est-on sorti de la chambre immédiatement après qu'Eberle eut ouvert ?

Madame de Lavalette. Immédiatement.

Me. Dupin. Je désirerais qu'après avoir considéré les accusés anglais, madame nous déclarât si elle les a jamais vus ?

Ils se lèvent tous trois. Le témoin les regarde un instant, et répond : Je ne connais aucun de ces messieurs, je puis assurer que je ne les ai jamais vus.

Me. Mauguin. Je prie M. le président de demander à madame si elle avait mis Bonneville dans sa confidence, si elle l'avait autorisé à offrir vingt-cinq louis à Brigant ?

----

(1) On peut croire que madame Lavalette n'avait pas réfléchi aux conséquences de cette réponse.

Madame de Lavalette. Mon domestique ne savait rien ; je n'avais dû me confier à personne ; j'avais seulement dit que je partirais à sept heures ; et j'avais prétexté un rendez-vous, pour qu'on fût exact.

Le témoin ajoute : du reste, M. le président, si ma mémoire se montre infidèle sur quelques détails, c'est qu'occupée toute entière de mon projet, je n'ai pas eu le loisir de les observer bien attentivement.

Seizième témoin. Mademoiselle Joséphine de Lavalette. Cette jeune personne n'ayant pas l'âge requis (1) pour déposer en justice, a été dispensée de la formalité du serment.

M. le président. Je ferai observer aux défenseurs des accusés que mademoiselle de Lavalette n'étant point apelée par la justice, et ne paraissant pas avoir des renseignements très-importants à donner, il semble convenable, que par égard pour son âge et pour sa position, on ne lui adresse que des questions extrêmement restreintes.

Effectivement l'excessive timidité du témoin, et son défaut de mémoire ne lui permettent de donner aucun éclaircissement. Sa voix est si faible, si tremblante, et sa situation paraît si pénible, que M. le président, d'accord sur ce point avec les accusés, lui permet de se retirer.

M. le président. L'audience est suspendue, et sera reprise demain 23 avril, à neuf heures du matin.

Il est cinq heures et demie.

Audience du 23 avril.

La séance est ouverte à dix heures et demie.

Dix-septième témoin. La dame Sauvage. Cette femme, quoique citée à la requête du ministère public, n'a point été entendue hier. La cour interrompt l'audition des témoins à décharge, pour entendre sa déposition.

Interpellée de s'expliquer sur les faits qui peuvent être à sa connaissance, elle déclare qu'elle est propriétaire de la maison rue du Helder, n° 3 ; qu'à la vérité Hutchinson était logé chez elle ; mais qu'elle n'a rien remarqué, rien su, rien vu qui eût rapport au recelé de Lavalette.

Dix-huitième témoin. Le sieur Lainé, inspecteur-général des prisons. Il dépose que, la veille de l'évasion de Lavalette, il reçut de M. le préfet de police l'ordre de redoubler de sur-

---

(1) Mademoiselle de Lavalette accomplira sa quatorzième année le premier mai prochain.

veillance à la Conciergerie, et d'y faire chaque jour une visite. Il ajoute que le jour de l'événement il était à la Conciergerie, au moment où le sieur Roquette fut mandé par un des avocats-généraux, et apprit que l'exécution devait avoir lieu le lendemain. De retour au greffe, Roquette déclara que M. l'avocat-général avait eu avec lui la conversation suivante : Vous savez, M. le concierge, que les réglements des prisons s'opposent à ce que personne soit désormais admis auprès du condamné. — Mais madame Lavalette et sa fille sont en ce moment dans la prison. — En ce cas il faut bien souffrir qu'elles y demeurent, car la prudence exige que rien ne soit ébruité ; mais demain ne les recevez plus.

Le témoin déclare que, pendant l'absence de Roquette, la veuve Dutoit était près du poêle.

Il était présent, lorsque mademoiselle de Lavalette passa dans l'avant-greffe, pour envoyer chercher un paquet qui était dans la chaise à porteurs. Ce paquet fut porté dans la chambre de Lavalette sans être visité.

M. le président. Accusé Roquette, expliquez-vous sur la négligence qui vous est imputée.

Roquette. On savait que c'était un oreiller que madame de Lavallette avait l'habitude de faire apporter pour son usage.

Le témoin continue sa déposition.—Un autre paquet fut encore introduit. Celui-ci fut visité par le concierge lui-même. Il contenait deux ou trois bouteilles de vin.

L'inspecteur Lainé ajoute qu'il a toujours remarqué de la part de Roquette, le plus grand zèle et la surveillance la plus scrupuleuse. Telle est son exactitude, que, pendant la détention du maréchal Ney, il faisait goûter les plats et déguster les vins qu'on lui servait.

Dix-neuvième témoin. M. de Crisenoy, colonel d'état-major de la garde nationale. Il dépose que, chargé du commandement de la Conciergerie, pendant les dix derniers jours de la détention du maréchal Ney, il a souvent eu l'occasion de remarquer que le concierge apportait la plus rigoureuse exactitude dans l'accomplissement de ses devoirs. A cette époque délicate, Roquette poussa la précaution jusqu'à se faire dresser un lit de sangles dans le greffe, pour y coucher habituellement.

M. de Crisenoy est chargé par M. de Langeac, officier des grenadiers de la Roche-Jacquelin, qui a aussi été employé à la garde du maréchal Ney, d'attester la parfaite conduite du concierge Roquette.

Vingtième témoin. M. de Fortia, lieutenant-colonel de l'état-major de la garde nationale. Cet officier a remplacé M. de Crisenoy à la Conciergerie ; empêché pour cause de maladie de se rendre à l'audience, il écrit à M. le président une lettre dont il est donné lecture, et qui contient de nouvelles attestations en faveur de Roquette.

Vingt-unième et vingt-deuxième témoins. Les sieurs Nanin et Ducors. Ces deux individus, qui ont été préposés à la surveillance du maréchal Ney, déposent dans le même sens que les trois derniers témoins. Nanin a vu le concierge goûter tous les mets et toutes les boissons qu'on servait au maréchal. Ce n'était pas sans beaucoup de désagrément et de danger qu'il pouvait exercer un tel devoir. Ducors a même entendu les gardiens se plaindre de la rigidité du concierge. Interrogé s'il n'a pas remarqué Eberle parmi ceux qui faisaient entendre ces plaintes, il répond qu'il ne saurait désigner aucun des plaignants, mais qu'à coup sûr Eberle n'était pas du nombre.

Vingt-troisième témoin. La veuve Dutoit, femme de confiance de madame de Lavalette. Cette femme, presque septuagénaire, fait sa déposition en ces termes : Je suis entrée avec madame à la Conciergerie vers deux ou trois heures. Je suis restée dans la première salle auprès du poêle. J'étais malade dès le matin, le soir, c'était pire encore. Je me suis trouvée mal. On m'a fait entrer dans la chambre de monsieur. Là, j'ai rendu tout mon dîner. Je ne savais plus où j'étais, je ne connaissais plus personne, tant j'étais malade. Voilà tout ce que j'ai à dire. Quant à ce qui s'est passé, je ne sais rien du tout, du tout, du tout.....

M. Maurey, l'un des jurés. A quelle heure êtes-vous entrée chez Lavalette ?

La veuve Dutoit. Je crois que c'est vers six heures : je n'en suis pas bien sûre, j'étais si mal.....

M. *Claveau.* Je prie M. le président de demander à la veuve Dutoit qui l'a introduite dans la chambre de Lavalette.

La veuve Dutoit. Je n'en sais rien.

M. le président. Il y a une porte et un verrou énormes. Comment avez-vous franchi ces obstacles ?

La veuve Dutoit. Je ne sais en vérité qui m'a fait entrer, foi d'honnête femme, je n'en sais rien.

M. Edon, l'un des jurés. Il faut cependant bien que vous déclariez si vous avez été introduite par quelqu'un, ou si c'est par un *sylphe.*

La veuve Dutoit. Je n'en sais rien.

M. Edon. Vous êtes donc entrée par le trou de la serrure ?

La veuve Dutoit. Je ne me rappelle rien.

M. le président. Veuve Dutoit, vous avez été justement mise en état d'arrestation. Il eût été juste peut-être de vous traiter comme complice ; cependant on a trouvé respectables les motifs qui vous ont fait agir. Vous avez été mise hors d'accusation; mais songez que vous avez fait un serment devant la justice.....

Un juré. Devant Dieu.

M. le président. Vous devez dire la vérité tout entière; on vous demande une chose bien simple.

La veuve Dutoit. Je ne sais rien du tout.

M. Claveau, avocat, insiste pour adresser au témoin une série de questions.

M. le président. Le témoin se renferme dans une dénégation absolue, pourquoi l'exposer à un parjure?

La veuve Dutoit. Je ne sais rien.

M. le président. Je ne sais quelle puissance me retient; je ne sais pourquoi je n'arme pas contre vous la main du ministère public. Vous avez épuisé toute la mesure des bontés de la justice. Retirez-vous.

Vingt-quatrième témoin. Prault, greffier concierge aux Madelonnettes. Il rend hommage au zèle et à la probité d'Eberle.

Interrogé par M⁰. Claveau s'il ne connaît pas l'accusé comme un homme économe et d'un esprit borné, il répond affirmativement. Il déclare aussi, sur l'interpellation d'un de messieurs les conseillers, qu'Eberle avait assez de sagacité pour connaître ses devoirs.

Vingt-cinquième témoin. Gaudin, gendarme. Ce témoin, appelé en vertu du pouvoir discrétionnaire par M. le président, dépose qu'un concierge qu'il croit être Eberle, mais sans pouvoir l'assurer, lui a dit en le mettant en faction dans la Conciergerie, près de la croisée de la chambre de Lavalette, où il y avait de la lumière, qu'il n'était pas besoin d'y faire attention, parce qu'il n'y avait pas de danger.

Vingt-sixième témoin. La femme Ecosse; elle dépose qu'en juin 1815, la femme Eberle lui confia qu'elle avait une somme de onze cents francs, sans compter cent francs qui lui étaient dus, et qu'elle était fort inquiète pour la conservation de cette petite fortune, à cause des alliés qui étaient sur le point d'entrer à Paris.

Vingt-septième et dernier témoin. Laporte, commissionnaire. Il faisait ordinairement avec Guérin le service de la chaise de madame de Lavalette ; et c'est lui que Brigant a remplacé pendant une partie de la journée du 20 décembre. Laporte témoigne que le lendemain de l'évasion, Brigant ne parla ni d'argent promis, ni d'aucuns faits relatifs à l'affaire. Il assure que Brigant s'excusa de n'avoir pas fini la journée en disant qu'il avait fait deux jours auparavant un fort voyage de brancard où il avait gagné un effort.

Je déclare au surplus, ajoute le témoin, que Mme de Lavalette n'a pu faire de confidence à personne. *Je défends à Guérin et à M. Benoît d'avoir rien entendu*, tant elle parlait bas d'ordinaire : c'était une femme dont la parole n'était jamais *sûre*. Elle demandait ses porteurs pour aller dans un endroit, et, pas du tout, c'était dans un autre. Elle nous faisait venir à quatre heures, et partait à huit. Jamais elle ne nous adressait la parole, pas même pour nous payer ; et je vous dirai même qu'elle nous doit encore la dernière journée.

La liste des témoins tant à charge qu'à décharge étant épuisée, M. l'avocat-général prend la parole, et prononce un plaidoyer qui fait la plus vive impression sur tout l'auditoire. Nous nous félicitons de pouvoir en présenter le texte presque complétement à nos lecteurs.

« Messieurs les jurés , dit M. l'avocat-général, vous connaissez l'événement qui a donné lieu au procès ; un condamné à mort s'est dérobé au supplice, il a franchi les portes de sa prison et les frontières de la France. Heureux si, en fuyant la justice, il a fui les remords, si les distances le rassurent, s'il a trouvé un lieu où il puisse dire : « Je suis tranquille » , et montrer à découvert un front que la foudre judiciaire a frappé.

« L'évasion de sa prison a été favorisée par sa femme; madame Lavalette, mettant à profit les condescendances que la justice avoit pour ses douleurs, a sauvé son mari par un de ces travestissements usités pour le plaisir, consacrés cette fois à l'infortune. Le condamné, habillé en femme, est sorti sous la conduite du gardien lui-même, de l'honnête et crédule concierge qui lui donnait la main. Les portes de la prison se referment sur madame de Lavalette restée à la place de son mari.

« Que de bonheur pour elle ! il serait sans mélange, si l'action qui la glorifie n'eût compromis personne ; mais vous voyez devant vous des hommes qui peuvent être des complices.

« Ce mot *complice* ne m'est pas échappé ; et si l'on demande comment une action peut être en même temps généreuse et mauvaise, applaudie par l'opinion, et réprimée par la justice, je dirai que les faits les plus brillants ne sont pas toujours d'une bonté parfaite ; que celui-ci est d'une nature mixte ; que si l'auteur a pu se le permettre sans scrupule, les coopérateurs n'ont pu y participer sans délit.

«En effet, madame Lavalette a sauvé son mari, voilà son excuse; elle est placée dans le droit naturel, qu'il ne faut jamais mettre en opposition avec le droit écrit; mais si elle n'a pas agi seule, si son projet est devenu un complot avec d'autres personnes qui y seront entrées par condescendance, par faiblesse, par corruption peut-être, et qui sait encore? par cet esprit d'insurrection et de révolte qui cherche des occasions partout, et qui aurait cru trouver dans celle-ci un moyen de désordre utile à ses projets.... Oh! alors, et par rapport à eux, le fait se criminalise. Ceux-là, délaissés de toute excuse naturelle, retombent dans le droit ordinaire, ils ont procuré l'évasion d'un condamné, et la loi dit que ce fait est coupable. Le titre de l'accusation est donc bien motivé.

« L'accusation se divise en deux classes d'hommes. Les uns, qu'on peut appeler les agens obscurs de l'évasion, ce sont Eberle le fait qui lui est imputé est un crime); Roquette (sa négligence, si elle est prouvée, est un délit). Benoît et Marengo prendront dans la peine une part proportionnée à leur coopération au délit.

«Mais comment sont-ils traduits devant les tribunaux français, ces étrangers qui figurent aussi dans l'accusation? Comment, un gentilhomme anglais; un autre, officier-général; un troisième, capitaine de grenadiers dans la garde royale d'Angleterre, sont-ils venus prendre place sur ces bans? S'ils ne sont ni les parents, ni les amis, pas même les connaissances du condamné Lavalette, de quelle nature est donc l'intérêt qui les a portés vers lui? L'intérêt de l'humanité, disent-ils; et déjà ce motif si général qui peut être invoqué par tout le monde, ne devient justificatif pour personne. On ne conçoit pas, et en tout cas on ne peut tolérer, cette espèce d'humanité qui s'exercerait contre l'ordre public, au mépris et par infraction des lois. Mais si ces étrangers avaient dans le cœur la haine de ces lois; si notre tranquillité leur était importune; si dans leur intention hostile ils essayaient contre le gouvernement, auquel le salut de la France est attaché, des moyens révolutionnaires, et si le fait de l'évasion, tout faible qu'il est, servait pourtant d'initiative à ces moyens.... Alors, Messieurs, vous sentirez que la justice a dû, pour l'intelligence même du délit, rechercher les nouveaux éléments dont il se chargeait à ses yeux. Elle a dû suivre toutes les traces, et si elle est arrivée à un foyer de machinations et d'intrigues, le devoir du magistrat a été de les dévoiler.

«Enfin tous les accusés sont en présence. Le jour de la justice est arrivé. Elle sera égale pour tous, pour les nationaux, pour les étrangers, *Tros Tyrius-ve mihi*........ S'il faut qu'elle applique des peines (nécessité qu'elle déplore toujours), elles seront pesées avec exactitude, graduées avec précision ; si elle découvre l'innocence, ah ! la justice va au-devant d'elle , elle lui donnera la main, elle aidera sa justification et partagera son triomphe ».

Après ce brillant exorde, monsieur l'avocat-général reproduit brièvement les faits relatifs à l'évasion , et s'efforce de fixer l'opinion de messieurs les jurés sur cette première partie de la cause.

« Quels sont les coupables ? Eberle, Roquette, Benoît, Guérin. Mais le sont-ils au même titre ? au même degré ? sont-ils même coupables de quelque chose ? Une voix justificative s'est élevée pour tous : c'est celle de madame de Lavalette. Elle seule revendique l'honneur d'avoir sauvé son mari ; elle seule en a conçu le projet , comme par inspiration ; elle seule en a disposé le plan et arrangé les moyens à *l'instant même*.....

» A qui aurait-elle pu faire cette périlleuse confidence ? Au concierge ? c'est un honnête homme ? A Eberle ? elle savait combien son intelligence était bornée.

» Est-ce à Guérin , est-ce à Benoît lui-même qu'elle pouvait du moins recourir ? mais la foi des domestiques est souvent douteuse ; il ne faut pas l'exposer à de trop rudes épreuves ; il ne faut pas les réduire à une position extrême , les placer entre la trahison et le dévouement. Aussi madame de Lavalette , forte de son caractère et de ses propres ressources , dissuade son mari lui-même qui l'engageait à pressentir au moins les dispositions de ceux qui étaient préposés à sa garde ; elle traite ses conseils d'imprudence , et lui en remontre les dangers. *Tout attendre de l'audace* , voilà le parti auquel elle s'arrête.

« La générosité de cette déclaration , Messieurs , n'est pas une garantie de sa sincérité. Madame de Lavalette , forte de l'immunité de sa position privilégiée (car elle a toujours su qu'elle était hors de toute atteinte), doit prendre sur elle des risques qui ne l'atteindront pas. C'est avec une bien vive sollicitude qu'elle doit contempler la position de ces malheureux qui , dans son entreprise , auraient couru des dangers sans gloire , et qui seraient punis précisément parce qu'ils se seraient dévoués pour elle. Mais, Messieurs, vous n'avez pas ici à croire , vous avez à examiner ; et si les faits parlent autrement que madame de Lavalette n'imagine , il faudra bien que vous rejetiez ce bienfait d'amnistie générale qu'elle voudrait donner à tous, et que vous descendiez dans l'examen et l'appréciation des faits.

» Non , Messieurs, l'audace n'a pas tout fait. La séduction a été employée ; elle laisse des traces visibles ; sur qui a-t-elle été exercée ? Plusieurs circonstances s'élèvent contre Eberle. Il se compromet par ses actions, par ses discours ; il se contredit, il affirme des choses invraisemblables : ce n'est pas ainsi que se défend l'innocent. »

15

Ici, M. l'avocat-général rappelle toutes les charges qui tendraient à prouver la coopération d'Eberle : le changement de porteurs, nécessité par l'honnête défection de Brigant ; le déguisement de Lavalette déjà consommé à l'instant où Eberle entre dans sa chambre ; la négligence de l'accusé ; ces trois portes qu'il laisse ouvertes ; le soin ridicule de venir enfermer madame de Lavalette, et la lenteur qu'il met à courir après la chaise ; ses propos après l'évasion, et enfin l'exorbitance relative de la somme découverte chez lui ; telles sont les circonstances que discute successivement M. l'avocat-général, et dont il fait résulter la preuve de la culpabilité du premier accusé.

« Cependant, messieurs les jurés, si les débats vous ont révélé des circonstances qui tiennent à la préméditation ; que dis-je ? si c'est madame de Lavalette elle-même qui sans le vouloir (et apparemment parce qu'il faut que la conscience parle aussi à son tour), a trahi à cette audience même et au milieu des débats le malheureux dont elle s'est servie, en disant que le déguisement était opéré quand il est venu prendre les ordres dans la chambre, il faudra bien qu'Eberle reste convaincu. »

Passant au concierge, M. l'avocat-général voit en lui un honnête homme : « Mais sa règle est de fer, il doit y obéir comme à la nécessité. Chez lui l'humanité de l'homme sensible a endormi la vigilance du gardien ; c'est une sentinelle qui s'est écartée de sa consigne. Ses imprévoyances suffisent pour constituer le délit de négligence ».

Sans séparer Benoît de Guérin, le ministère public établit qu'il y a eu coopération de la part de ces deux accusés.

» La position du domestique fait souffrir. Il est coupable sans doute, mais il est victime de sa fidélité et de son attachement à ses maîtres. C'était à ses yeux peut-être un premier devoir, peut-être n'en a-t-il pas vu d'autre. Il n'a su qu'obéir et servir. Son zèle, même égaré, n'écarte pas entièrement l'intérêt qui s'attache à sa personne.

» Quant à Guérin, homme de journée, il a été exposé à une violente tentation : de l'argent à gagner, et que d'argent ! Autant dans un jour que dans une année ! Il a cédé à une tentation trop forte. Il a un grand fond d'ignorance. Je ne sais jusqu'à quel point, dans ces circonstances, la clémence peut à son égard adoucir la justice. »

M. l'avocat-général passant à la seconde partie de l'accusation, s'exprime en ces termes :

« La première partie de cette affaire s'entend bien : tous les faits ont une physionomie connue, ils ressemblent à ce que l'on voit par tout : une femme qui sauve son mari, un gardien qui s'endort, un autre qui se laisse corrompre, un domestique qui se dévoue pour son maître, un malheureux mercenaire qui se jette sur l'appât d'un salaire exorbitant, tout cela se trouve, non pas dans le principe, mais dans le déréglement, dans l'égarement des passions et des affections des hommes. Cet exposé est l'histoire; à présent, Messieurs, il faut parcourir le roman du procès.

» Vous avez été saisis de cette idée, vous vous êtes fait cette première question qui naît d'une position inattendue, pourquoi des Anglais se trouvent-ils ici ? Leur intervention ne s'explique pas par les causes ordinaires; ce sont eux-mêmes qui déclarent et qui protestent sur l'honneur, qu'avant leur participation au délit, ils ne connaissaient pas même celui qu'ils ont aidé de tous leurs efforts; il faut les croire, mais à leur tour il faut qu'ils motivent leur action.

» L'un vous dira (c'est Bruce) qu'il a été premier confident de cette affaire; qu'instruit du séjour de Lavalette à Paris, par une lettre anonyme dans laquelle on lui faisait des compliments, il a cru, ainsi que le portait la lettre, qu'il était le seul qui pût le sauver; et voilà d'abord que son amour - propre est flatté, que sa sensibilité naturelle est émue, et enfin sa tête s'exalte aussi, *car il voit dans l'évasion de Lavalette quelque chose de romanesque et même de miraculeux, qui frappe vivement son imagination, et agit puissamment sur son cœur.*

» L'autre (c'est Hutchinson) n'aura pas la même chaleur d'idées. C'est le sentiment de l'humanité qui l'a attiré vers Lavalette. Il a cédé au désir de sauver un malheureux.

» Le troisième (Sir Thomas-Robert Wilson) s'élève à des considérations d'un autre ordre. Il s'imagine qu'il y va de l'honneur de son gouvernement (1), si un arrêt de la cour royale de Paris est exécuté. Il ne connaît pas ces dispositions d'ordre public, qui considèrent le droit de rendre justice, comme un des attributs de la souveraineté. Ah ! vraiment, se sont là des règles communes : sa loi, à lui, c'est la convention de Paris. A l'entendre, cette convention est violée, et il doit laver son gouvernement de l'opprobre que cette violation a fait rejaillir sur lui. Ainsi Lavalette sera sauvé pour l'honneur de la justice *et pour l'honneur de l'Angleterre.....!*

» Nous verrons bientôt ce qu'il y a de vrai dans tout cela. Mais avant de reconnaître les intentions respectives des accusés, commençons par fixer les faits. »

---

(1) Ici le général Wilson fait un signe affirmatif.

M. l'avocat-général retrace les circonstances de l'évasion ; puis il ajoute :

« Je ramène votre attention sur l'asile donné au condamné la veille de son départ, et sur celui qu'il reçut à Compiègne dans la première journée de son voyage ; c'est là ce que nos lois appellent *recélé*. Les lois anglaises ne sont pas plus *libérales* que les nôtres sur ce point ; elles n'admettent point l'humanité, la générosité qui s'exercent contre l'ordre public. Blackston, après avoir marqué la distinction qu'il faut faire entre les délits principaux et les délits accessoires, distingue encore, dans cette seconde espèce, ceux qui sont accessoires avant ou après le délit.

» Il dit, chap. 3, page 29 de son traité : « L'accessoire avant le délit est celui qui le procure, le conseille ou le commande.

» On est accessoire après le délit, en donnant asile ou secours au coupable, connu comme tel, *ou en procurant son évasion, de quelque façon que ce soit.* »

» Voilà bien les deux cas, l'évasion et l'*asile* que nous appelons *le recélé* du coupable. Si je cite au surplus cet auteur, c'est comme raison écrite ; car il est bien entendu, que pour un délit commis en France, je ne tire aucune autorité que de la loi française ; et qui donc ici pourrait méconnaître son empire ? Certes, je n'entreprendrai pas de prouver notre droit de juridiction sur ces étrangers. Les répugnances de l'accusé Wilson, ses protestations contre la procédure, son invocation perpétuelle, en sa qualité d'Anglais, des formes judiciaires et des tribunaux de sa nation, ce sont là des prétentions qu'on ne peut entendre nulle part en matière criminelle.

» Le crime commis, il donne la juridiction : car il attente à l'ordre public, et il n'y a point de nation, de corps social qui n'ait éminemment le devoir et le droit d'en punir les infracteurs.

» Tout homme doit savoir qu'en entrant sur un sol étranger sa première obligation est d'observer et de respecter ses lois. N'en est-il pas protégé lui-même ? Ne sont-ce pas elles qui veillent à sa sûreté ? et il pourrait les invoquer d'un côté et les braver de l'autre ! Le seul bon sens repousse cette erreur. Et quant aux formes de l'instruction, au mode d'organisation du tribunal qui applique la loi, il est clair que cela tient encore au droit souverain de jurisdiction. Chaque état a sa justice et il a sa manière de la rendre. On dit qu'un Français, accusé d'avoir commis un crime en Angleterre, a le droit d'avoir devant le tribunal qui doit le juger moitié de jurés français ; c'est un privilége sans doute ; hé bien, ici vous n'avez pas besoin de ce privilége, il vous serait inutile ; la justice ne s'enquiert pas si vous êtes des nationaux ou des étrangers, elle ne voit en vous que des prévenus, elle ne connaîtra d'autres distinctions que celles que les preuves auront établies entre les innocents et les coupables.

» J'entre dans l'examen de ces preuves, et d'abord je dois préciser le chef de l'accusation.

» Bruce, Hutchinson, Wilson, sont accusés d'avoir de complicité recélé Lavalette, sachant qu'il était condamné à la peine capitale.

» Voilà le fait, et voici la conséquence, c'est qu'ils ont par là facilité et consommé l'évasion.

» Le fait qui est le délit, qui est le titre d'accusation, c'est le recélé. Il n'importe pas qu'il ait ou qu'il n'ait pas servi à l'évasion, et cela importe si peu que si en définitif le condamné ne se sauvait pas, s'il était repris dans le lieu même qui lui a servi d'asile, celui qui le lui a procuré n'en serait pas moins coupable.

» Dans le délit d'*évasion*, la qualité des personnes n'est pas considérée ; et, dût se révolter l'opinion, dût l'humanité en gémir, il n'est pas permis, *légalement parlant*, à un fils d'aider son père, à une femme d'aider son mari à sortir de prison.

» Et si madame de Lavalette n'a pas été mise en accusation, c'est que malgré l'ostentation de ses déclarations, la justice est restée dans le doute, et qu'elle a cru voir encore l'influence de l'autorité maritale dans l'acte par lequel une femme sauvait son mari.

» Dans le délit de recélé, la loi ne punit plus indistinctement comme elle punit dans celui d'évasion, elle suit les inspirations de la nature ; et de pieuses exceptions sont établies pour le père, pour le fils, pour l'époux, pour le frère, et pour les alliés au même degré.

» La clémence s'arrête là, et la justice est pour tous les autres ; ainsi tous ceux qui ont recélé un condamné auquel ils ne sont pas attachés par les liens du sang sont coupables. Bruce, Hutchinson, Wilson seront donc coupables s'ils ont recélé Lavalette.

» Mais il faut établir la culpabilité. Et que sais-je ? on ira peut-être jusqu'à contester au ministère public le droit de rechercher et de produire des preuves. Chose très-étonnante assurément ! Mais cette affaire a des singularités ; il semble qu'à défaut de question de fait ou de droit, elle présente des problêmes à résoudre. D'où cela provient-il ? De ce qu'on veut sortir des termes de l'accusation et du cercle de sa défense ; de ce qu'on essaye de transformer en discussion politique une discussion judiciaire ; de ce que les accusés qui se placent dans la position la plus fausse, s'imaginent qu'on les accuse d'un système, quand on ne les accuse et qu'ils n'ont à se défendre que d'un fait.

» Pourtant il ne faut pas confondre l'instruction et l'accusation.

» L'instruction peut s'étendre à mille faits, et l'accusation se réduire à un seul.

» L'instruction, c'est la recherche; elle se porte à tout, aux faits à charge et aux faits à décharge, aux faits et aux circonstances : car c'est par elle que les faits se caractérisent; qu'ils deviennent coupables ou non coupables, qu'ils constituent un crime ou un délit, ou qu'ils ne constituent pas le délit.

» Qu'est-il donc arrivé dans cette affaire? Lavalette était sorti de prison, puis il s'était caché dans Paris, puis il avait passé la frontière; il y avait donc eu évasion et recélé. Le juge recherche quels sont les auteurs de l'un et de l'autre de ces délits. Il ne trouve d'abord que des hommes impliqués dans l'évasion et au moment où il croit terminer sa procédure, une lumière inattendue vient lui révéler le mystère du recélé. Il porte ses investigations de ce côté, et qu'est-ce qu'il va découvrir? d'autres hommes et d'autres projets. Ceux qui se sont mêlés de l'évasion, n'ont voulu que sauver Lavalette; ceux qui se sont immiscés dans le recelé en sauvant Lavalette, ont voulu, ou au moins paraissent avoir voulu exciter à la sédition, à la révolte, et susciter un désordre quelconque, pourvu que cela fût du désordre; car enfin il faut bien commencer par quelque chose.

» Que ce projet fût insensé, cela n'est pas douteux; mais encore, fallait-il savoir par quelle main la pomme de discorde nous était lancée, et voilà qu'une correspondance interceptée nous apprend que quelques étrangers s'occupent sérieusement du bonheur de la France; qu'ils y travaillent, et qu'ils auraient une grande joie d'y réussir. Il est vrai qu'ils ont besoin d'aide, et que nous nous garderons bien de les aider. Et comment donc faire pour nous rendre heureux malgré nous? Hé! messieurs, comme on faisait en 1793. Les correspondants ne connaissent pas de meilleurs moyens; apparemment qu'il n'y en a pas d'autres. Ainsi, on fera un appel aux amis de la liberté : ceux-ci se mettront en campagne; il y aura des mouvements dans les provinces; un bon moyen d'agitation serait la persécution réelle ou imaginaire contre les protestants. Oh! l'excellente chose! *C'est une idée qui gagne comme un incendie, qui se répand comme une contagion parmi le peuple en général* (et notez ceci) *qui engendre un esprit de haine mortelle et de mépris pour la nouvelle dynastie* (1).

______

(1) C'est ainsi que ces messieurs désignent les descendants de St.-Louis.

» Il est clair que si on porte le peuple jusqu'à cet excès d'égarement, la révolution sera faite, et c'est par cela même que la révolution est impossible.

» Sir Edouard Wilson jugeait mieux de l'état de la France à Londres, que son frère n'en jugeait à Paris. Il commence à se défier de ses prédictions ; il attend des faits.

» Il observe *que si la nation française était fortement indisposée contre les Bourbons, on en verrait journellement des preuves.*

» Et il fait cette remarque : *Il n'y a aucune force militaire dans les provinces, et cependant les provinces sont tranquilles.*

» A ce sujet, il se dépite et s'enflamme, et dit que si l'on veut renverser l'ordre actuel, *le feu doit être toujours entretenu et toujours visible, comme un rayon d'alarme, en France et dans l'étranger.*

» Dieu nous en préserve et les étrangers aussi !

» Nous l'avons tous vu, l'astre sinistre précurseur des tempêtes. L'orage est passé, et de nouveaux signes nous annoncent que la terre est pacifiée. Oui, nous sommes en paix avec nous et avec les autres. Les peuples ont besoin de repos ; car on compte pour rien parmi les peuples quelques *brouillons* qui ne se reposent jamais. Pour ceux-là *la paix est guerre*, comme l'a dit notre vieux Montaigne.

» Eh bien ! qu'ils gardent donc la guerre ! Le théâtre n'en sera pas étendu ; mais qu'ils ne s'imaginent pas, dans leurs folles pensées, qu'ils agiteront de nouveau la France. Si l'on apercevait *leur rayon d'alarme*, on y courrait, mais comme on court à un incendie.... pour l'éteindre.

» A-t-on bien entendu ces paroles : « *Il n'y a point de forces militaires dans les provinces, et les provinces sont tranquilles !* » Oui, elles le sont, et pourtant elles souffrent ; mais elles savent d'où sont venus leurs maux, et elles tournent leurs regards vers le roi légitime, que la Providence nous a rendu ; car il apporte avec lui et les vertus personnelles, qui font chérir les rois, et les principes antiques sur lesquels, de tous tems, a reposé le salut de la France. Il vient pour raffermir cette terre, que les révolutions avaient ébranlée, pour réunir, pour réparer, pour consoler, pour absorber dans son inépuisable bonté ces haines fratricides que l'esprit de parti avait suscitées entre Français ; il est venu... et déjà l'espérance a tenu lieu de réalité ; on aperçoit et l'on saisit d'avance non-seulement le terme de nos maux, mais ces incontestables moyens de prospérité qui appartiennent à la France. Elle a été faible un moment, parce qu'elle a été égarée et divisée. La sagesse et l'union lui rendront sa force et le rang illustre qu'elle ne peut jamais perdre entre les nations. Voilà ce qui est démontré pour tout homme raisonnable, et ce qui n'est pas encore apprécié, ce qui ne paraît pas même être compris *par les Bruce et les Wilson d'Angleterre* (1).

» En résultat la correspondance est un tissu de visions ; elle sert à l'intelligence, mais elle ne change pas la nature du délit; et si l'on demande comment la justice en a été saisie, et pourquoi elle en argumente, je dirai d'abord qu'elle n'a pas besoin d'en argumenter, mais qu'elle a eu le droit de s'en éclairer. Toute ma discussion sera renfermée dans les termes de l'arrêt de mise en accusation. Je rechercherai si les trois accusés ont, de complicité, recélé Lavalette. Quant au fait de la découverte des pièces, ce que la justice sait, c'est qu'elle les a reçues comme pièces de procès ; et si l'accusé Wilson renouvelait à cet égard des plaintes sans intérêt, s'il osait (ce que je ne dois pas prévoir) attaquer la foi de notre gouvernement, je lui dirais : Voyez vous-même la position dans laquelle vous vous êtes placé ; vous vous êtes mis, au moins d'intention, en état de guerre, vous êtes devenu à Paris un être remuant, dangereux ; la police a eu les yeux ouverts sur vous comme sur votre co-accusé Bruce. La police de Londres en aurait fait autant en pareil cas ; il n'y a point de gouvernement assez débonnaire pour respecter les prétendus droits de ceux qui ne respectent pas son repos.

» J'arrive au véritable objet de la discussion.

» L'article 248 du Code pénal déclare coupables *ceux qui ont recélé ou fait recéler* des criminels. Voilà les termes

» La nature des faits est telle, qu'elle porte déjà la conviction morale que ceux qui se sont concertés pour faire sortir Lavalette de France, se sont également entendus pour l'avoir à leur disposition, lorsque le moment de l'évasion serait arrivé ; qui veut la fin, veut les moyens. Or, il est déjà constant que Lavalette, sortant de sa retraite ignorée, avait besoin d'un lieu de dépôt à la disposition de ceux qui voulaient l'enlever. Vous n'entendez pas dire qu'il y a eu de leur part aucune communication dans le premier asile que Lavalette avait habité : ce n'est pas delà qu'il est parti. Il a donc fallu lui ménager un asile intermédiaire, et puisqu'il y a passé une nuit, cet asile est devenu lieu de recélé. Cette première proposition est incontestable.

» Il est une seconde observation qui ne vous échappera pas:

---

(1) Ici l'accusé Bruce fait à M. l'avocat-général un salut ironique de remerciement. — On a remarqué cependant qu'à cette audience le maintien des accusés était beaucoup plus décent qu'à la première, où ils semblaient avoir oublié qu'ils paraissaient devant une Cour auguste. On aurait dit qu'ils se croyaient à l'amphithéâtre d'Ashley. (*Note extraite de la Quotidienne.*)

on peut recéler un homme chez soi ou chez autrui, suivant qu'on croira pourvoir le mieux à sa sûreté. Et voilà pourquoi la loi dit *recéler* ou *faire recéler*. Ainsi, celui qui donne son asile peut bien ne pas être le seul coupable. Celui qui le procure, qui a pris des arrangements pour l'avoir, l'introducteur qui en facilite l'entrée, tous ces gens-là sont évidemment fauteurs, complices et adhérents de cette espèce de délit.

» Maintenant que s'est-il passé ?

» Pour l'accusé Hutchinson, le fait est matériel ; Lavalette a passé dans son domicile rue du Helder, la nuit du 7 au 8 janvier dernier. Hutchinson savait bien que Lavalette était condamné, et c'est cette condamnation même qui avait excité pour lui tant d'intérêt. Ainsi, à son égard, toutes les conditions de la loi sont remplies, ou plutôt toutes les prohibitions de la loi sont violées, il est dûment atteint et convaincu du délit.

» L'accusé Bruce n'est pas dans une position plus douteuse ; c'est à lui que la première révélation a été faite ; c'est l'homme de prédilection ; car celui qui s'est prononcé dans l'affaire du maréchal Ney, doit s'intéresser naturellement dans l'affaire de Lavalette. On est d'avance sûr de lui. Aussi vous voyez comme il s'exalte, comme il revendique la première portion dans le partage de la gloire. *S'il y a un coupable, c'est lui !* Vous n'avez donc plus, messieurs, qu'à préciser le délit dont il est coupable, c'est encore le délit d'avoir *fait recéler*. Il est convenu du lieu et de l'heure ; en conséquence, il se trouvera chez Hutchinson dans la soirée du dimanche, il y recevra Lavalette, et c'est lui qui le recevra ; car à l'heure dite il descendra chercher Lavalette, il le conduira de la porte de la rue à l'appartement qu'il lui indiquera aussi, et dans lequel il l'introduira lui-même ; car, dans une pareille circonstance, il faut tout faire soi-même pour agir sûrement : on n'ira rien demander à un portier qu'on esquive ; on ne s'adressera pas à un domestique ; il faut qu'un introducteur officieux soit là, et qu'il introduise lui-même le survenant comme un ami de la maison. Si ce n'est pas là procurer, et même assurer le recélé, qu'on dise donc où l'on placera une coopération plus marquée.

« Quant à l'accusé Wilson, il prétendra peut-être qu'il n'est pas dans la même espèce, car, à toute rigueur, il peut dire : Je me suis trouvé chez mon ami Hutchinson, par hasard ; j'allais pour y prendre ma part d'un bol de punch, j'y ai vu arriver M. de Lavalette ; c'est une rencontre, et puis c'est tout ; serais-je donc punissable pour avoir rencontré Lavalette ?

« Ce langage, s'il était dans la bouche d'un homme qui n'eût pas eu d'autre point de contact avec Lavalette, pourrait être concluant dans l'affaire : il ne conclut rien du tout.

16

« Il y a ici entre trois personnes un projet de soustraire et par conséquent de cacher Lavalette jusqu'à son évasion effectuée. Le projet de l'enlever, sans savoir où il faudrait le prendre, est une absurdité dont les accusés anglais ne sont pas capables. Si, au lieu d'une coopération commune, il y eût eu des opérations distinctes ; si chacun eût agi à part, à l'insu de l'autre, on concevrait que tel qui a vu une partie, a pu ne pas voir l'ensemble, et qu'il a coopéré innocemment par ses moyens particuliers, à une chose dont il ne connaissait pas le but.

« Mais en vérité ce n'est pas là la position. Il est impossible à Wilson, qui s'est trouvé le 8 janvier au matin à la porte de la maison rue du Helder, pour y prendre Lavalette, de dire qu'il ne connaissait pas sa retraite, de dire encore qu'il n'avait pas coopéré à la lui fournir. Est-ce qu'il ne s'agit pas ici d'une chose et de la même chose convenue entre trois personnes ? cacher Lavalette et l'emmener. Les trois coopérateurs ont donc été nécessairement de connivence pour le tout.

« Je pourrais demander si le recélé ne consiste absolument que dans l'action de donner asile, si déguiser un homme n'est pas aussi un moyen de le cacher, de le soustraire aux recherches de la justice ; si celui qui a fait prendre la mesure, qui a fourni l'uniforme d'officier anglais, celui qui, suivant ses propres expressions, a fait *la toilette en route*, en coupant quelques cheveux blancs qui dépassaient la coiffure ; si tous ceux-là, dis-je, ne sont pas indistinctement coupables d'avoir déguisé, caché, recélé Lavalette ?... Mais à cet égard je n'établirai point de controverse, elle va se terminer d'une autre manière.

« Ce n'était pas assez d'un asile à Paris, il en fallait un autre sur la route : on avait arrêté le séjour à Compiègne. Pour cette fois Wilson, qui accompagnait le voyageur, qui avait donné des ordres pour que la voiture et les chevaux fussent rendus à Compiègne à telle heure et à tel lieu, Wilson n'a pu être étranger au choix du logement ; il s'en est assuré ou l'a fait assurer d'avance : il a donc recélé ou fait recéler Lavalette ; c'est lui-même qui raconte comment le lieu était choisi, isolé, solitaire, et comment il n'y avait pas à craindre les regards des curieux il faut ajouter *ni ceux de la justice*). Wilson recélait donc Lavalette.

« On trouve dans une consultation que les accusés anglais ont fait imprimer à Londres, une défense assez singulière, à l'imputation du recélé : on reconnaît qu'il a eu lieu chez Hutchinson ; mais, dit-on, *c'était comme dans un lieu de rendez-vous, comme on se rend à la diligence avant d'y monter.*

«Le jurisconsulte anglais ou français qui a délibéré cela a traité lestement la matière. Est-ce que la loi distingue le temps que le recélé dure, pour dire qu'il y a recélé ? Est-ce qu'un malheureux condamné peut fixer une demeure quelque part ? Hélas ! il est partout en dépôt, en passage : le toit hospitalier du jour ne lui garantit pas celui du lendemain. Il faut qu'il déloge à la première inquiétude, au premier bruit ; et c'est précisément par cette position agitée que son châtiment commence.

« Je crois, MM. les jurés, vous avoir suffisamment développé les faits : je termine par fixer votre attention sur les circonstances qui les agravent. Je ne parle plus de l'intention, quoique l'intention soit l'âme du délit, et quoique ici elle ait été vraiment perverse et détestable. Je ne vous parle que des circonstances matérielles du délit.

« En général, les faits d'évasion, de recélé, sont des actes timides ; ils s'opèrent par la prudence, par la ruse ; celui qui fuit ou qui se cache ne veut braver personne.

« Et ici l'évasion se fait à main armée ; et celui qui part, et ceux qui l'accompagnent, sont déterminés à employer la force, s'il y a lieu : je leur passe les chevaux de main, pour que la fuite soit plus rapide, en cas d'obstacle : cela est dans la nature du fait, dans la nécessité de la position ; mais les armes ! Et contre qui donc seront-elles employées ? contre les agents de l'autorité française, contre ceux qui sont chargés de ses ordres, contre tous ceux indistinctement auxquels la surveillance et la défense de l'ordre public ont été confiées. Ici donc ne peut le séparer, il a acquis toute l'initiative de l'attentat ; et sous ce rapport il était susceptible ; il a donc provoqué l'animadversion la plus vive, la répression la plus forte, et la punition la plus étendue de la loi ».

M. l'avocat général ayant cessé de parler, Me Claveau est admis à développer la défense d'Eberle, principal accusé. Ce jeune avocat commence à peu près en ces termes :

« Messieurs les jurés, la tâche que j'ai à remplir n'est point une tâche facile ; je suis chargé de défendre un homme qui ne dit pas un mot sans se nuire, contre lequel sa place de guichetier, ses fonctions domestiques auprès de M. de Lavalette, son excessive simplicité appellent nécessairement, j'en conviens, un grand nombre de présomptions. Il se trouve prévenu d'un crime, tandis que les autres accusés ne sont prévenus que d'un simple délit. On croit sans peine à la vénalité chez les gens de sa profession ; cependant, messieurs les jurés, je me suis convaincu par des débats familiers, répétés, appropriés à la faible intelligence d'Eberle, qu'il n'était point coupable. Aurai-je le bonheur de vous inspirer ce que je sens? Dans une affaire de ce genre, de grandes préparations sont impossibles; Eberle est homme à détruire les plans les mieux concertés. Daignez oublier ma faiblesse en faveur de mon zèle. Je viens d'écouter; il faut que je réponde à l'instant même.

« Et d'abord je vais écarter le soupçon de corruption qui plane encore sur la tête de mon malheureux client, et sur les ruines de cette charge, marcher à la destruction de toutes les autres ».

Après ce court exorde, le défenseur passe à la discussion des faits.

M. le président ayant remarqué que Me Claveau se servait volontiers de cette locution, *M. de Lavalette*, l'interrompt et lui dit : « Je vous fais observer que Lavalette a été condamné et exécuté en effigie; veuillez donc vous servir devant la cour de la locution reçue, *le condamné Lavalette* ».

Me Claveau continue. Il détaille par quels moyens son client a pu amasser une somme de 1700 fr. D'abord, suivant un certificat émané de l'administration du Mont-de-Piété, et produit devant la cour, Eberle avait placé dans cet établissement un capital de 500 fr., provenant d'un héritage; le remboursement de cette somme a eu lieu en 1814. D'une autre part, il était employé depuis deux ans et demi aux Madelonnettes ou à la Conciergerie, aux appointements de 1000 fr. par an. Il a été pendant plusieurs mois au service d'un maréchal de France et d'un ancien directeur général des postes; ce qui lui a valu 300 fr. de gratifications de son côté, faisait un peu ... Enfin, Eberle était très-économe; sa femme, ... de fruiterie : il n'est pas étonnant qu'avec ces ressources réunies il soit parvenu à réaliser une somme de 1700 fr.

Le défenseur s'efforce de prouver ensuite que son client n'est point coupable d'avoir favorisé l'évasion de Lavalette. Lorsqu'on sonna, Eberle entra d'abord dans la chambre du condamné, et le vit effectivement avec ses habits d'homme; cinq minutes après, le déguisement était achevé. On sonne de nouveau; Eberle vient, et au moment où la porte s'ouvre, il voit une femme sortant de la chambre. Obligé de prévenir son maître, il pousse seulement la porte; mais, l'eût-il fermée aux verroux, l'évasion n'en eût pas été moins consommée. On accuse Eberle de connivence, et avec qui? avec madame de Lavalette. Mais la justice a reconnu que madame de Lavalette n'avait rien fait. Avec les Anglais? mais ils ne se sont chargés de l'accusé que le premier janvier. Avec Lavalette? mais comment concevoir que Lavalette eût pris pour confident un homme tel qu'Eberle? Eberle est trop simple pour être séduit, et il est cent fois plus facile de le tromper.

L'avocat, en examinant ensuite toutes les charges qui pèsent sur son client, cherche à les détruire par des raisonnemens plus ou moins concluans. On a trouvé singulier qu'Eberle, sorti de la Conciergerie, n'ait pas reconnu Lavalette; mais le gendarme sous les yeux duquel tout s'est passé, n'a conçu aucun soupçon. On voit dans le retour d'Eberle à la Conciergerie une preuve de connivence, l'avocat n'y voit qu'une preuve de son innocence et de la persuasion dans laquelle il était que Lavalette ne pouvait s'être évadé.

Après avoir développé et fait valoir, avec beaucoup de chaleur et de clarté, tous les faits, tous les détails propres à établir la non-culpabilité de son client, Mᵉ Claveau termine ainsi :

« Je m'arrête, messieurs les jurés, j'en ai dit assez; je me permets seulement de vous faire observer que le malheureux Eberle est privé de la liberté depuis cinq mois; que des témoins irrévocables attestent sa moralité; qu'il a perdu son emploi, et qu'il a une femme, un enfant et un vieux père qui attendent leur nourriture de ses mains ».

Après quelques instants d'interruption, la parole est à Mᵉ Blacque, défenseur du concierge Roquette.

Il commence par faire un tableau des malheurs sans nombre qui ont, dit-il, poursuivi son client pendant une longue et honorable carrière; il rappelle en peu de mots les titres que, et dont les ancêtres de Roquette ont acquis à l'estime publique. S'étant voué de bonne heure à la carrière des armes, l'accusé partit, en 1776, comme officier, pour Saint-Domingue; mais des circonstances particulières l'ayant contraint d'abandonner le service, il fut placé à la tête d'une habitation considérable appartenant à M. le duc de Maillé. Sa probité, sa vertu, lui méritèrent la confiance de plusieurs personnages distingués; et il épousa dans la colonie une riche héritière. Les malheurs du temps le rappelèrent en France : la fortune qu'il s'était acquise avait été renversée; mais l'adversité n'avait affaibli ni son courage ni ses sentiments. Voué à la cause royale par ses principes et par l'attachement le plus désintéressé, il faisait partie, dans les derniers temps, d'un comité de sujets dévoués qui se rassemblaient au passage Delorme, pour s'entendre sur les moyens de faire de nouveaux prosélites à la bonne cause. Le ministre de la police, voulant récompenser ses services, le nomma concierge. On ne pouvait lui tendre une main plus secourable, et cependant, par l'événement, on a ouvert sous ses pas un nouveau précipice.

Après cet aperçu, et un éloge bien mérité des talents et des
vertus de Mᵉ Billecocq, qui, par un nouveau malheur, n'a pu
se charger de la défense de Roquette, l'avocat a fait de longs
efforts pour justifier son client de la négligence qu'on lui reproche, et d'une sensibilité dont tous les concierges doivent se
défendre.

Enfin il a conclu en citant cette maxime de d'Aguesseau,
qu'*il faut juger humainement les choses humaines.*

Mᵉ. Mauguin, défenseur du valet-de-chambre de Bonneville, a la parole.

Dans son exorde, il donne à madame de Lavalette des éloges
auxquels l'auditoire répond par un murmure d'approbation.
s'attache à prouver que cette dame n'a pu confier, et n'a confié
son secret à personne. Il rappelle la déclaration dans laquell
elle dit qu'elle attendait tout de l'audace. Puis, traitant suc
cessivement chacun des faits reprochés à l'accusé, il fait preuve
dans cette discussion, de beaucoup de talents et de méthode,
mais il se livre à quelques écarts qui attirent les censures
M. le président.

En premier lieu, le défenseur fait observer que les charg
qui pèsent sur son client, ne sont appuyées que sur la déposition de Brigant, dont le témoignage isolé ne saurait form
une preuve suffisante.

M. le président. Vous ne devez pas perdre de vue que l'ins
titution du jury a aboli l'ancienne jurisprudence. Les ju
puiser par cueillir toutes sortes de preuves. Ils ont droit.
............ments de leur conviction.

Mᵉ. Mauguin continue. Il regar...........................blab
que le porteur qui a remplacé Brigant se fût contenté de ci
francs, s'il était vrai qu'on eût offert vingt-cinq louis à
dernier. C'est à ses yeux la preuve qu'il n'y a eu, dans ce
affaire, ni complicité, ni préméditation.

«Au surplus, ajoute l'avocat, quel est ce témoin qu'on n
oppose? un homme qui vient ici faire l'apologie de sa franchi
et de sa vertu, qui verse de feintes larmes, qui devant
justice ne craint pas de jouer une comédie ridicule. Ah!
nous en croyons un vieux proverbe, *c'est à telles gens qu'
faut fermer nos secrets et nos coffres forts.* La bonhom
affectée du témoin......»

M. le président. Il me semble que vous allez trop loin. Vous
mettez le témoin en scène; vous lui prêtez des intentions; vou
sondez les dispositions de son cœur. Il faut citer des faits, e
seulement des faits.

Me. *Mauguin.* J'ai des raisons particulières de suspecter le moignage de Brigant. Un fait que je n'ai pas eu le loisir de rifier.....

M. le président. Dès-lors, ce fait doit être passé sous silence, vous ne devez pas chercher à l'insinuer.

Me. *Mauguin* continue.— » Vous ne croirez pas, messieurs les és, à la prétendue corruption tentée par l'accusé Benoît : vous verrez tout au plus en lui qu'un homme qui témoin de l'évasion son maître ne l'aurait pas dénoncée. Quel homme, ou plutôt el monstre serait Bonneville, si, ayant pénétré le secret de maîtres, il fût allé le dévoiler à la justice ; si, couvert du ng du maître qu'il aurait conduit à l'échafaud, il eût reparu vant madame Lavalette pour réclamer son salaire !

« En un mot, il n'est pas plus coupable que la veuve Dutoit, i a été mise hors de cause par arrêt de la cour ; et, en le conmnant, vous feriez le procès à la chambre d'accusation ».

M. le président. Vous ne pouvez vous permettre des expressions semblables. La cour a eu sans doute de graves motifs our mettre en liberté la veuve Dutoit, et ne point placer Benoît r la même ligne. Il ne vous est pas permis de critiquer un arrêt nané de la cour royale.

Me. *Mauguin.* Loin de critiquer cet arrêt, j'en sollicite un mblable en faveur de mon client. Au civil, il nous est peris d'exciper d'un arrêt rendu sur une autre cause dont l'espèce t semblable. Le délit est le même.....

M. le président. Je suis encore désolé de vous interrompre. Messieurs les jurés ne doivent pas connaître d'autre délit que lui qui leur est soumis par l'arrêt de mise en accusation.

Me. *Mauguin.* Qu'il me soit du moins permis, messieurs les urés, de développer ici quelques considérations morales. Si la emme qui a favorisé l'évasion de son mari, n'est passible d'aucune peine, par quelle bisarre divergence de principes pourra-on condamner le domestique fidèle qui a sauvé son maître ?.....

M. le président. Vous vous égarez encore ; la loi excepte de s dispositions, la femme, et les proches parents qui ont recélé prisonnier évadé ; mais il n'est point question des domestiques ans cette exception, et vous ne pouvez plaider contre l'article récis du code pénal.

M. l'avocat-général. Vous opposez la morale à la loi.

Me. *Mauguin.* Je dois terminer ici ma défense dans le cours e laquelle j'ai eu souvent à regretter qu'on ne m'accordât pas oute la latitude nécessaire.

· *M. le président.* Vous avez joui̇̇e toute la latitude possible, mais il ne m'était pas permis de vous laisser plaider des principes erronés.

Le défenseur fait un court résumé de ses moyens ; son plaidoyer dont l'effet a été considérablement diminué par de fréquentes interruptions, se termine de la manière suivante :

« Je ne dirai plus qu'un mot. L'antiquité nous présente l'exemple de plusieurs esclaves qui se sont sacrifiés pour leur maître ; et leur noble dévouement a eu cette récompense, que leur mémoire a été honorée de leurs contemporains, et que leurs noms ont été légués par l'histoire à la postérité. Benoît Bonneville n'aspire pas à tant d'honneur. Placé dans une autre position, il n'a rien fait pour Lavalette, parce qu'ignorant le projet d'évasion, il n'a rien eu à faire. Il ne demande qu'une chose, c'est que du moins sa cause soit considérée avec quelque faveur ».

Il est plus de cinq heures. L'audience est levée et continuée à demain.

Audience du 24 avril.

La séance est reprise à dix heures du matin.

· M. le président accorde la parole à Me. Conflans défenseur de Guérin dit Marengo.

· *Me. Conflans,* « Messieurs les jurés, vous êtes appelés à reconnaître si l'évasion du condamné Lavalette ne fut due qu'à la courageuse détermination d'une épouse réduite au désespoir, ou si elle fut le résultat d'un complot dans lequel auraient figuré des hommes obscurs tels que le commissionnaire Guérin. Je viens développer devant vous les motifs qui ont fait passer dans mon esprit la conviction que cet accusé n'a pu prendre sciemment aucune part à l'événement qui fait tant d'honneur au cœur de madame de Lavalette, et qui a sauvé la tête de son mari.

» L'entreprise de madame de Lavalette était d'une exécution tellement difficile, qu'aux yeux de toute autre personne que cette épouse infortunée, elle aurait passé pour insensée. Cependant, inspirée par sa tendresse conjugale, elle a su conduire son projet avec assez d'adresse pour voir ses soins couronnés du succès. Il ne vous est plus permis de croire, dès-lors, qu'elle ait pu manquer aux premières règles que lui prescrivait la prudence ; qu'elle ait pu commettre des indiscrétions inutiles et dangereuses, et se confier à des hommes dont elle n'avait rien à espérer, tandis qu'elle en avait tout à craindre.

» Guérin était l'un des deux commissionnaires qui portaient depuis quelques jours madame de Lavalette. Le 20 décembre,

Il avait pour camarade le nommé Brigant, ouvrier maçon , qui avait été pris au hasard , ce jour là même, pour être second porteur. Madame de Lavalette ne les connaissait ni l'un ni l'autre ; comment croire qu'elle aurait été assez imprudente pour leur faire part d'un secret qu'elle n'aurait confié qu'en tremblant à l'ami le mieux éprouvé, pour mettre la vie de son mari à la disposition de ces deux inconnus , qui, par un mot, auraient pu détruire à jamais ce qui lui restait d'espérance ?

» Etait-il donc de toute nécessité que madame Lavalette mît ses deux porteurs dans sa confidence? Ne pouvait-elle réussir dans son projet, sans leur en donner connaissance ; On voit, au contraire , qu'elle n'attendait d'eux aucun secours ; qu'elle n'avait besoin d'aucun service extraordinaire de leur part ; qu'il suffisait qu'ils portassent la chaise en revenant de la Conciergerie , comme ils l'avaient fait en y allant. Puisqu'on espérait que le déguisement de M. de Lavalette ferait illusion au concierge, aux gardiens et aux guichetiers , l'on devait, à plus forte raison , supposer qu'il tromperait les porteurs qui n'avaient point de surveillance à exercer.

» Il est donc absolument invraisemblable que madame de Lavalette ait communiqué ou fait communiquer son dessein à ses porteurs et que Guérin ait pu savoir , le 20 décembre au soir, qu'il portait monsieur et non pas madame de Lavalette.

» Il fallait, dit-on, que les porteurs fussent prévenus et gagnés , parcequ'il importait au succès de l'entreprise que la chaise, lorsqu'elle renfermait M. de Lavalette , fût éloignée de la Conciergerie à pas précipités. Mais si la chaise eût été emportée avec plus de précipitation que de coutume , les soupçons auraient pu être éveillés. Il y aurait eu de l'imprudence à en donner l'ordre ; et dans le fait, M. de Lavalette était, depuis quatre mortelles minutes , dans la chaise hospitalière, lorsque les porteurs parurent ».

M°. Conflans discute ensuite la déposition du témoin Brigant. Il la combat par celle de Laporte, de laquelle il résulte que si Brigant quitta le service de la chaise, ce ne fut point parce qu'on lui aurait dit : *Il y a vingt-cinq louis à gagner* , mais parce qu'ayant mal aux reins, il n'avait pas le courage d'entreprendre les courses que madame de Lavalette était supposée avoir encore à faire en sortant de prison.

» Le propos attribué à Bonneville serait même prouvé , ajoute M. Conflans , qu'il n'établirait pas la culpabilité de Guérin. Car enfin ce propos n'annonçait pas que M. de Lavalette dût s'évader et qu'il fût question de favoriser sa fuite. Si le maçon Brigant eût été assez pénétrant pour y voir la révélation de ce grand secret, le commissionnaire Guérin, dont l'esprit aurait été moins habile, n'aurait pas commis un crime pour n'avoir pas deviné le mystère. »

M⁰. Dupin, défenseur des Anglais, prend la parole et s'énonce en ces termes : (1).

Messieurs,

« Sur le même banc où ne paraissent ordinairement que d'obscurs criminels, vous voyez assis trois gentilshommes que la noblesse de leur naissance, l'élévation de leurs sentimens et la loyauté de leur caractère, semblaient devoir préserver de ce malheur.

» Mais tel est l'effet de la prévention ; elle ne juge que sur les apparences ; elle va toujours au-delà du vrai : et ce n'est plus qu'avec effort, que l'on parvient à détruire l'ouvrage de son inconcevable facilité.

» Les accusés en ont fait la triste expérience. Une espèce de colère publique s'est d'abord élevée contre eux. On les a signalés comme capables et coupables des plus grands crimes ; ils ne voulaient rien moins, disait-on, que *renverser le système politique de tous les états de l'Europe.....*

» Placés sous le poids d'une accusation aussi grave, ils sont cependant parvenus à la faire écarter : leur justification sur ce point a été accueillie... Grâces soient rendues à la justice et à la sagesse de la chambre d'accusation !

» Mais si, par-là, leur tête a cessé d'être menacée, leur honneur n'a pas cessé d'être en péril ; et, pour eux comme pour nous, l'honneur est tout.

» La défense ne doit donc pas seulement avoir pour objet de les soustraire à un emprisonnement plus ou moins long ; ce n'est pas là ce qui leur importe le plus ; ce qu'ils veulent avant tout, par-dessus tout, c'est de conserver à leurs personnes, à leurs familles et à leur nation plus ou moins compromise par leur accusation, la juste considération qui leur est acquise. Voilà le grand objet de leur sollicitude.

» Le voyage de Lavalette serait encore un mystère que rien

---

(1) Le plaidoyer de M⁰. Dupin, a été recueilli par le sténographe avec la plus scrupuleuse exactitude. En le présentant textuellement à nos lecteurs nous croyons pouvoir nous dispenser d'en faire l'éloge.

n'aurait pu pénétrer, si le général Wilson n'avait eu l'imprudence de confier au papier le récit de toute l'aventure.

» Et cette imprudence même n'eût amené aucune revélation, si sa lettre fût parvenue au noble lord à qui elle était adressée.

» Elle portait en tête ces mots : *Secrète et confidentielle* ; elle devait partir sous le couvert inviolable de l'ambassadeur d'Angleterre : rien ne pouvait donner à penser qu'elle serait divulguée.

» Mais les journaux ont appris que le valet de chambre de Wilson avait trahi son maître...

» Quoi qu'il en soit, et de quelque manière que cela soit arrivé, le fait est que la lettre est tombée dans des mains autres que celles de lord Gray.

» Il n'en fallut pas davantage pour motiver l'arrestation de Wilson et de ses deux amis.

» La forme employée pour leur arrestation excita leurs réclamations par une raison bien simple ; c'est qu'elle choquait leurs lois, leurs mœurs et leurs idées constitutionnelles.

» Si je fais cette remarque, ce n'est pas pour justifier, mais pour expliquer leurs plaintes.

» Ainsi, le général Wilson trouva injurieux que des gendarmes et des officiers de paix fussent entrés dans la chambre où il était couché avec lady Wilson ; que l'on se fût emparé, sans inventaire, de ses papiers et de ceux de sa femme ; et qu'on ne lui eût pas préalablement donné connaissance de l'accusation dont il était l'objet. Mis au secret, il récitait hautement l'*habeas corpus*, et s'obstinait à ne pas répondre aux interrogations qui lui étaient adressés. Il protestait contre ce qu'il appelait une *question morale* substituée à la *question physique ;* et contre toute évidence qu'on tenterait ainsi d'obtenir de lui ou de ses amis.

» Jusques là, il ignorait nos lois ; mais dès que son ambassadeur lui eut fait connaître qu'il devait s'y soumettre, les réponses les plus franches et les plus ouvertes vinrent s'appliquer à toutes les questions qui lui furent adressées. Il ne s'arrêta que là où ses aveux auraient pu compromettre des tiers. Ses deux amis, de leur côté, en avaient usé de même ; et tous les trois ont bien justifié ce mot : *Que leur mémoire n'était pas organisée pour trahir la confiance et l'amitié.*

» On a reproché aux accusés de vouloir transformer une discussion judiciaire en une dispute politique. Ils n'ont pas su, à dit le ministère public, distinguer entre l'instruction qui d'abord n'avait eu pour objet que la part qu'ils avaient pu prendre à l'évasion et au recélé de Lavalette , et qui s'était ensuite dirigée vers la recherche d'un complot contre l'Etat ; et l'accusation qui , dégagée de ce qui était relatif à ce même complot, se trouvait réduite au délit correctionnel résultant de leur coopération au recélé et à l'évasion de Lavalette.

» Eh bien ! s'il en est ainsi, pourquoi parler d'autre chose ? Ici il est évident que les accusés ne sont pas les provocateurs. Rappelons les faits.

» Ils furent d'abord arrêtés comme prévenus uniquement d'avoir favorisé l'évasion de Lavalette.

» Ce n'était là qu'un délit purement correctionnel : et c'est aussi pour cela qu'ils demandèrent à être mis en liberté provisoire , en donnant caution.

» Cette liberté leur fut refusée, attendu que l'instruction annonçait quelques symptômes d'une conjuration contre la sûreté de l'Etat.

» Effectivement, ce que Wilson appelle la curiosité judiciaire s'était étendu dans tous les sens ; des recherches avaient eu lieu dans toutes les directions ; on avait suivi la trace des indices en apparence les plus frivoles ; et le 2 mars , la chambre du conseil rendit une ordonnance par suite de laquelle MM. Wilson , Bruce et Hutchinson furent renvoyés devant M. le procureur général comme prévenus d'un complot tendant à renverser le système politique de tous les Etats de l'Europe , etc. , etc.

» Quoique privés de la communication des pièces, il ne fut pas difficile aux prévenus de montrer le néant et le ridicule de cette prétendue conspiration. C'est ce qu'ils firent dans un mémoire adressé à la chambre d'accusation, et qui depuis a été imprimé à Londres avec une version anglaise en regard du texte.

» La chambre d'accusation, malgré le rapport de M. le procureur général qui concluait à la confirmation de l'ordonnance du 2 mars, rendit le 15 du même mois un arrêt, qui, sur les faits de conspiration, dit qu'il n'y avait lieu à accusation, et les renvoya devant la cour d'assises comme simplement « accusés d'avoir, de complicité, recélé Lavalette sachant qu'il était condamné à mort ; » et d'avoir facilité et consommé son évasion. »

» C'est en vertu de cet arrêt que l'acte d'accusation a été dressé, et il aurait dû se renfermer dans les faits relatifs à l'accusation, sans rappeler ceux que la chambre d'accusation avait éliminés.

» En effet, si , après cet arrêt, quelqu'un se fût permis de dire dans le public que Bruce et ses amis étaient des *conspirateurs,* des hommes *anti-sociaux,* qui voulaient *renverser tous les États de l'Europe*, l'action en calomnie leur eût certainement été ouverte; car non-seulement ceux qui se seraient permis ces clameurs n'auraient eu aucune preuve légale à l'appui de leur attestation; mais la seule preuve évidente, celle qui résultait de l'arrêt, attestant le défaut de charges, eût par-là même attesté la calomnie.

» Le ministère public, tout-puissant pour poursuivre avant l'arrêt de mise en accusation, conserve-t il donc, après l'arrêt même, le droit d'alléguer contre les accusés des faits que cet arrêt a écartés de l'accusation? L'art. 271, qui le lui défend, ne permet pas de le penser. Et, dans notre espèce, on s'étonne d'autant mieux de voir ces faits reproduits, que les inductions qu'on en tire sont entièrement étrangères au procès.

» Quoi qu'il en soit, le magistrat qui a dressé l'acte d'accusation y a inséré tous les faits relatifs à la conspiration, et les a même reproduits avec plus d'insistance et de vivacité.

» Cet acte d'accusation a été lu à l'audience du 22 avril, en présence de la cour d'assises.

» Plusieurs journaux l'ont imprimé en entier; et ceux qui n'en ont donné que des extraits les ont accompagnés de préambules ou de commentaires pour le moins aussi forts que le texte.

» A l'audience d'hier, le ministère public a pris la parole, et a de nouveau frappé sur les accusés avec toute la force que peut avoir un discours où le talent prête ses armes à l'autorité.

» Jusque-là les accusés n'ont encore rien dit pour leur défense.

» Moi-même je n'ai rien dit non plus pour eux qui ait trait à cette partie de la cause; et j'affirme qu'il n'entrait point dans mon dessein d'en parler. Je sentais que tout cela était étranger au débat.

» Cependant, le public, MM. les jurés, les magistrats de la cour, tous ceux qui m'écoutent, ont eu l'imagination frappée de ces faits, et mes cliens se trouvent exposés à toutes les impressions défavorables qu'ils ont dû faire naitre.

» Je me trouve donc dans une position tout-à-fait délicate. Si je m'égare (ce qu'à Dieu ne plaise), on me regardera comme un mauvais citoyen; si je mollis, je passerai pour un lâche déserteur des intérêts de mes cliens.....

Incedo per ignes.

Mais je connais ma nation : elle est grande; elle est généreuse; elle a le sentiment des convenances; elle sent bien qu'il est de son honneur que des étrangers, accusés en France, y soient aussi loyalement défendus qu'ils le seraient dans leur propre pays par des avocats de leur nation. »

Ici de vifs applaudissemens interrompent l'orateur.

M. le président. Huissiers, faites faire silence. — On applaudit au théâtre ; devant la justice on écoute et l'on se tait.

M⁰ Dupin. Chacun sent d'ailleurs qu'il ne s'agit pas de mes opinions ; mais de leur défense.

Je ferai donc ce que je dois..... »

M⁰ Dupin s'occupe alors d'examiner et d'interpréter les lettres des Anglais, dont on a rapporté des passages dans l'acte d'accusation. M. le président l'interrompt en lui disant que s'il veut attaquer les traductions de ces lettres, on va faire venir l'interprête.

M⁰ Dupin dit qu'il ne s'y oppose pas ; cependant la proposition du président n'a point de suite pour le moment. Le défenseur continue l'examen des lettres ; il dit que dans l'une d'elles on a traduit le mot anglais qui signifie *allure de cheval*, par le mot *chapeau*, d'où l'on a induit que les Anglais étaient convenus de faire prendre un chapeau anglais à Lavalette, tandis qu'ils disaient qu'il ne fallait pas le faire sortir à cheval, parce qu'on l'aurait reconnu à sa manière de monter, différente de celle des Anglais.

» Une autre lettre, continue M⁰ Dupin, qui est du mois de décembre, a été datée dans la traduction, du 6 janvier, veille de la sortie de Lavalette de Paris, ce qui a fait croire que les mots *l'impulsion est donnée* se rapportaient à l'évasion ; tandis qu'ils faisaient allusion à toute autre chose. Ce qui surtout importe à Wilson, c'est de disculper son frère de l'imputation qu'on a dirigée contre lui d'après un passage d'une de ses lettres, dans laquelle, dit l'acte d'accusation, il recommande au général de faire croire à la *persécution réelle ou imaginaire* contre les protestans. Ce passage ne se trouve pas dans la lettre du frère de Wilson, du moins avec le sens qu'on lui prête. Le frère, énumérant dans cette lettre les causes qui ont indisposé quelques individus contre le gouvernement français, place au nombre de ces causes la persécution réelle ou imaginaire contre les protestans. C'est le vrai sens de la phrase... ». Ici l'avocat est encore interrompu par le président qui appelle, pour expliquer le passage de la lettre, l'interprète qui l'a traduite d'abord, et M. John Roberts, interprète nommé d'office.

Après un assez long débat pour savoir si la lettre sera lue en entier, ou seulement le passage critiqué par l'avocat, celui-ci observe qu'il ne critique pas la traduction, qui est bonne, mais la manière infidèle dont la phrase a été rappelée dans l'acte d'accusation. M. le procureur du Roi, pour mettre fin à toutes ces discussions, accorde aux Anglais le droit d'expliquer leurs lettres comme ils voudront; il ne contestera aucune des rectifications qu'ils trouveront convenable de faire. Fort de cette concession, l'avocat continue de justifier les intentions de ses cliens, et sur l'envie qu'ils ont eue de voir traduire et circuler en France le journal anglais intitulé : *Edimbourg Review*, et sur le désir qu'ils manifestent de voir tous les peuples jouir de la liberté, et sur les discussions enfin qu'on trouve dans leurs correspondances au sujet des affaires de l'Europe.

» En cela, reprend l'avocat, on ne peut pas dire que Wilson et ses correspondans se mêlaient de choses qui ne les regardaient pas.

» En effet, telle est la constitution anglaise, que chaque citoyen a le droit de dire, d'imprimer et de publier toutes ses opinions ; de critiquer les actes de son gouvernement, et de s'élever contre les mesures qui, de près ou de loin, semblent menacer la liberté publique ou compromettre l'honneur national.

» Chez les Anglais, chacun tient singulièrement à l'exercice de ce droit; et ceux dits de l'opposition y tiennent plus que d'autres, parce qu'ils en usent avec plus de latitude.

» On ne leur en fait pas un crime; car on sait bien que l'excès de leur zèle en faveur de la liberté est suffisamment compensé par la tendance que les ministres ont naturellement vers les excès de pouvoir et les abus d'autorité.

» Eh bien, Wilson est un de ces hommes libres, jaloux de la gloire et de la prospérité de sa nation, et qui, du reste, comme il vous le dira lui-même, voudrait voir tout homme libre et tout État indépendant.

» Voilà la liberté dont il se fait gloire : liberté qui ne doit pas être confondue avec notre licence révolutionnaire ; mais liberté constitutionnelle, fondée sur la dignité de l'homme, l'amour de la justice et la connaissance éclairée des lois de son pays.

» Ne croyez pas qu'en cela je veuille mettre les Anglais au-dessus de nous. Nous avons aussi nos droits, nos libertés, notre constitution ; et ils voient bien, à la manière dont je les défends, qu'un français est aussi libre qu'eux.

» Mais de la discussion à laquelle je viens de me livrer, je suis toujours fondé à conclure que la prévention a prêté à sir Robert Wilson, des intentions criminelles qu'il n'a jamais eues ; qu'on a mal pris, qu'on a travesti ses pensées, et qu'on a eu tort de lui faire un crime de ce qui, chez lui, n'était que l'exercice d'un droit.

» Maintenant, messieurs, vous allez être bien étonnés de voir que cet homme qu'on vous a dépeint comme un ennemi de toute l'Europe, est un de ceux dont l'Europe a le plus à se louer, et qui a rendu les plus grands services *à la bonne cause.*

» Il est temps de vous expliquer les hiéroglyphes d'honneur qu'il porte sur son sein.

» Le major-général Wilson n'est pas de ces possesseurs de mauvaise foi, qui interrogés sur la cause de leur possession ne peuvent rien répondre, sinon : je possède parce que je possède : *possideo quia possideo.* Il peut rendre compte de toutes ses récompenses, parce qu'il peut rendre compte de tous ses services.

» Il porte les décorations de *l'aigle rouge,* de *Sainte-Anne,* de *saint-George,* de *Marie-Thérèse,* de la *tour et l'épée,* du *croissant,* etc., etc. ; parce qu'il a fait avec distinction les campagnes de *Flandres et de Hollande,* d'*Irlande,* du *Helder,* d'*Egypte,* de *Pologne,* de *Portugal et d'Espagne ;* de *Russie,* de *Prusse,* d'*Allemagne et d'Italie ;* parce qu'il a été chargé de missions importantes à *Constantinople* et à *Saint-Pétersbourg,* etc., etc.

» Il s'était déjà fait remarquer par des actions d'éclat, lorsqu'à peine âgé de 21 ans, il est allé combattre Bonaparte en Egypte. Unissant ses armes à celles des Musulmans, il a mérité que le Grand-Seigneur lui conférât l'ordre du Croissant ; et joignant le mérite littéraire à la bravoure d'un chevalier, il est devenu l'historien de cette fameuse expédition où l'oncle d'Hutchinson commandait en chef l'armée anglaise.

» Wilson est encore allé combattre Bonaparte en Espagne où il a puissamment contribué à arrêter ses progrès, en recrutant lui-même cette légion portugaise dont la formation eut une si grande influence sur le sort de la péninsule.

» C'est dans cette guerre qu'il connut le maréchal Ney : il ne craint pas d'avouer qu'il fut vaincu par lui ; mais, dans sa défaite, il eut à se louer de la générosité du vainqueur, et voilà l'origine de cet intérêt qu'on a depuis attribué à des considérations politiques, sans savoir qu'il puisait sa source dans une juste reconnaissance.

» A Moscow, Bonaparte a encore eu Wilson en tête. Dans ses bulletins, il se plaint amèrement de ce *commissaire anglais;* c'est, en d'autres termes, attester les services que Wilson a rendus dans cette campagne.

» Lorsque Moreau fut atteint d'un boulet, Wilson était auprès de ce général, et fut le premier à le relever et à lui porter des secours.

» Enfin et pour achever ce tableau, l'aîné des fils de Wilson, enseigne de vaisseau sur le Northumberland, a conduit Bonaparte à Sainte-Hélène !

» Je vous demande maintenant, Messieurs, si le général Wilson est un homme *anti-social*, un *factieux*, un ennemi de la *bonne cause*, en un mot, si c'est un *Bonapartiste !*

» Wilson a rendu des services à tous les souverains de l'Europe ; il a même eu le bonheur d'en rendre au roi de France ; et ce monarque, dont le cœur a si bonne mémoire, ne les a sûrement pas oubliés.

» Au surplus, et pour achever de vous faire connaître le général Wilson, cet ennemi du repos de l'Europe, et vous montrer en quelle haute estime il est auprès des souverains alliés, permettez-moi de vous lire quelques lettres où ces souverains daignent eux-mêmes rendre hommage aux nobles qualités qui le distinguent.

» Voici mes témoins à décharge : ce sont les Rois qui vont parler :

Lettres de l'empereur de Russie.

« Monsieur le général Wilson, lorsque je vous décorai, devant la troupe, des marques de mon ordre militaire de Saint-Georges de la troisième classe (1), je rendais justice à ce zèle infatigable qui, pendant toute la campagne, vous a constamment fixé aux avant-postes, à la valeur brillante et au dévouement dont j'ai été le témoin à la bataille de Bautzen, et à tant d'autres preuves d'intrépidité attestées par tous les braves des armées combinées. Il m'est agréable aujourd'hui de vous répéter par écrit des témoignages auxquels vous avez des titres aussi marqués, et de vous assurer de mes sentiments.

» A Tœplitz, le 15 — 25 septembre 1813. ».

« *Signé* ALEXANDRE ».

« Monsieur le général Wilson, au moment où vous quittez les armées où j'ai été si souvent à portée de rendre justice à votre zèle et à la plus brillante valeur, pour suivre une autre destination, j'ai voulu vous donner une nouvelle preuve de ma

---

(1) Après la bataille de Bautzen, l'empereur de Russie, entouré de tout son état-major, arrivé à la tête de ses gardes, nomma Wilson commandeur de l'ordre de Saint-Georges. L'empereur lui donna sa propre décoration.

satisfaction, en vous décorant de mon ordre de Sainte-Anne de la première classe. Vous en trouverez les marques ci-joint. Les braves avec lesquels vous avez si souvent combattu vous regretteront. Quant à moi, je me rappellerai toujours votre courage et votre infatigable activité; et si les événements vous ramenaient près de vos anciens frères d'armes, je le verrai avec plaisir. Sur ce, monsieur le général Wilson, je prie Dieu qu'il vous ait en sa sainte et digne garde.

» A Fribourg, le 24 décembre 1813.

» *Signé* ALEXANDRE ».

Lettre de S. M. le roi de Prusse.

« Monsieur le général, je suis sensible aux sentiments que vous m'exprimez par votre lettre du 1er. janvier. En rendant justice au zèle que vous avez montré pour la bonne cause, et en particulier à votre attachement pour ma personne, je me ferai un plaisir de vous prouver en toute occasion l'intérêt que je vous porte (1).

» Bar-sur-Seine, ce 7 février 1814.

» *Signé* FRÉDÉRIC GUILLAUME ».

A M. le général anglais Robert Wilson.

Lettre de M. de Metternich à Wilson, au nom de S. M. l'empereur d'Autriche.

« Monsieur le général;

» L'empereur ayant appris que vous avez perdu la croix de l'ordre de Marie-Thérèse par l'effet d'une conduite toute aussi brillante que celle qui vous a valu jadis cette distinction, m'a chargé, monsieur le général, en ma qualité de chancelier de l'ordre, de vous transmettre de nouveau une décoration à laquelle vous acquérez tous les jours de nouveaux titres (2).

» Conservateur de cette belle institution, je suis personnellement intéressé à voir porter par des hommes de votre mérite

---

(1) Le général Wilson a eu l'aigle rouge après la bataille de Bautzen, pour les services rendus dans cette bataille.

(2) Le 24 avril 1794, Wilson, âgé de quinze ans, alors lieutenant de cavalerie dans le régiment du roi, dégagea l'empereur d'Autriche qui se trouvait cerné dans le village de Villers-en-Couchée, proche Cambrai; il reçut la décoration de Marie-Thérèse. Étant monté le premier à l'assaut de la grande batterie de Dresde, il perdit sa croix en grimpant sur la muraille; et l'empereur lui en renvoya une autre.

une marque de valeur sur laquelle ils ne réfléchissent pas moins de lustre qu'ils n'en reçoivent eux-mêmes.

» Recevez, monsieur le général, je vous prie, les assurances de la considération distinguée avec laquelle j'ai l'honneur d'être, monsieur le général, votre très-humble et très-obéissant serviteur,

» Signé le comte DE METTERNICH ».

Tœplitz, 24 septembre 1813.

A M. le chevalier Wilson, général au service de S. M. Britannique.

« Monsieur le général,

» J'éprouve une satisfaction particulière à pouvoir vous annoncer que S. M. l'empereur, désirant vous donner une marque particulière de l'estime que vous lui avez inspirée, autant par les services que vous avez rendus comme militaire, que par la conduite loyale qui vous a distingué pendant votre séjour au quartier-général que S. M. I. vous voit quitter avec regret, s'est décidée à vous accorder la croix de commandeur de son ordre de Marie-Thérèse (1).

» Chargé en ma qualité de chancelier de cet ordre de vous transmettre la décoration ci-jointe, je me félicite, mon cher général, de trouver une occasion de vous réitérer l'expression de tous les sentiments d'amitié et d'attachement que je vous ai voués depuis long-temps, et qui ne sont pas moins partagés par une armée qui a été si souvent témoin de votre conduite brillante, que par tous mes compatriotes qui ont été à même d'apprécier les qualités de votre cœur.

» Recevez, mon cher général, les assurances de tous mes sentiments aussi distingués qu'inviolables.

» Signé le prince DE METTERNICH ».

Fribourg, le 4 janvier 1814.

» Cette dernière lettre rend hommage à la bonté du cœur de Wilson, et ce témoignage est assez justifié par les faits.

» En 1808, des prisonniers français étant menacés à Oporto par les soldats portugais et par des paysans infuriés (2), et armés au nombre de quarante mille, Wilson s'opposa à la rage de ces derniers avec une poignée de troupes anglaises; il les

---

(1) Ce fut après la bataille de Leipsick. Avant Wilson, aucun Anglais n'avait eu cette décoration. Le duc de Wellington ne l'a obtenue qu'après la bataille de Waterloo.

(2) Expression de Wilson.

contint par la crainte d'une rupture avec l'Angleterre, dans le cas où ils oseraient ainsi violer le droit des gens ; et après trente-six heures d'un péril imminent, ayant été renforcé par une division espagnole, il réussit à assurer aux Français un libre passage au port.

» Dans le combat de Jarentina, près Moscow, Wilson a sauvé la vie au neveu du duc de Feltre ; il l'a gardé chez lui en lui prodiguant des soins et de l'argent, et lui offrant même de le sauver.

» Le neveu du prince Talleyrand, alors aide-de-camp du maréchal Oudinot, ayant été fait prisonnier au passage de la Bérésina, et *se trouvant en misère* (1), Wilson lui donna la moitié de son argent et de ses habillements, et lui évita le voyage de Sibérie.

» A Wilna, si M. Desgenettes, médecin en chef de l'armée française, recouvra sa liberté, il en fut uniquement redevable aux ardentes sollicitations du général Wilson. C'est le seul de tous les prisonniers à qui cette faveur fut accordée. Non content de cela, Wilson lui remit deux cents ducats pour être distribués aux malheureux Français.

» Indépendamment de ce secours général, son humanité s'est signalée dans cette déroute par une foule de services particuliers rendus, notamment aux généraux Normand et de la Houssaye, à M. de Fontanges, à M. Durfort de la maison de Duras, etc. etc.

» Je ne parle que des bienfaits dont les Français ont été l'objet, parce qu'ils sont de nature à vous intéresser davantage ; mais Wilson ne s'est pas montré moins généreux envers les infortunés des autres nations. Un malheureux, quel qu'il fût, avait des droits assurés sur son cœur.

» *Wilson*, tel que je viens de le dépeindre, brave, humain et libéral :

» *Bruce*, issu d'une des plus anciennes familles d'Ecosse ; parent du célèbre voyageur (1) qui a marché, à travers tant de périls, à la découverte de ce fleuve fameux qui féconde l'Egypte ; Bruce, voyageur lui-même, ayant observé les mœurs des différents peuples, ayant vu que chez tous l'humanité était en honneur, et qui réfléchit avec douleur, qu'en France, au centre de la civilisation européenne, il est traduit sur le banc des accusés pour un

(1) Autre expression de Wilson.

(2) L'Amiral *James Bruce de Kinnaird*, auteur du *Voyage en Nubie et en Abyssinie, entrepris pour découvrir les sources du Nil*, en 1768 — 1773. Traduit de l'anglais. Paris, 1790, 4 vol. in-4°.

acte d'humanité que les Arabes même du désert auraient célébré par des éloges :

» *Hutchinson*, trop jeune encore pour qu'on puisse vous raconter sa vie ; mais remarquable en ce qu'il tient à l'une des plus illustres maisons d'Irlande, et qu'il est personnellement appelé à succéder à la pairie ; Hutchinson à qui le gouvernement ne peut pas dire : Qu'êtes-vous venu faire en France ? Il y est entré par Waterloo:

» Voilà, Messieurs, les personnages que, depuis leur arrestation, la malignité publique représente comme ennemis des hommes, ennemis des gouvernements, ennemis de la sociabilité ; accusés, tantôt d'une conspiration imaginaire, tantôt d'une complicité honteuse avec des valets et des geoliers ; gardant prison pendant trois mois en attendant le jour de leur jugement ; mais dans cette prison même, où ils sont détenus pour cause d'humanité, multipliant encore autour d'eux les actes de bienfaisance et de philantropie.

» Serez-vous maintenant disposés, Messieurs, à douter que la conduite de mes clients envers M. de Lavalette ait été guidée par d'autres motifs que l'amour de l'humanité ? »

» Arrivé à la discussion, l'avocat établit, 1° qu'il n'y a pas de complicité entre les Anglais et les autres accusés ; 2° que le fait dont on les accuse, considéré isolément, ne saurait, d'après nos lois, d'après nos mœurs, ni à nos yeux, constituer un crime ni un délit punissable. Il développe ces propositions en ces termes :

» *Première proposition.* Il n'y a pas de complicité entre les Anglais et les autres accusés.

» Blackstone, cité comme raison écrite par M. l'avocat général, parle des accessoires antérieurs au délit, des accessoires qui l'accompagnent et de ceux qui le suivent ; il range parmi ces derniers l'action de faire évader et de recéler un condamné.

» Blackstone a raison : sa doctrine est conforme à celle de tous les criminalistes ; elle est d'accord avec nos lois.

L'art. 60 du Code pénal répute « *complices* d'une action
» qualifiée crime ou délit, ceux qui par dons, promesses, me-
» naces, abus d'autorité ou de pouvoir, machination ou arti-
» fices coupables, auront provoqué à cette action, ou donné
» des instructions pour la commettre ;

» Ceux qui auront procuré des armes, instruments, ou tout
» autre moyen qui aura servi à l'action, sachant qu'ils devaient
» y servir ;

» Ceux qui auront, avec connaissance de cause, aidé ou
» assisté l'auteur ou les auteurs de l'action, dans les faits qui
» l'auront préparée ou facilitée, ou dans ceux qui l'auront con-
» sommée. »

» C'est aussi cet article qu'on oppose à MM. Wilson, Bruce et Hutchinson, pour en conclure qu'ils sont complices de l'évasion de Lavalette.

» Examinons donc si réellement cet article leur est applicable dans l'une ou l'autre de ses parties.

» Il est d'abord évident que l'art. 60 suppose un *concert* entre les complices et l'accusé principal.

» En effet, comment provoquer à une action et donner des instructions pour la commettre, sans entrer en rapport avec celui qui doit se charger de l'exécution : les mots *dons*, *promesses*, *menaces*, ne sont pas absolus ; ils sont tous relatifs ; ils supposent de toute nécessité, non seulement une personne qui donne, qui promet ou qui menace ; mais encore une autre personne à qui l'on donne, à qui l'on promet, ou que l'on menace.

» Le même raisonnement s'applique à la seconde partie de l'article : il suppose un concert établi entre celui qui procure des armes, des instruments, ou tout autre moyen d'exécution, et celui qui reçoit ces armes, ces instruments, ces moyens pour les mettre en œuvre. Ici la loi exige que celui qui a fourni les moyens d'exécution, *ait su qu'ils devaient servir à cette exécution ;* or, il n'a pu le savoir sans communiquer avec celui qui devait commettre l'action.

» Enfin le dernier paragraphe de l'art. 60, réputant complices ceux qui, avec connaissance, ont aidé ou assisté l'auteur ou les auteurs de l'action dans les faits qui l'ont préparée, facilitée ou consommée, entend nécessairement que le complice aura été instruit de l'action qu'il s'agissait de commettre, puisque sans cela on ne concevrait pas comment il aurait pu, avec connaissance, en préparer ou en faciliter l'exécution, ou aider à la consommer.

» Tout cela posé, il est certain qu'il y aurait complicité entre les sieurs Bruce, Wilson et Hutchinson, si par dons, promesses ou menaces, etc., ils avaient provoqué l'évasion de Lavalette, ou donné des instructions pour l'effectuer.

» Il y aurait également complicité de leur part, s'ils avaient procuré des armes pour tuer ses geoliers, des instruments pour forcer sa prison ; sachant que ces armes ou ces instruments devaient servir à cet usage.

» Enfin il y aurait complicité dans le sens de la loi, si les sieurs Wilson, Bruce et Hutchinson, avaient, avec *connaissance de cause*, aidé ou assisté les auteurs de l'évasion dans les faits qui l'ont préparée, facilitée ou consommée ; par exemple, en fournissant à Mme. Lavalette un déguisement ; en lui procurant les fonds nécessaires pour corrompre les geoliers ; ou bien en fournissant la chaise à porteur dans laquelle il devait sortir de la cour, ou même le cabriolet qui l'attendait sur le quai.

» Mais ils n'ont rien fait de tout cela. Loin de coopérer à l'évasion de Lavalette, ils n'ont pas même été prévenus que cette évasion devait avoir lieu ; le projet d'évasion a été conçu, exécuté, consommé, sans qu'ils en sussent rien ; ils n'en ont été informés, comme tout le monde, que par la voie des journaux.

» En l'absence de toute espèce de preuves de la complicité qui leur est reprochée, ils pourraient se borner à faire remarquer que les débats n'ont fourni contre eux aucune charge relative à cette accusation. Il n'existe aucun aveu, aucune déposition de témoin, aucun écrit qui l'établisse, ou même qui la fasse supposer.

» Il ne reste contre eux que l'allégation sèche contenue à cet égard dans l'acte d'accusation ; allégation dès-lors condamnée au néant dont elle n'aurait jamais dû sortir, puisque rien ne l'appuye.

» Mais allons plus loin ; et quoiqu'il soit en général bien difficile de prouver un fait négatif, montrons que les éléments de la cause repoussent toute idée de complicité.

» Quel est le véritable auteur de l'évasion de Lavalette ? C'est son épouse.

» Dans le système d'une complicité non seulement vraisemblable, mais prouvée, elle seule devrait toujours être considérée comme l'auteur principal de cette évasion. C'est elle qui en a conçu l'idée ; c'est elle qui, à l'aide d'un ingénieux stratagème, a procuré à son mari les premiers moyens d'évasion.

» La complicité de ceux qui auraient coopéré à cette évasion, serait donc nécessairement une complicité avec madame Lavalette, dans l'intérêt de madame Lavalette, et pour faire réussir le projet de madame Lavalette.

» Eh bien ! l'arrêt du 15 mars a jugé qu'il n'y avait pas lieu à accusation contre madame de Lavalette. On verrait donc une chose inouie dans les fastes de la justice criminelle : des accusés condamnés *comme complices* d'un crime dont l'auteur principal (1) serait acquitté.

» Dira-t-on que si messieurs Wilson, Bruce et Hutchinson, ne

____

(1) La Cour de Cassation a bien jugé par arrêts des 27 mai 1808, 17 août 1811 et 17 juillet 1812, que l'auteur *présumé* d'un crime peut être déclaré non

sont pas complices de madame de Lavalette, ils sont complices des geoliers ? Nous demanderons quel genre de complicité.

» Ce ne pourrait être qu'en corrompant ces geoliers pour les engager à fermer les yeux sur l'évasion de Lavalette. Mais ici l'on retombe dans la première difficulté : car il est impossible de concevoir qu'ils aient corrompu les gardiens au profit de madame Lavalette, sans que cette dame en fût informée.

» Or, ici Messieurs Wilson, Bruce et Hutchinson, déclarent sur leur honneur, qu'aucun d'eux n'a jamais vu madame Lavalette ni avant ni même depuis l'évasion de son mari, et qu'ils n'ont eu aucune communication directe ni indirecte du projet qu'elle avait de le sauver.

» Ils déclarent également sur leur honneur qu'ils n'ont jamais ni vu, ni corrompu, ni aidé à corrompre les gardiens de Lavalette, ni agi d'intelligence ou de connivence avec eux.

» Voilà leur déclaration : elle est franche, elle est sincère, elle est vraie ; rien ne la dément, tout la confirme ; et l'accusateur lui-même ne peut se dissimuler l'impuissance où il est de la contredire.

» Où donc est la complicité qu'on reproche aux accusés ? Elle est, Messieurs, elle est où l'on n'aurait jamais cru qu'il fût possible de la placer.

» L'acte d'accusation suppose que la *sortie de France* est une consommation de l'*évasion de prison* ; et raisonnant dans ce système, il applique aux sieurs Wilson, Bruce et Hutchinson, la disposition de l'art. 60, qui répute complices, non seulement ceux qui ont provoqué, préparé ou facilité l'action, mais ceux qui ont aidé à la consommer.

» Cette objection sera donc réfutée, si l'on démontre que l'évasion de Lavalette était complète et consommée, avant que les Anglais ne fussent appelés à lui rendre service.

» L'action de s'évader est par elle-même quelque chose de si facile à concevoir, qu'on n'aurait jamais cru qu'il fût besoin d'en donner une définition en justice.

---

coupable et le complice convaincu, sans qu'il y ait contradiction dans la déclaration du jury : parce qu'en effet il peut fort bien arriver que les *présomptions* élevées contre l'*auteur présumé* du crime n'acquièrent pas la consistance de preuves, et qu'au contraire les complices soient clairement convaincus d'avoir pris part au fait. Mais, dans notre espèce, madame de Lavalette n'est pas l'auteur *présumé* de l'évasion de son époux ; il est *prouvé*, *démontré* qu'elle est non-seulement le *principal*, mais le seul auteur. Elle l'avoue, le proclame et s'en glorifie.

» On dit qu'un homme s'est évadé quand il s'est sauvé d'un lieu où il était détenu ; c'est dans cette signification que tout le monde emploie le mot *évasion* ; et l'on peut dire que c'est le *sens commun* de cette expression.

» Ainsi, l'on dit d'un homme qu'il s'est *évadé de prison* ; mais on n'a jamais dit s'évader de Paris, s'évader de France, s'évader de l'Europe, s'évader de l'univers, s'évader de l'espace.

» Si, de cette façon de parler commune et générale, nous passons au texte même de la loi, nous verrons que le législateur ne punit que *l'évasion des détenus*.

» La première condition, la condition essentielle pour qu'il y ait évasion, dans le sens de la loi, c'est donc qu'il s'agisse, non d'un homme *évadé*, mais d'un homme *détenu* en prison.

» Autrement, et s'il s'agit d'un homme qui ne soit plus détenu, qui ait recouvré sa liberté et qui soit *in laxitate naturali* ; les voyages que peut faire ultérieurement cet individu ne peuvent plus être qualifiés *évasion* ; et ceux qui lui procurent les moyens de voyager ainsi, ne peuvent plus être réputés coupables de l'*évasion d'un détenu*.

» Il faut donc bien distinguer l'évasion même, c'est-à-dire, la *sortie de prison*, qui a lieu soit par dol, soit par violence, des stations et des voyages que peut faire ensuite l'homme une fois évadé.

» Cette distinction est très-bien marquée dans le dictionnaire de l'Académie. On y lit au mot ÉVASION : « *Il se sauva habilement* » *des prisons ; et après son évasion, il se retira en lieu de* » *sûreté.* »

» Or, c'est mot pour mot ce qu'on peut dire de Lavalette. *Il s'est sauvé habilement des prisons*, et *après son évasion* des prisons, son évasion complette, son évasion consommée, au bout de dix-neuf jours, lorsque chacun le croyait déjà bien plus loin qu'il n'était, *il s'est retiré en lieu de sûreté*.

» Il n'est donc pas permis de confondre les deux actes en un seul ; de regarder l'un comme la consommation de l'autre ; et le tout comme constituant un seul et même délit qu'on puisse appeler évasion.

» Non seulement il n'est pas possible de confondre les deux actes ; mais leur séparation, dans l'espèce, est marquée, attestée, par un *délit intermédiaire*, je veux dire celui d'un recélé dans une maison tierce, recélé qui a commencé aussitôt après l'évasion, et qui n'a cessé que quand la fuite a commencé.

» Mais il est tems de montrer plus particulièrement qu'en effet l'évasion de Lavalette était *consommée* avant que les Anglais n'entreprissent de le conduire hors de France.

» Dans le sens des criminalistes il y a évasion de détenu quand un homme, qui était en prison, en est sorti, de manière que, recherche faite de sa personne, il demeure pour constant qu'il n'y est plus.

» Cette évasion se constate par un procès-verbal où l'on reçoit les déclarations des concierges, geoliers et gardiens, et de tous ceux qui peuvent avoir connaissance de l'évasion.

» S'il n'y a eu ni faute, ni négligence de la part des personnes chargées de la garde du prisonnier, on se borne à constater le *fait de l'évasion.*

» S'il y a preuve ou indice d'une négligence ou d'une connivence coupable, on instruit contre les personnes qu'on suppose avoir *favorisé l'évasion.*

» Mais dans tous les cas, l'évasion est considérée comme complète et consommée par cela seul que le prisonnier est sorti de sa prison sans qu'on ait pu le rattraper.

» C'est aussi la marche qu'on a tenue dans l'espèce. Ecoutons le récit que les journaux les plus accrédités en ont fait (1).

» Voici sur l'évasion de M. de Lavalette des détails dont nous » croyons pouvoir garantir l'exactitude.

» Hier, à trois heures et demie, madame de Lavalette, accom-
» pagnée selon sa coutume, de sa fille, âgée de douze ans, et d'une
» femme de chambre, est entrée à la Conciergerie pour dîner
» avec son mari. A sept heures la jeune fille et sa femme de
» chambre se sont présentées à la grille pour sortir de la prison,
» soutenant l'une et l'autre une personne qui paraissait être ma-
» dame de Lavalette. Cette personne, vêtue des mêmes habits
» que portait madame de Lavalette à son entrée à la Concier-
» gerie, était enveloppée dans une fourrure, ayant la tête cou-
» verte d'un chapeau et tenant un mouchoir sur les yeux.
» Tous les employés de la prison étaient présents. Accoutumés à
» voir ces trois femmes sortir tous les soirs de la prison, et
» peut-être aussi touchés de compassion sur l'infortune et la
» mauvaise santé de madame Lavalette, ils ont négligé de s'as-
» surer de l'identité de sa personne.

» Trois minutes après, le concierge s'est rendu dans la

____

(1) Journal des Débats du 22 décembre 1815.

» chambre du condamné. Quelle surprise d'y trouver la femme
» au lieu du mari ! *Ah ! madame*, s'écrie-t-il, ainsi qu'elle l'a
» déclaré elle-même, *qu'avez-vous fait ? Vous m'avez perdu.*
» Celle-ci le conjure de ne faire aucun bruit ; craignant que
» son mari ne soit atteint si l'on se met sur le champ à sa pour-
» suite , elle retient fortement le concierge par le bras. Le con-
» cierge, désespéré, court au greffe avertir les gardiens de la
» prison de ce qui est arrivé, et leur crie d'aller de tous côtés
» à la recherche du prisonnier.

» Ceux-ci se dirigent sur plusieurs points. Deux d'entr'eux
» rencontrent sur le Pont-Neuf la même chaise à porteur dans
» laquelle madame Lavalette avait coutume de se rendre à la
» prison et y était venue hier ; ils l'arrêtent à l'instant ; mais le
» prisonnier fugitif l'avait déjà quittée.

» *Aussitôt que l'évasion de Lavalette a été connue*, des
» ordres ont été donnés pour fermer les barrières , et elles
» étaient encore fermées ce matin à sept heures. De nombreuses
» perquisitions ont été faites dans Paris ; des estafettes ont été
» expédiées par toutes les routes du royaume , pour porter en
» tous lieux le signalement du condamné.

» Immédiatement après la *nouvelle de l'évasion*, M. le mi-
» nistre et M. le préfet de police se sont transportés à la Con-
» ciergerie. Son Excellence y a interrogé tous les employés de
» la prison ; elle y a ordonné l'arrestation du concierge et d'un
» porte-clefs. Le premier paraît coupable de négligence , et le se-
» cond est soupçonné d'avoir favorisé l'évasion. »

» On ne s'en est pas tenu là ; on a instruit leur procès et celui de
madame Lavalette , *pour le fait de cette évasion* ; et ils eussent
été jugés pour ce fait *quand même* Lavalette ne serait pas sorti
de France.

» Pour s'en convaincre , il suffit de lire les procédures , les interrogatoires , les informations et les réquisitoires dirigés contre
eux , avant qu'il ne fût question des Anglais.

» L'évasion était donc complète ; mais, dira-t-on , on avait l'espoir de le reprendre. Je réponds que si l'on a eu un moment cet
espoir, on n'a pas tardé à le perdre entièrement.

» En effet les recherches les plus actives n'ont rien produit. On
n'a pu ni retrouver le cabriolet qui avait reçu Lavalette , ni découvrir le lieu où il s'était caché. On a pris le change , au point
que tous les journaux , les plus fins comme les plus simples, ont
suivi Lavalette jusqu'en pays étranger , qu'ils l'ont fait passer
tantôt par Bruxelles, tantôt d'un autre côté. Tout le monde s'est
affermi dans l'idée que Lavalette était hors d'atteinte.

» La justice elle-même était si bien convaincue que l'évasion était consommée, qu'on disposait tout pour l'exécuter en effigie, et que cette exécution subsidiaire a effectivement eu lieu.

» Or, tout le monde sait qu'on ne se détermine à exécuter un condamné en effigie, qu'après avoir désespéré de pouvoir l'exécuter en personne. Il serait absurde, en effet, d'exécuter par effigie un condamné dont l'évasion ne serait pas consommée.

» Attachons-nous donc à ces circonstances :

» Lavalette s'est évadé le 20 décembre ;

» On n'a pas pu le rattraper à l'instant même ;

» On n'a pas pu découvrir le lieu de sa retraite ;

» On a commencé le procès de sa femme, de ses domestiques et de ses gardiens, comme prévenus d'être les auteurs de son *évasion* ;

» On l'a exécuté par effigie ;

» Son évasion était donc consommée.

» Et l'on eût passé pour un malveillant, pour un sot ou pour un mauvais plaisant, si, tout cela fait, on eût prétendu que Lavalette n'était pas évadé, et que son évasion n'était que *commencée*.

» L'évasion de Lavalette était *consommée* dans toute la force du terme, lorsque le 31 décembre, Bruce reçut le billet qui lui annonçait que cet infortuné était encore à Paris.

» La proposition contenue en ce billet n'a donc rien de commun ni avec l'action de madame de Lavalette, ni avec le crime imputé aux gardiens de son mari.

» C'est une affaire totalement à part, qui commence long-temps après que l'autre était déjà finie.

» Il est donc bien démontré que la *complicité* alléguée dans l'acte d'accusation n'a jamais existé.

» *Deuxième proposition*. Le fait particulier aux Anglais ne constitue pas un délit punisssable.

» J'examine à présent si l'action des Anglais, dégagée de toute idée de complicité, considérée en elle-même, prise isolément et abstraction faite de toute circonstance étrangère, constitue un crime ou un délit punissable.

» Et d'abord est-il vrai qu'ils aient *recélé* Lavalette ?

» Le contraire est certain.

» Ce n'est pas chez eux que Lavalette est allé se cacher, *après son évasion*. Il est allé chez un ami, dont le nom est et demeurera long-temps inconnu.

» Il a été recélé chez cet ami, parce que cet ami l'a reçu avec l'intention bien sentie de le dérober aux recherches dont il était l'objet, et de le garder aussi long-temps qu'il aurait l'espoir de le soustraire au danger qui le menaçait.

» Ce recélé durait depuis dix-neuf jours lorsque Lavalette est venu chez Hutchinson : mais y est-il venu pour y rester caché? Hutchinson l'a-t-il reçu dans l'intention de le recéler chez lui ? — Voilà toute la question.

» Remarquons d'abord, malgré l'amitié qui unit les trois accusés, malgré la solidarité dont ils font profession, et leur empressement à prendre leur portion des charges du procès ; remarquons, dis-je, que l'accusation de recélé ne pourrait porter que sur Hutchinson seul ; car Lavalette n'est allé que chez Hutchinson ; il n'a jamais été chez Bruce ni chez Wilson. On ne pourrait pas dire qu'il y a complicité entre eux, parce que Bruce et Wilson ont su que Lavalette était chez Hutchinson : car il n'y a complicité que pour des faits criminels ; or ce n'est pas un crime, ce n'est pas même un délit que de savoir qu'un condamné est dans une maison, et de ne pas dénoncer ce fait à la police ou à la justice. La loi oblige à révéler les complots qui se trament contre la sûreté de l'état, parce qu'en ne les révélant pas, on compromet l'état lui-même qui peut être renversé par l'explosion de ce complot : mais, hors ce cas, la loi n'oblige pas quiconque connaît la retraite d'un condamné à mort, à le dénoncer et à le livrer immédiatement au bourreau.

» La question de *recélé* ne pourrait donc être élevée que relativement à Hutchinson seul.

» Or, tout va concourir à vous démontrer que cette question doit être résolue en sa faveur.

» Je vous prie d'abord d'observer que Hutchinson n'était pas domicilié à Paris ; il faisait partie de la garnison anglaise ; il était *logé militairement* rue du Helder. En recevant Lavalette dans ce logement précaire, c'est comme s'il l'avait reçu au *camp*, et qu'il lui eût permis de reposer sous sa *tente*. Et dans ce cas je demande si l'on serait fondé à lui faire un crime de l'hospitalité qu'il lui aurait accordée momentanément accordée ?...

» Cette première considération en amène une autre : Hutchinson logé militairement, campé rue du Helder, n'avait pas un appartement qu'il pût partager avec Lavalette, et où il lui fût possible de le recéler. Hutchinson n'avait pas même de lit à lui donner ; et il résulte des dépositions des gens de la maison, qu'il n'avait fait aucune disposition pour augmenter son mobilier ; ce qu'il n'eût pas manqué de faire si, de sa part, il s'était agi de *recéler* Lavalette.

» Ce dernier d'ailleurs eût agi bien imprudemment, en quittant sa première retraite où il était si parfaitement ignoré, pour venir s'installer dans la chambre d'un militaire, ouverte à tout venant ; d'un militaire qui , d'un instant à l'autre , pouvait recevoir l'ordre de partir et d'évacuer les lieux ; dans une maison enfin occupée par le magistrat qui recherchait avec tant d'activité les auteurs et les complices de l'évasion antérieure et du recel de Lavalette.

» On ne recèle pas un homme par cela seul qu'il se présente chez nous et qu'il y est reçu. Il faut encore qu'il y soit reçu avec l'intention de lui accorder refuge et de l'y cacher (1).

» C'est une conséquence de la règle suivant laquelle, en matière criminelle , le fait est toujours inséparable de l'intention.

» Cela posé, et pour apprécier au juste l'intention que Hutchinson a eue en recevant chez lui Lavalette , reportons-nous à la proposition faite à Bruce.

» On ne lui proposait pas de recéler Lavalette ; ce dernier ne demandait pas à changer d'asile ; s'il n'avait voulu que rester caché dans Paris , il était mieux où il était qu'il n'eût pu être chez Hutchinson.

» Mais ce que voulait Lavalette , ce que l'on demandait pour lui , c'était de sortir de France :

» Réciproquement ce qu'a promis Bruce, ce que par suite ont promis Wilson et Hutchinson , n'était pas de recéler Lavalette; mais de le faire sortir de France.

» C'est uniquement dans la vue de ce voyage à faire hors de France que les pourparlers ont eu lieu , que les paroles ont été données , et que les dispositions ont été prises.

» Ainsi , par exemple , lorsque Wilson a demandé et obtenu des passeports, il est bien évident que ce n'était pas pour *recéler* Lavalette. Ce n'était pas non plus pour le recéler qu'il donna sa voiture , que Bruce prêta son boguey , et Hutchinson ses chevaux.

» Ne voyons donc dans le fait reproché aux Anglais qu'une seule et unique action, qu'une seule et même entreprise ; celle de *conduire Lavalette hors de France.*

» Voilà ce qu'on leur a demandé ;

» Voilà ce qu'ils ont promis ;

» Voilà ce qu'ils ont exécuté.

» Maintenant il est clair que pour sortir de France il fallait d'abord sortir de Paris , et que pour sortir de Paris il fallait avant tout que Lavalette quittât le lieu de sa retraite.

» Il est manifeste encore que pour partir avec le secours des Anglais, il fallait se réunir à eux ; il fallait venir les trouver.

---

(1) *Receptatores sunt qui delinquentes recipiunt , refugiumque eis præstant abscondendi causâ.* J. VOET , *ad Pandectas*, tit. *de receptatoribus*, n°. 1.

» Si Lavalette est venu chez Hutchinson, on en a donné la raison; c'est que la maison de Hutchinson était la plus proche de la barrière. Mais il n'y est pas venu comme dans un lieu de recel, pour y rester caché; il y est venu comme à un lieu de rendez-vous sans intention d'y rester; et au contraire avec le dessein arrêté d'en partir quelques heures après.

» C'est le premier pas de son voyage.

» Mais il n'a pas plus été recélé à Paris par Hutchinson qu'il ne l'a été à Compiègne, qu'il ne l'a été à chaque poste, à chaque station.

» Il a mis du mystère dans sa route; il est allé le soir chez Hutchinson; voilà bien, dira-t-on, l'intention de se cacher.

» Sans doute, Lavalette craignait d'être repris; sans doute, il ne voulait pas être vu. Mais toutes les précautions prises, soit par lui, soit par ses amis, ne font pas qu'il ait été recélé chez Hutchinson.

» *Qui veut la fin, veut les moyens;* et s'agissant de faire sortir de France Lavalette sans qu'il fût reconnu, il était naturel de préférer l'obscurité au jour, de substituer un déguisement à son costume ordinaire, etc. etc.

» Mais, on le répète, l'emploi de tous ces moyens ne constitue pas un recel.

» Autrement le délit d'évasion emporterait toujours avec soi le délit de recel; puisque tout homme qui s'évade, cherche toujours à n'être pas pris; tout homme qui fuit, à n'être pas réattrapé; tout homme qui se déguise, à n'être pas reconnu.

» Cependant la loi ne confond pas ces deux délits; elle les distingue, au contraire, avec soin; elle en parle sous des articles différents; elle y applique des peines différentes.

» Il ne faut donc pas voir le recel dans un fait qui n'aurait tout au plus trait qu'à l'évasion.

» Mais est-il vrai même qu'il y ait eu évasion dans le sens légal?

» Je dis dans le sens légal, parce qu'on ne doit pas perdre de vue qu'il faut que le fait soit qualifié crime ou délit *par la loi.*

» Or, la loi n'a en vue que l'évasion des gens confiés à une garde, ou à une escorte, ou détenus en prison.

» Faire évader un prisonnier détenu dans les liens de la gendarmerie, ou compris sous les verroux d'une maison d'arrêt, c'est méconnaître l'autorité publique; c'est y porter une atteinte coupable, soit qu'on employe la corruption, soit qu'on use de violence.

» Voilà ce que la loi punit, voilà ce qu'elle a dû punir, parce que sans cela, et si l'on n'était retenu par la crainte des peines, il serait impossible de conserver aucun prisonnier.

» Mais quand un homme n'est pas encore arrêté; ou bien quand après avoir été arrêté, il est parvenu à s'évader; ceux qui le trouvent dans cet état de liberté non encore perdue ou déjà recouvrée; le voiturier qui le conduit, le batelier qui le reçoit dans son bateau pour traverser une rivière, l'ami qui lui donne son argent ou qui l'accompagne, ne sont pas coupables aux yeux de la loi.

» Ainsi les Anglais qui savaient que Lavalette était évadé; qui savaient que toutes les recherches faites pour le retrouver avaient été infructueuses, et auxquels on ne demandait plus que de le conduire hors de France, n'ont pas cru, en acceptant cette proposition, se charger de l'évasion d'un détenu. Il ne s'agissait plus de séduire ses gardiens ni de forcer sa prison; il n'était plus détenu, il était évadé, il était libre.

» Maintenant est-il une loi qui dise que Paris est une prison, et que celui qui fera sortir de Paris un homme depuis long-temps évadé de prison, sera puni comme s'il l'avait fait sortir directement de sa prison? Est-il une loi qui dise que la France entière est une prison, d'où l'on ne puisse s'évader sans encourir des peines? la France, dont le sol fortuné donnait autrefois la liberté aux esclaves qui étaient assez heureux pour y mettre le pied!

» Non, Messieurs, une telle loi n'existe pas; et pourtant il en faudrait une expresse, formelle, antérieure au fait qualifié délit, et qui lui fût littéralement applicable (1); car vous savez qu'il n'est pas permis d'étendre les lois pénales d'un cas prévu à un cas non prévu; en matière criminelle on ne raisonne point par analogie; et d'ailleurs j'ai prouvé que cette analogie manquait absolument, puisqu'il n'y a aucune parité entre celui qui soustrait et qui arrache un détenu de sa prison, et celui qui trouvant un individu libre de sa personne et affranchi de gardiens, lui accorde seulement le secours de l'humanité.

» Oui, Messieurs, *de l'humanité*; car, lorsqu'on proposa à Bruce de sauver Lavalette, ne croyez pas qu'il se soit dit: *Saisissons cette occasion de nuire au gouvernement français.* Toute ouverture, toute proposition qui eût eu l'air d'un complot, aurait été rejetée par lui sans hésiter.

---

(1) Code des délits et des peines, art. 2 et 3.
Code pénal de 1810, art. 4. — Code d'Instruction criminelle, art. 299. 1°, art. 363 et 369. La jurisprudence anglaise n'est pas moins précise. *Voy.* le 22ᵉ. statut de Charles II, chap. 1ᵉʳ., appelé l'*Acte de Conventry*, et Bacon *de justitiâ universali*, aphor. 15.

» Mais il se représenta ce que la position de Lavalette avait d'affreux : il admirait le noble dévoûment de sa généreuse épouse. Lavalette remettait sa vie entre ses mains ; et, en effet, un refus de sa part le rendait à la mort : sa femme elle-même ne pouvait lui survivre..... Bruce n'eut pas la force de refuser. La pitié, l'humanité avaient trop d'empire sur son cœur : son imagination lui montra le déshonneur et la lâcheté à côté d'un refus. Que dis-je ? il vit une sorte de gloire à sauver un infortuné et à assurer à madame Lavalette ce qu'il appelait *le fruit de sa belle action*.

» Aujourd'hui on lui en fait un crime : mais que voudrait-on qu'il eût répondu ?

» Voudrait-on qu'après avoir reçu le billet du 31 décembre, il en eût aussitôt donné avis à la police ? Mais ce serait oublier que chacun en ce bas monde agit selon sa vocation ; et que, s'il est des hommes à qui leur charge impose l'obligation de tout épier, de tout recueillir et de tout révéler, il en est d'autres qui ne pourraient se conduire ainsi sans se déshonorer aux yeux de la société, et à leurs propres yeux.

» Ainsi Bruce aimerait mieux souffrir mille morts, que d'avoir eu la lâcheté de trahir le secret qui lui était confié.

» A la bonne heure, dira-t-on, il ne devait pas dénoncer Lavalette ; mais toujours est-il qu'il ne devait pas accéder à la proposition qui lui était faite, et qu'il devait refuser d'y donner les mains.

» Détruisez donc chez lui tous les sentiments qui honorent l'humanité.

» Qu'on tienne ce langage à des geoliers, à des bourreaux, à tous ceux dont les provisions, scellées en noir, portent la terrible clause : *Tu seras sans pitié ; tu seras inexorable;* je le conçois.

» Mais peut-on parler ainsi à un gentilhomme que sa jeunesse, son éducation, ses goûts, la noblesse de ses inclinations et de ses habitudes, portent avec ardeur vers toutes les actions généreuses ?

» Non ; il ne fut pas au pouvoir de Bruce d'être sourd à la voix de la pitié ; il ne fut pas le maître de cesser d'être humain : pour lui, un malheureux fut toujours une chose sacrée : il promit de s'intéresser à Lavalette.

« Ses compagnons sont entrés dans les mêmes vues ; c'est un motif commun qui les a tous entraînés, qui se trouve exprimé dans tous leurs interrogatoires, et qui est inséparable de leurs aveux.

» Comment croire d'ailleurs qu'il ait pu leur venir à l'idée qu'en sauvant Lavalette, ils compromettaient l'existence du gouvernement français ? — Ce serait de deux choses, l'une : ou faire de la fuite de Lavalette un événement bien important; ou faire de la chûte du gouvernement français une chose étrangement facile!

» Mais la preuve que les accusés ne pouvaient pas avoir cette pensée, se tire des faits qui ont précédé leur détermination.

» Si l'évasion de Lavalette avait dû produire un soulèvement, une révolution; ce soulèvement, cette révolution se seraient manifestés aussitôt après cette évasion.

» Or, il est de fait que depuis le 20 décembre, jour de l'évasion de Lavalette, jusqu'au 31, date du billet adressé à Bruce; et depuis le 31 décembre jusqu'au 8 janvier jour du départ de Lavalette, son évasion n'avait été la source d'aucune calamité pour l'Etat; la tranquillité publique n'en avait pas été troublée un seul instant; le Roi n'était ni moins respecté ni moins adoré de ses fidèles sujets: cependant on croyait bien Lavalette échappé sans retour! Et si quelques personnes, en petit nombre, ont paru s'en alarmer outre mesure, les meilleurs esprits, les plus sages, s'expliquant sur cette évasion, sur ses causes présumées, et sur ses suites probables, ont déclaré hautement que « cet événement n'avait d'autre importance que celle qu'on lui donnait ». C'est, en propres termes, ce qu'a dit M. le procureur général lui-même à la chambre des députés, dans la séance du 23 décembre.

» Lors donc que, plus de quinze jours après cette opinion émise, les Anglais se sont chargés de conduire Lavalette hors de France, on ne peut pas dire qu'ils l'aient fait dans l'intention de troubler le gouvernement français. Ils avaient la certitude du contraire.

» Malheureux fruit de nos funestes dissensions! Le mal est devenu si commun, et les bonnes actions si rares, que l'on ne veut plus croire aux vertus, et l'on ne peut se persuader qu'il se soit trouvé trois hommes assez généreux pour en sauver un autre, uniquement par un sentiment d'humanité.

» Comme les mœurs changent avec les temps!

» A Athènes, dont le peuple est cité par sa légèreté, mais dont l'Aréopage fut renommé par sa justice, un jeune homme fut condamné à mort pour avoir tué une colombe, qui, poursuivie par un épervier, était venue se réfugier dans son sein. On jugea que celui qui était sans pitié ne serait jamais un bon citoyen. Et chez nous, au dix-neuvieme siècle, on verrait des hommes condamnés pour avoir sauvé la vie à un autre homme, qui mettait son sort entre leurs mains ! Notre nation , si vantée autrefois pour sa douceur et sa politesse , a-t-elle donc dépouillé tout sentiment d'humanité ?

» On l'aurait pu croire dans ces temps d'une liberté ennemie de la justice, où la raison, vaincue par le nombre , s'estimait heureuse si elle n'était que méprisée, sans être punie; dans ces temps d'affreuse mémoire, où l'on traitait en ennemi tout homme qui ne se jetait pas à outrance dans le parti dominant ; où la fureur des réactions, fermant les cœurs à la pitié, faisait considérer comme indigne de vivre et de posséder ses propres biens, tout citoyen qui ne portait pas l'exagération de ses opinions jusqu'à la hauteur marquée par la passion.

» Mais il n'en peut pas être ainsi sous le gouvernement paternel d'un prince, que sa justice , sa clémence et sa bonté recommandent également à l'amour et à la fidélité de son peuple. Sous le règne du petit-fils de saint Louis , l'humanité se confond avec la charité chrétienne. Eh bien ! les ministres de nos autels nous présentent comme le triomphe de la charité, l'œuvre de ce saint personnage (1) , qui ne crut pas offenser les lois de son pays en faisant évader des galères un misérable dont il prit la place et les fers.

» Ces actes sublimes d'humanité ne tombent pas en jurisdiction. Les tribunaux sont institués pour punir les crimes et non pour faire le procès aux vertus.

» N'exagérons rien. L'évasion de Lavalette en soi est peu de chose. Elle n'a causé aucun dommage au gouvernement....

» Quoi qu'il en soit , on a déjà reconnu que Madame de Lavalette ne pouvait pas être *accusée pour avoir sauvé son mari.*

» On reconnaîtra probablement que les geoliers ne doivent pas être punis pour avoir été induits en erreur.

» Le domestique de Lavalette sera facilement absous du reproche immoral de n'avoir pas trahi son maître. On ne donnera pas à la société, déjà si corrompue, le scandale de voir un domestique puni de sa fidélité.

» Or, si ces trois premières classes de personnes sont à l'abri de toute peine, comment les Anglais pourraient-ils être condamnés ?

» Ils n'ont point contribué à faire *évader* Lavalette de *prison.* Ils ne l'ont point *recélé* après son évasion. — Ce n'est qu'après dix-neuf jours qu'ils l'ont conduit hors de France.

» Mais ce n'est pas là un fait qualifié crime par nos lois.

» Les accusés sont étrangers ! Ils sont Anglais. — Mais n'ont-

---

(1) Saint Vincent de Paule.

ils pas des Français pour juges ! C'est-là, Messieurs, que notre honneur national est intéressé. — C'est-là que vous devez redoubler de justice pour les juger, comme j'ai dû redoubler de zèle pour les défendre.

» Je dis plus : alors même qu'il faudrait un peu de faveur pour les absoudre entièrement, oui, vous les absoudrez encore, afin de vérifier en eux cette parole d'un de nos plus illustres chanceliers qui disait : *Les étrangers sont personnes privilégiées en France quand ils y implorent la justice du Roi* ».

Cette plaidoirie terminée, M. le président adresse la parole au général Wilson, et lui demande : Lorsque vous êtes parti de Compiègne, n'avez-vous pas écrit que vous étiez armé et décidé à vous défendre ?

Le général Wilson. Oui, M. le président ; mais ici j'aurais encore le droit de me plaindre du peu d'exactitude des traductions qui ont été faites de mes lettres. J'ai écrit : Nous sommes armés et décidés à nous défendre. Mais, j'ai ajouté : Je compte plus sur la présence d'esprit que sur la force pour écarter les obstacles qui pourraient se présenter.

Cette explication donnée, Me Claveau demande la parole ; après quelques contestations elle lui est accordée.

» Dans mon plaidoyer d'hier, dit-il, j'ai omis des choses importantes, je dois les ajouter ; j'ai commis quelques erreurs, je dois les redresser ; j'ai été attaqué, je dois me défendre. J'ai oublié de vous parler de la conduite d'Eberle ; voici un certificat qui constate une probité à toute épreuve. Des personnes recommandables y ajoutent leur témoignage à ma voix.

» J'ai oublié de vous satisfaire sur le propos d'Eberle, qu'*il n'était pas difficile de reconnaître M. de Lavalette à la taille*. Ce propos est absurde, puisque le condamné Lavalette est à peu près de la même grandeur que son épouse, et que, déguisé en femme, il devait paraître plus grand. Est-il croyable, d'ailleurs, que mon client eût tenu ce propos, s'il eût été complice ? Un complice se tait. Quelle est donc l'explication qu'il faut donner à ce propos ? Elle est fort simple : Eberle causait avec ses camarades : « Comment, aura-t-il dit, n'a-t-on pas remarqué la différence de taille ? Mais alors on n'avait point de soupçons ; pour moi, je ne faisais pas grande attention ; le chef étant là ». C'en est assez sur ce point ; pour juger un homme, *il faut des actions et non pas des paroles*.

» J'ai encore oublié de vous expliquer suffisamment une circonstance qui écarte le soupçon de connivence : Eberle, le 9 à 11 heures du soir, était placé à la porte de la Conciergerie. Voilà ce que m'ont attesté les employés de la maison ; voilà ce qui doit résulter des diverses feuilles de service déposées au greffe de la Conciergerie. Partant de ce fait constant, je prouve donc qu'Eberle a pu faire évader Lavalette et le maréchal Ney, dont les chambres touchent le grand guichet ; qui l'empêchait d'ouvrir la porte à ces deux prisonniers ? Rien. Il n'a pas manqué à ses devoirs lorsqu'il le pouvait ; comment croire qu'il y aura manqué lorsque cela lui était presque impossible.

» Voilà pour les omissions ; quant aux erreurs que j'ai pu commettre, les voici. J'ai dit que le groupe s'était presque jeté sur Eberle, et je me suis trompé : madame de Lavalette m'a raconté que le groupe était dans le corridor, au milieu, lorsque l'on a sonné, et qu'Eberle est venu ouvrir ; ainsi Eberle n'a pas même pu regarder dans la chambre du condamné, et a été trompé plus facilement encore.

» Je réponds maintenant aux attaques peu généreuses qui ont été dirigées contre mon client. Pourquoi ne pas respecter le malheur de celui qui a respecté le vôtre, et qui le respectera toujours ?

» On dit qu'Eberle était la sentinelle perpétuelle du prisonnier d'état Lavalette , sentinelle placée par l'autorité supérieure.

» Il n'y a que des erreurs dans cette double assertion, dont on ne vous a point donné de preuves.

» Eberle a été placé à la Conciergerie le 6 août, en remplacement du nommé Bailly ; à cette époque, le maréchal Ney et Lavalette n'étaient point dans cette prison : ainsi on ne peut supposer que l'autorité ait tiré Eberle des Madelonettes pour l'établir factionnaire politique.

» M. Vaubertrand, précédent concierge, vient d'ailleurs de m'affirmer deux choses : la première, que c'était lui qui avait placé Eberle comme domestique auprès de Lavalette ; la seconde, qu'Eberle n'était point chargé de garder à vue le prisonnier.

» Et cela résulte d'ailleurs de la force des choses. Eberle, serviteur de Lavalette, qui véritablement ne pouvait se servir lui-même, Eberle faisait encore le service ordinaire ; aussi, comme tous ses camarades me l'ont déclaré, il était gardien des femmes. Vous pouvez d'ailleurs vous faire représenter les feuilles de service, et vous verrez le nom d'Eberle inscrit à l'article des femmes.

» Vous allez, Messieurs, prononcer un jugement que le public attend avec impatience. Faites en sorte qu'il n'étonne point.

» Eberle n'a commis aucune faute ; il a été passif à son poste.

» Il a été trompé, et non séduit, par toutes les ruses de l'héroïsme conjugal. Prononcez donc, Messieurs, et qu'on ne dise point un jour : Le faible a été sacrifié ».

Après cette nouvelle et dernière plaidoirie, M. le président demande aux accusés s'ils n'ont rien à ajouter pour leur défense.

Les accusés français déclarent que non.

Le général Wilson se lève et prononce le discours suivant que nous avons recueilli *textuellement*.

« Monsieur le président, vous m'avez fait trop d'honneur dans la séance d'avant-hier, en disant que j'avais une connaissance approfondie dans la langue française. Malheureusement, j'en suis peu familiarisé ; je la parle même très-mal. Ainsi je dois demander, et j'espère obtenir votre indulgence.

» Il faut que je commence par des remercîments à cette cour pour la pleine liberté qu'elle a accordée à notre défense, et la justice que nous avons reçue pendant les débats.

» N'ayant point assez de connaissance dans le code de vos lois, dont les principes et les formes sont essentiellement en contradiction avec les lois de l'Angleterre, nous avons confié notre défense en entier à notre avocat, et nous lui devons toute notre reconnaissance, non pas seulement pour les efforts de ses talents et de cette éloquence qu'il sait faire briller en toute occasion, mais aussi pour le zèle généreux qu'il a déployé incessamment dans notre cause.

» Cependant, il y a des explications qui me restent à donner, et que je me propose de faire avec tout le respect que je dois à l'autorité et à la majesté de la justice.

» Messieurs, vous n'ignorez pas qu'une accusation beaucoup plus grave a pesé sur nos têtes. Menacés par cette attaque dirigée contre notre vie et notre honneur, nous n'avons cherché notre salut ni dans la politique des cabinets, ni dans la clémence.

» Confians dans notre innocence, nous n'avons réclamé d'aucun gouvernement que la protection d'un jugement impartial, et nous avons trouvé notre égide dans la sagesse et dans la justice de la chambre d'accusation.

» Néanmoins, malgré l'arrêt de cette chambre, on a persisté d'insérer dans l'acte d'accusation un amas de faits étrangers au délit dont nous sommes présentement accusés ; et en même temps qu'on m'a désigné comme ennemi de tous les gouvernements, pour des observations destinées aux confidences les plus sacrées, on m'a comblé devant l'Europe des expressions les plus outrageantes et les plus calomnieuses.

» Né dans un pays libre, élevé avec le droit de penser librement sur toute affaire, et de communiquer mes pensées, soit par parole, soit par écrit, j'ai fait usage de ce droit.

» Animé par l'amour pour la justice, l'humanité et la liberté (non pas la liberté révolutionnaire; mais la liberté sur laquelle l'ordre social de ma patrie est basé, et que nous chérissons comme le principe vivifiant de notre bonheur et de notre puissance), je me suis exprimé dans ma correspondance toujours avec l'ardeur que ces sentiments m'inspirent.

» On peut sans doute trouver dans cette correspondance des nouvelles, des anecdotes, des prédictions qui ne se sont pas vérifiées. Sachant qu'elles ne devaient jamais être mises au jour par ceux à qui mes lettres étaient adressées, je les ai communiquées sans conséquence. Mais il n'y a pas une seule opinion à moi sur la morale de la politique, que je ne sois fier d'avouer et prêt à défendre.

» Il est vrai que j'ai cru voir, dans l'horizon politique de l'Europe, des orages prêts à se renouveler et des éclairs prêts à se lancer; j'ai aussi cru voir cette belle France encore souffrante et encore éloignée du bonheur que, de toute mon âme, je lui souhaitais; mais je n'ai fait que tracer les indices sur lesquels cette croyance était fondée.

» La religion, oui, Messieurs, la religion de ma politique m'empêche de m'immiscer dans les affaires intérieures des autres nations.

» Je plains leurs malheurs; je désire leur prospérité; je voudrais voir, comme a dit mon avocat, tout homme libre et tout état indépendant; mais je n'ai jamais formé ces vœux en conspirateur.

» Dévoué à l'honneur et à la constitution de ma patrie, je m'oppose et je m'opposerai toujours à tout système, à tout acte qui, selon mon avis, les blesse ou même les menace; mais je marche sous le drapeau déployé de cette même constitution; et mes armes ne sont ni le poignard ni le poison, mais les lois et les droits de mon pays.

» Messieurs, ne croyez pas que c'est un crime pour un Anglais de veiller sur les projets et de s'ériger en juge des actes de son gouvernement.

» La liberté et la réputation de sa patrie est son patrimoine, dont il ne peut pas cesser d'être le gardien, sans trahir ce qu'il doit à ses aïeux, à ses concitoyens et à sa postérité !

» Les gouvernements arbitraires demandent le dévoûment aveugle de leurs sujets; mais un état constitutionnel exige de toutes les classes de ses citoyens la surveillance la plus jalouse sur le gouvernement lui-même.

» La nature, l'honneur et la religion ajoutent à cette obligation; et l'exercice de ce devoir fait la superbe prérogative d'un homme libre; et c'est une vérité dont vous ne douterez plus, quand vous aurez vécu plus long-temps sous votre régime constitutionnel.

» On a dénoncé mes principes comme affreux; mais on persuadera difficilement aux peuples que les principes qui annoncent l'attachement à la bonne foi, la clémence, le patriotisme et la philantropie, sont des principes qui naissent d'une source criminelle.

» Mais qui a donné publicité à mes pensées?

» Qui s'est emparé, et par quels moyens s'est-on emparé d'une correspondance adressée seulement à des amis et à des compatriotes? adressée seulement aux yeux d'un frère et d'un personnage dont le nom porte avec soi la garantie de ce qu'il y a de plus illustre et de plus loyal dans la nation dont il fut constamment un des soutiens les plus éclairés et les plus zélés?

» Le procureur du Roi m'a paru ne pas vouloir que je parlasse de ces moyens. Mais comme il veut faire valoir leur fruit fortuit, qui, d'après la législation française, est puni de peines afflictives et infamantes, et le présenter comme preuve et *la seule preuve qu'il y a* d'un crime *purement correctionnel*, j'ai été obligé de relever la question, et j'espère, Messieurs, que le jury y portera toute l'attention qu'elle mérite.

» Je ne veux pas entrer dans des autres détails, depuis que notre avocat nous a rendu si noble justice, et vengé l'honneur de mon frère, lié pas seulement à l'honneur de sa famille, mais à celui de la nation.

» Quant à l'accusation d'avoir conduit M. Lavalette hors de France, je ne vous tiendrai pas long-temps. Le fait est avoué, je n'ai insisté que sur les motifs.

» Il est vrai que le caractère de M. Lavalette, avec qui je n'avais d'ailleurs aucune liaison particulière, m'avait inspiré un intérêt que je voyais partagé par toutes les classes de la société en France.

» Les sacrifices pénibles, le dévoûment intéressant, l'audace si sagement calculée de madame Lavalette, avaient singulièrement augmenté cet intérêt. Et où est l'homme, où est l'homme qui aurait pu voir sans peine et sans regret le bonheur et la gloire de cette femme vertueuse et pour toujours illustre, se terminer en infortune et en désolation!

» Il est vrai aussi que j'ai regardé M. Lavalette, comme un homme condamné dans un temps de révolution, pour une offense seulement politique; et qui, s'étant rendu librement, se fiant à son innocence et à la validité présumée des traités faits avec les puissances alliées, méritait tout notre intérêt. Mais je déclare que ces réflexions si puissantes n'ont eu qu'une influence bien secondaire sur ma détermination.

» L'appel fait à notre humanité, à notre caractère personnel et à notre générosité nationale; la responsabilité jetée sur nous de décider à l'improviste sur le salut ou la mort d'un malheureux, et surtout d'un malheureux étranger; cet appel était impératif et ne permettait point de calculer ses autres titres a notre bienveillance.

» A la voix de ce même appel, nous en aurions fait autant pour un obscur inconnu, ou même pour un ennemi tombé dans le malheur.

» Peut-être nous avons manqué à la prudence; mais nous préférons, et nous nous réjouissons dans ce moment, d'avoir cédé aux sentimens de nos cœurs.

» Et ces mêmes hommes qui nous ont calomniés, sans connaître ni les motifs ni les détails de notre conduite : ces mêmes hommes, dis-je, auraient été les premiers à nous signaler comme des lâches sans honneur et sans patriotisme, si, par notre refus de sauver M. Lavalette, nous l'eussions abandonné à une mort certaine.

» Nos amis et nos compatriotes auraient réuni leurs reproches à ceux de nos ennemis; et alors dégradés par le juste mépris du monde, dévoués par notre propre honte, et méritant la mort dont nous fûmes plus tard menacés, nous aurions traîné une existence odieuse et flétrie.

» Messieurs, je m'abandonne avec confiance aux sentiments généreux d'un jury purement français. Si, en votre âme et conscience, vous pensez que nous avons offensé les lois de votre pays, et que nous leur devons une satisfaction, nous aurons toujours pour consolation de penser que nous n'avons pas offensé les lois de la nature, et que nous avons satisfait au devoir de l'humanité. »

Ce discours, prononcé d'un ton ferme et décent, a fait sur le public une vive impression ; et malgré le respect et la retenue qu'on aurait dû conserver devant la Cour, des applaudissements se sont fait entendre dans presque toute la salle.

M. Bruce a prononcé le discours suivant :

« Messieurs, je parais devant ce tribunal, accusé d'avoir contribué à l'évasion de M. Lavalette : si c'est un crime d'avoir sauvé la vie d'un homme, j'avoue que je suis coupable.

» Je ne veux, Messieurs, tirer aucune vanité de ce que j'ai pu faire. Un appel a été fait à mon humanité, et mon honneur m'imposait l'obligation d'y répondre.

» Si l'accusation s'était bornée à l'affaire de Lavalette, je n'aurais que peu de mots à vous dire. Mais, Messieurs, j'ai été accusé d'avoir conspiré contre le système politique de l'Europe, d'avoir excité les habitans de la France à s'armer contre l'autorité du Roi. Il est vrai que cette charge absurde, ridicule, dénuée de tout fondement, et qui a excité autant d'étonnement que d'indignation dans toute l'Europe, a été rejetée par la sagesse de la chambre d'accusation ; mais quoique cette accusation ait été écartée, les motifs sur lesquels elle était basée subsistent encore. Le procureur-général s'est *permis* de les reproduire dans le préambule de l'acte d'accusation. » (Ici M. le président recommande à M. Bruce, qui parle très-bien français, de s'exprimer plus décemment toutes les fois qu'il s'agira d'un magistrat, et surtout d'un magistrat aussi recommandable que M. le procureur-général.) « M. le procureur-général a donc dit, reprend M. Bruce, que je suis ennemi par principe de toute idée d'ordre et de bon gouvernement ; ennemi par principe des rois, de la justice et de l'humanité, et l'ami des factieux de tous les pays.

» Voilà, il faut en convenir, des accusations graves ; mais l'explication que je vais vous donner de mes principes, sera une réponse victorieuse à ces allégations calomnieuses. Je ne vais point entrer dans des abstractions sur le droit des gens, ni dans les digressions sur la politique, ni vous entretenir du beau rêve de Platon. Je me restreindrai à faire connaitre les principes qui ont toujours dirigé mes actions politiques.

» Je suis né Anglais ; j'aime avec enthousiasme la constitution de ma patrie, c'est-à-dire, cette constitution telle qu'elle a été établie par notre glorieuse révolution de 1688. C'est alors que s'est formé ce système de gouvernement qui excite une admiration si universelle ; qui sert de modèle aux autres nations ; qui nous fait appeler, par excellence, la terre classique de la liberté ; qui nous a mérité l'éloge de ce sage, de ce philosophe Montesquieu qui n'est pas le patrimoine de la France seulement, mais du monde entier, et qui dit de nous que les Anglais sont le seul peuple au monde qui sachent user de leur religion, de leurs lois et de leur commerce. C'est de la révolution de 1688 que datent la prospérité, la grandeur et la liberté de l'Angleterre.

» Je dois dire que si ces principes, qui sont les miens, et qui sont ceux de la constitution de ma patrie, sont subversifs de toute idée d'ordre et de bon gouvernement, et me font l'ennemi des rois, de la justice et de l'humanité, je suis le plus coupable des hommes ; et mon accusateur a raison ; mais, si au contraire ce sont ces principes qui nous ont procuré nos lois protectrices, qui nous garantissent nos personnes, nos propriétés et notre religion ; qui ont fait d'un peuple peu favorisé par la nature la nation la plus heureuse, la mieux gouvernée et la plus florissante de l'Europe, j'ai le droit de conclure que l'accusation n'a été qu'une calomnie.

» Voilà les principes affreux de ces Wilson et de ces Bruce, dont M. l'avocat général a parlé d'une maniere si insultante. Les miens, je les ai hérités de mes ancêtres : ils m'accompagneront au tombeau. Je suis né libre et je mourrai tel ; et je dis comme notre illustre Sydney, qui sert de modèle à la jeunesse anglaise :

> . . . . *Manus hæc inimica tyrannis*
> *Morte petit placidam sub libertate quietem.*

» Quant à l'affaire de Lavalette, la politique n'y est entrée pour rien. Je n'ai été mu que par les sentiments d'humanité. Je connaissais à peine Lavalette. Il est vrai que la bonté de son caractère, l'amabilité de son esprit et la douceur de ses manieres, m'avaient inspiré plus d'intérêt qu'on n'en ressent, en général, pour une personne qu'on a si peu vue. Je n'ai jamais été chez lui, ni lui chez moi. Je n'ai vu sa femme qu'à cette audience, et je n'ai eu aucune communication directe ni indirecte avec lui depuis le moment de son arrestation. Il vous a été aussi démontré qu'il n'existe aucune complicité entre nous et les autres prévenus. J'ai respecté les fers et les portes d'une maison de justice. Mais un homme malheureux, frappé par la rigueur des lois, demande ma protection ; il montre de la confiance dans mon caractère, il met sa vie entre mes mains, il réclame mon humanité. Qu'aurait-on dit de moi si j'avais été le dénoncer à la police ? J'aurais alors bien mérité la mort dont j'ai depuis été menacé. Que dis-je ? Qu'aurait-on pensé de moi si j'avais refusé de le protéger ? on m'aurait regardé comme un lâche, comme un homme sans principes, sans honneur, sans courage, sans générosité; j'aurais mérité le mépris des gens de bien. Mais, Messieurs, il y a aussi d'autres considérations qui m'ont déterminé. Il y avait quelque chose de romanesque dans l'évasion de Lavalette. Sa miraculeuse évasion de prison; cette cruelle incertitude entre la vie et la mort, dans laquelle il est resté si long-temps; le noble dévoûment de sa femme qui est l'*Alceste* française, et pour laquelle, quoique je sois un accusé, je ne puis m'empêcher de témoigner mon admiration et mon dévoûment absolu; cette action héroïque qui vivra dans l'histoire, ont frappé mon imagination, et ont excité un intérêt si vif dans mon cœur, que je n'ai pu résister à son impulsion. D'ailleurs, comme le dit votre La Fontaine qui, avec sa naïveté, a tout dit :

> Dans ce monde, il se faut l'un l'autre secourir :
> Il se faut entr'aider; c'est la loi de nature.

» Messieurs, je suis encore jeune; mais j'ai eu l'avantage de beaucoup voyager (1). J'ai vu beaucoup de pays, et j'ai examiné avec toute l'attention dont je suis capable les mœurs des peuples. J'ai toujours observé même chez les nations les plus barbares, chez celles qui étaient presque dans l'état primitif de la nature, que c'était une chose sacrée pour eux de secourir ceux qui avaient recours à leur protection. C'est un devoir commandé par leur religion, par leurs lois et par leurs mœurs. Un Bédouin du désert, un Druze, habitant du Mont-Liban, sacrifierait plutôt sa vie que de trahir celui qui lui aurait demandé un asile. Quel que soit son pays, quel que soit son crime, il ne voit que les devoirs de l'humanité et ceux de l'hospitalité. J'ai cru, homme civilisé, devoir imiter les vertus même des barbares.

» Messieurs, je vous ai avoué avec la franchise et la loyauté de mon caractère, la vérité toute entière sur la part que j'ai eue dans l'évasion de Lavalette; et malgré le respect que j'ai pour la majesté des lois, malgré le respect que je dois à ce tribunal, je ne peux manquer au respect que je me dois à moi-même en avouant que j'aie le moindre repentir de ce que j'ai fait.

» Messieurs, j'ai tout dit... Je vous laisse à décider sur mon sort, et je ne réclame que la justice.

» Je ne peux pas croire que le peuple français, un peuple si

______

(1) L'accusé est parent du célèbre voyageur qui porte le même nom.

célèbre dans tous les temps, pour sa sensibilité, pour son humanité et pour son caractère chevaleresque ; qui compte parmi ses rois un Henri IV, ce modèle des princes, et plût à Dieu que tous les rois lui ressemblassent ! qui compte parmi ses chevaliers un Bayard, le plus parfait de tous, sans peur et sans reproche, et dont la devise était de secourir les malheureux ; je dis qu'un tel peuple ne peut condamner un Anglais pour avoir sauvé la vie à un Français. »

Ce discours, prononcé avec force, et qui donne une idée avantageuse de l'esprit et des connaissances de l'accusé, n'a pas été écouté avec moins d'intérêt que le précédent.

M. le président prononce la clôture des débats.

Il présente ensuite à MM. les jurés le résumé de l'affaire (1).

« L'événement dont les suites ont donné naissance à ce procès, dit M. le président, n'est il qu'un jeu de la fortune, une aventure en quelque sorte romanesque, dont le hasard ait amené les chances, où l'affection, l'habileté, l'adresse aient tout conduit ? Est-ce plutôt une scène d'une vaste conspiration et comme un éclat d'un volcan intérieur qui nous travaille ? Serait-ce au contraire l'accomplissement d'un projet isolé, exécuté par le dévouement, préparé par la collusion ou tout au moins par une négligence coupable, facilité par la trahison et consommé par une ardente inimitié, ou pour mieux dire, par la plus forte, la plus active, la plus violente de toutes les haines politiques? Telle est, MM. les jurés, la question que votre sagesse est appelée à résoudre dans ce procès.

» Les faits de cette cause sont incontestables et incontestés. Il est hors de doute qu'un homme condamné à subir la peine capitale pour s'être mis en révolte contre son Roi s'est caché sous un déguisement et a franchi le seuil de sa prison. Dégagé des liens dont la loi l'environnait dans la maison de justice, il a cherché une retraite que les poursuites de l'administration ne pussent pénétrer. Soit qu'une amitié toujours vigilante lui eût ouvert un asile, soit qu'il se fût placé derrière un retranchement élevé par l'esprit de faction et de combat, il est parvenu à se dérober à tous les regards et à épaissir les ténèbres qui devaient régner sur sa demeure.

» La même fortune qui avait préparé sa fuite et caché son séjour, lui a facilité sa course vers des régions étrangères.

» Recueilli, ou, pour parler le langage de la loi, *recélé* par

____

(1) Cette pièce est extraite du *Moniteur* du 3o avril.

un Anglais sur la demande de deux Anglais, il a revêtu leur uniforme, pris un nom dans leur armée, traversé leurs lignes, et, sous la garde de l'un d'eux, est parvenu à se soustraire à l'action des lois en s'éloignant de nos frontières.

» Tel est, Messieurs, l'ensemble des faits que les débats vous ont fait connaître. Il vous appartiendra bientôt de décider quelle est la part que chacun des Anglais peut y avoir prise, ou s'ils sont innocents de ces faits. Chargés par la loi de vous précéder dans cette voie de vérité et de justice que vous allez suivre, nous n'avons d'autre mission devant vous que de retracer fidèlement les impressions que nous avons reçues; heureux s'il nous est donné d'accomplir le vœu le plus ardent de notre cœur, le plus noble devoir de notre ministère, de reproduire avec impartialité tout ce qui a été signalé dans le débat, et de tenir une balance égale entre l'accusation et la défense, en laissant à l'accusation tout ce qui lui est propre, mais en donnant à la défense tout ce qui lui appartient. »

Ici M. le président divise les faits de la cause en trois classes. Dans la première, il range ceux qui se sont passés dans l'enceinte de la Conciergerie le jour de l'évasion; dans la seconde, ceux qui s'y sont passés ce jour là même, mais en dehors; dans la troisième catégorie, les faits qui ont suivi l'évasion de la Conciergerie, c'est-à-dire, le recélé chez un officier anglais à Paris; le recélé dans une maison occupée par des Anglais à Compiégne, et la course vers la frontière. Il annonce ensuite qu'il traitera séparément ce qui concerne chacun des accusés, en suivant ainsi la marche de l'accusation et l'ordre chronologique des faits.

Le premier accusé sur lequel M. le président appelle l'attention de MM. les jurés, c'est l'accusé Eberle. La pensée se porte d'abord sur la nature de son emploi dans la prison, l'obligation dans laquelle il devait être de garder plus étroitement le condamné Lavalette à la chambre duquel il avait été spécialement affecté par l'autorité supérieure; et il rappelle tout à la fois les soupçons qu'avait excités contre lui la découverte d'une somme de 1700 francs dans le logement que sa femme habitait, et les explications données par les témoins et le défenseur, relativement à cette somme dont l'origine, sur leur parole, devait sembler pure de tout soupçon.

Passant à l'examen de sa conduite à l'heure de l'évasion, demande s'il a aidé le complot, ou s'il ne s'est rendu coupable que de négligence; si l'habitude qu'il avait de son service peut laisser croire qu'en oubliant de fermer un verrou qui, de mémoire de gardien, n'était jamais resté ouvert, il n'a à s'adresser à l même qu'un reproche d'inadvertance et de légèreté, et si l'on peut admettre ce qu'a plaidé son défenseur, qu'Eberle est un homme honnête, mais imprudent; dévoué, mais d'une incapacité reconnue, et en un mot et pour rappeler l'expression du défenseur lui-même, difficile à séduire, facile à tromper.

» L'introduction de la veuve Dutoit, de cette femme qui avait si puissamment coopéré au travestissement et à l'évasion, son introduction dans la chambre même du condamné Lavalette, sans qu'une permission l'eût autorisée, et lorsque l'absence de son nom sur la liste des personnes qu'on pouvait admettre l'avait formellement exclue, était un incident qui avait fortement frappé l'attention de MM. les jurés. Malgré tout le désir qu'il éprouvait de savoir en vertu de quel ordre, ou par suite de quelle tolérance cette femme avait pu s'introduire dans la chambre du condamné, il avait été impossible de le savoir. Quoiqu'elle n'eût point été appelée aux débats par la justice, et qu'elle n'y eût été citée qu'à la requête des accusés, elle avait absolument refusé de dire quelle main lui avait ouvert le verrou. Ni les interpellations de M. le président, ni la crainte de violer la religion du serment, n'avaient pu lui arracher l'aveu d'un fait sur lequel son serment l'obligeait à être sincère. Elle avait inutilement excité l'indignation de la cour, et on l'avait renvoyée sans qu'aucune lumière eût pu résulter de sa comparution. Cet incident s'expliquera-t-il contre Eberle, ou ne sera-t-il d'aucune influence contre lui ? C'est une question que M. le président annonce aux jurés, que leur sagesse aura à résoudre. Eberle soutient qu'il n'a point ouvert la porte. Le concierge a juré qu'il ne l'avait lui-même ni ouverte ni fait ouvrir. Cependant il fallait qu'elle eût été ouverte par l'un d'eux, lequel croire ?

« Quant à la part qu'Eberle a prise ou n'a pas prise à l'évasion, on ne peut la déterminer que par la foi qu'on ajoute ou qu'on refuse aux deux versions qu'il a faites.

» Si l'on veut croire Eberle, il n'a point vu le condamné dans ses habits de femme lorsqu'il s'est présenté à la porte de la chambre. Il a déclaré aux débats qu'il n'avait aperçu de la personne du condamné que le buste, que Lavalette avait la tête nue, et la redingotte qu'il avait prise le matin; et selon la déposition de madame de Lavalette, il était impossible qu'Eberle ne vît pas le condamné dans son déguisement, le travestissement étant complet quand Eberle était venu dans la chambre.

» Selon Eberle, au moment de l'évasion il était dans le greffe avec l'accusé Roquette. Celui-ci tenait un livre; il était debout; il lisait à la lueur d'une chandelle. Un coup de sonnette part de la chambre du condamné. Eberle court pour aller ouvrir, mais à peine a-t-il fait un pas que les trois personnes habillées en femme entrent dans l'avant-greffe. Elles étaient de front, il est placé sur la même ligne. Il les aperçoit de profil. La précipitation avec laquelle les trois personnes étaient arrivées dans l'avant-greffe prouve que l'énorme porte armée d'un énorme verrou qui fermait le corridor où était la chambre de Lavalette, et qui était le retranchement par lequel il était gardé, était restée ouverte. Eberle convient qu'il était négligent, mais nie avoir été coupable.

» La déclaration de l'accusé Roquette est tout-à-fait différente. Il n'avait pas de livre à la main, et ne sait pas ce qu'Eberle veut dire. Au moment où le coup de sonnette a été entendu, il a donné ordre à Eberle d'aller à la chambre du condamné. Il se rappelle parfaitement avoir entendu le bruit du verrou tiré par Eberle. Les deux femmes et l'homme travesti se sont présentés effectivement de front, mais Eberle les suivait, et les trois personnages n'avaient pu le dépasser que parce que c'était lui qui leur avait ouvert la porte.

» Pour détruire l'impression qui pouvait résulter des contradictions d'Eberle et de la déclaration de Roquette, le défenseur a attaqué le témoignage du fils de Roquette, qui, à une époque de la procédure, a dit n'avoir rien vu ; à une autre époque, avoir tout vu, et vu comme son père ; et il a cherché à établir que les faits étaient tellement obscurs, qu'il était impossible d'en tirer des preuves contre l'accusé. »

M. le président a laissé à la sagesse des jurés le soin d'apprécier sur ce point le mérite de l'accusation et de la défense.

« On a reproché à Eberle d'avoir trahi sa complicité avec le condamné Lavalette, en attirant au cabaret un gardien à qui le concierge avait donné l'ordre de porter une lettre, et qui partait au moment où la chaise était encore dans la cour du Palais, et d'avoir tenu un propos assez équivoque à ce gardien. Eberle attribue à ses inconséquences ordinaires les paroles qu'il a pu dire, et à ses habitudes journalières son entrée au cabaret.

» Le fils de l'accusé Roquette a déclaré avoir appris à Eberle dans la cour du Palais, près de la grille, l'évasion du condamné, et lui avoir ordonné, par suite de l'autorité qu'une circonstance importante donne toujours, de courir pour rejoindre et arrêter la chaise, et avoir su qu'Eberle était rentré à la Conciergerie sans songer à exécuter l'ordre, et avec une singulière affectation, avait enfermé madame de Lavalette dans la chambre du condamné, en disant : *Pour celle-ci, elle n'en sortira que par bon ordre.*

» Le défenseur pense que le retour d'Eberle dans la Conciergerie était une preuve de son innocence ; qu'il se fût rendu plus
suspect s'il n'était pas revenu, et il n'a trouvé dans le reste de sa
conduite que l'exagération du zèle, et dans la nature de ses propos que le ridicule de ceux qu'il est dans l'usage de tenir. »

M. le président, après avoir ainsi exposé dans le sens dans
lequel nous venons de le retracer nous-même, le résumé des
charges et des défenses relatives à la culpabilité ou à l'innocence
d'Eberle, passe ensuite à l'accusé Roquette, et reproduit à peu-
près de cette manière, les faits par lesquels il est inculpé et sur
lesquels il est défendu.

« Né dans une classe dans laquelle on est accoutumé à réflé-
chir sur ses devoirs et où on sait en mesurer l'étendue et en prévoir même toute la rigueur, l'accusé Roquette aurait dû en sol-
licitant la place de concierge d'une maison de justice, considérer
quel devait être l'empire des obligations auxquelles il était prêt à
se dévouer. Sans doute il lui était impossible d'arracher de son
cœur les sentiments qui y étaient empreints, mais il devait savoir
dans l'occasion les étouffer, et, l'occasion passée, leur donner un
libre cours. Il était homme, mais il était concierge. Ce n'était
pas les douces vertus de l'humanité qu'il fallait qu'il exerçât tous
les jours. Il devait ne rien abandonner des tristes soins qu'exigeait
son triste ministère. Il pouvait prévoir qu'il gémirait le lendemain
de la rigueur des fonctions que la veille il ne pouvait s'empêcher
de remplir. Dans ces moments suprêmes où la loi fait au condamné son terrible signal, quelles ne devaient pas être ses précautions, sa vigilance, son active et inflexible sévérité !

» On ne sait comment il a pu laisser à Lavalette le gardien qui
lui rendait des soins comme domestique et dont il fallait redouter
même l'affection ; comment il a ignoré l'introduction de la veuve
Dutoit dans la chambre ; comment il a pu ne pas découvrir le
stratagème du condamné ; se laisser surprendre par une ruse
de théâtre, des larmes feintes, et un travestissement qui ne pouvait éblouir que des yeux qui cherchaient à être trompés.

» Pressé par ces raisonnements dont l'accable l'accusation, Roquette se défend des censures du ministère public en retraçant l'histoire de sa vie, et en se déclarant une victime déplorable et conti-
nuelle de la fatalité. Voué de bonne heure au métier des armes, il
sentit de bonne heure qu'en France il ne trouverait qu'un avan-
cement peu rapide, et plus de dix années avant la révolution
il partit pour les colonies. La fatalité l'accablait dans sa patrie,
la fatalité le suivit dans un monde nouveau. Sa carrière ne pouvait être ni brillante ni facile ; il changea de profession, mais il
n'obtint pas un meilleur sort. Persécuté par la destinée, il n'en

a pas moins été fidèle aux devoirs de tous les états qu'il a embrassés. Jamais la révolution française ne l'a trouvé perfide envers son Roi ; le zèle qu'il a toujours montré pour sa cause a toujours été aussi ardent qu'il était pur. S'il a sollicité et obtenu le poste de concierge de la maison de justice, quels travaux a-t-il redoutés, à quels soins s'est-il dérobé toutes les fois qu'il a fallu faire preuve de son dévouement à son service ? Des officiers, gens de mérite et d'honneur, l'ont attesté. A une époque encore récente, lorsqu'il tenait sous sa garde un homme fameux par sa vie, fameux par sa mort, il veillait à la porte de sa chambre, ne reposait qu'après en avoir placé la clef sous le chevet de son lit ; consentait même à faire l'épreuve de tous les mets que l'on servait sur sa table, et se montrait ainsi le plus fidèle, le plus dévoué, le plus courageux de tous les gardiens. Comment croire qu'il y ait eu deux hommes en lui, et que deux circonstances qui extérieurement ne l'ont pas trouvé le même, au fond l'aient trouvé différent ?

» Qu'on le suive dans le détail des faits relatifs à l'évasion, et qui le concernent, on verra que sa conduite est toujours celle d'un homme abusé, mais honnête, qui ne trahit aucun devoir et ne néglige aucun des avertissements que sa conscience peut lui donner. A peine le personnage qu'il a pris pour madame de Lavalette a-t-il franchi le dernier guichet, qu'il court à la chambre comme par habitude, et pour voir si tout est en règle. Son premier voyage ne lui apprend rien ; au second ou au troisième, il aperçoit madame de Lavalette ; il s'écrie, il est saisi par la manche de son habit ; un combat s'engage ; il veut s'échapper, la manche se déchire et devient une preuve du combat. Cinq minutes se passent, la chaise s'éloigne et bientôt s'éloigne le condamné. Que fait-il après s'être assuré de l'évasion? Il multiplie les ordres pour qu'on poursuive, court chez M. le préfet de police, et lui donne le spectacle de son désespoir. Aujourd'hui il avoue sa faute, convient qu'une femme s'est introduite dans la chambre du condamné, et que les volontés du ministère public ont été enfreintes ; qu'au moment de l'évasion il a été abusé par la scène qu'on a jouée devant lui ; mais tout en déplorant son erreur, il déclare qu'elle est sincère, assure que tout homme qui aurait rempli son poste n'aurait pas été plus clairvoyant, et termine son apologie en se plaçant sous la protection d'un des conseils les plus sages, du plus illustre de nos chanceliers, en suppliant les jurés de voir les choses comme elles ont dû se passer ; de ne pas donner à la défiance plus que la sagesse ne lui accorde ; en un mot, de *juger humainement les choses humaines* ».

Cette partie de l'accusation et de la défense étant résumée, M. le président appelle l'attention des jurés sur la seconde partie des faits.

« Dans l'intérêt de l'accusation on a remarqué qu'il ne suffisait pas au condamné d'avoir franchi les dangers de la prison;
des périls nouveaux l'attendaient dans la cour de la maison de
justice. L'un des porteurs destinés à le conduire hors de l'enceinte du palais, avait résisté à la séduction ; cet homme vertueux avait jeté avec horreur la bricole qu'il avait, jusqu'au
moment fatal, conservée sur les épaules; il l'avait jetée, comme
si c'était un être animé qui lui parlât de corruption, et laissé
le domestique du condamné cherchant un auxiliaire au second
porteur moins délicat et plus empressé d'offrir ou de vendre son
ministère. Grâce à l'activité de l'accusé Benoît, le suppléant
est bientôt trouvé. Comme ce porteur nouveau ne pouvait s'a-
percevoir que la chaise fût d'un poids différent, il ne fut pas
difficile sur le prix. Cinq francs l'engagèrent ; la chaise part,
elle dépasse la grille du Palais, s'ouvre au condamné. Le stratagème a réussi. Quelle part peut avoir prise Benoît au succès ?
C'est là une des questions de la cause. L'accusation le charge
d'avoir voulu séduire le porteur Brigant par l'immense appât
d'une somme de 25 louis ; Brigant en dépose. Le témoignage
de sa femme ajoute à sa déposition : le fait d'ailleurs est incontestable. Au moment de partir il a quitté la chaise, rendu la
bricole ; un autre porteur a été engagé. Benoît, qui avait voulu
séduire le premier, arrête le second. Comment expliquer le départ subit de Brigant, si l'on ne lui assigne pas une cause ? Et
la cause est facile à déterminer.

» A cette accumulation d'indices accusateurs on répond qu'il
est impossible que madame de Lavalette ait choisi pour coopé-
rateur de ses projets un homme comme Benoît, dont l'inhabi-
leté, l'inconséquence, la gaucherie, eussent pu faire avor-
ter le plan le mieux concerté, déjouer les espérances les mieux
conçues ; que si, en supposant qu'il y ait eu un complot d'évasion, on représente Benoît comme un complice, il faut aussi
reconnaître que c'était un complice bien maladroit ; mais qu'au
reste rien dans sa conduite ne prouve qu'il ait eu la moindre
connaissance de ce qui devait se passer. Un porteur a quitté son
poste ; la maladie subite de ce porteur l'a forcé d'abandonner
le brancard ; mais de ce qu'une maladie se déclare, est-ce à
dire qu'on propose à un homme de le corrompre ? Et de ce qu'il
se vante d'avoir résisté à la séduction, est-ce à dire qu'on ait
attaqué sa vertu ? »

Ici M. le président plaint le défenseur d'avoir dépassé les
limites de son ministère ; de s'être laissé emporter par l'excessive
chaleur de son zèle ; d'avoir cherché à flétrir la personne d'un
témoin quand il ne pouvait discuter que son témoignage ; d'avoir
jeté du ridicule sur ses gestes et sur ses traits, tandis que ses

paroles seules pouvaient servir de texte à ses discours. Il plaint aussi le défenseur d'avoir méconnu les ménagements délicats du ministère public ; de s'être tracé une cause qu'on ne lui avait pas faite, et d'avoir en quelque sorte exagéré sa défense en se portant contre des ennemis qu'on ne lui avait pas donnés.

Après avoir manié tour-à-tour toutes les armes de ce combat entre la défense et l'accusation, M. le président passe à l'examen de la cause de l'accusé Guérin, et il en fait un rapide résumé.

« D'un côté, la déposition de Brigant charge Guérin d'avoir assisté à l'offre de 25 louis, d'avoir mêlé ses instances à celles de Benoît, et d'avoir donné à la séduction que Benoît voulait opérer, une adhésion entière, en travaillant à dissiper les scrupules de Brigant, et s'autorisant de la parole de Benoît, qui, selon lui, garantissait les événements, et ôtait ainsi à la cupidité toutes ses craintes. Il a vu d'ailleurs le condamné fuir de la chaise, sa fille y entrer à sa place. Et la persévérance avec laquelle il se retranche sur ce point dans des dénégations, rend son innocence bien peu probable.

» Les mêmes arguments dont Benoît s'était servi pour se laver de tout reproche, ont été reproduits par Guérin.

» Pourrait-on croire qu'un tel homme pût être initié avec succès dans un complot, si un complot a été formé? Est-il probable que madame de Lavalette ait choisi pour confident, pour agent même de son projet, un homme de cette classe qui ne pouvait avoir le tact, la finesse, la prudence nécessaires à l'accomplissement d'un pareil dessein ? Personne ne dit que Guérin fût lié par le moindre nœud à l'évasion de la Conciergerie. Lors même qu'on lui aurait offert 25 louis, comme on ne lui disait pas quelle était la personne qu'il allait porter, sa facilité ne serait point coupable. Mais rien ne prouve le propos qu'on lui attribue. Brigant n'en a pas déposé le lendemain du jour de l'évasion. Qui sait à quelle considération il s'est laissé entraîner pour porter un tel témoignage ? »

Telles sont à-peu-près et en substance les considérations que balance M. le président dans la partie de la cause qui concerne Guérin.

« Un autre ordre de faits se développe maintenant sous les yeux des jurés. Ce n'est plus la coopération de quelques agents obscurs à la fuite de Lavalette qu'il faut accuser ou défendre. Des hommes nés dans la plus haute classe de la société ont mêlé leur soins à ceux des auxiliaires de son évasion, des protecteurs de sa retraite. Leurs soins sont innocents ou coupables, suivant qu'on admet les principes de la défense ou de l'accusation.

» Si les conjectures de l'accusation sont adoptées , ces étrangers n'avaient pour but que d'insulter à la justice de nos tribunaux , à la vigilance du ministère. Nourrissant des projets
funestes , ennemis acharnés du nom français , ils n'ont protégé
les jours de Lavalette que pour conserver un instrument de
faction et de révolte. Ils l'ont regardé comme une arme dont
au besoin ils pourraient se servir pour percer le sein de la
France. Ils ont empêché que la loi ne pût détruire cette espérance de leurs complots.

» Dans leur défense , ces étrangers se récrient contre des
imputations qu'ils ne sont , disent-ils , ni assez forts , ni assez
puissants pour mériter. Où sont , ajoutent-ils , où sont leurs
soldats , leurs trésors , leurs machines de guerre, leur centre
d'insurrection , les villes qui leur ouvrent leurs portes ? Croit-on
que dépourvus de tout secours , un général en non activité ,
un simple capitaine , un jeune voyageur , puissent rêver la destruction d'un trône , le bouleversement d'un pays , la ruine d'un
grand peuple ?

» Vous venez de voir , dit M. le président , deux de ces
étrangers , il y a à peine quelques instans , se dessinant comme
sous l'œil de l'Europe , imaginant que le bruit de leurs paroles
n'était point renfermé dans cette étroite enceinte , et retentirait
bientôt à Madrid , à Londres , à Pétersbourg ; étalant leurs principes , se glorifiant de leurs doctrines et dévoilant les mystères
de leurs sentiments et de leurs pensées. Vous venez de les entendre , vous les jugerez. Mais quelle que soit l'opinion que l'on
puisse prendre de leurs desseins et de leurs doctrines , croyons ,
a ajouté M. le président , que le ministère public ne vous a peint
ces étrangers , leurs vœux , leurs désirs , leurs projets , que pour
vous préparer à l'examen de leurs actions par la connaissance
des sentiments et comme des habitudes de leur âme. Gardons-
nous d'attacher aux sinistres prédictions de leur correspondance
plus d'effet que nous ne devons leur en attribuer. Ce n'est pas
d'une conspiration que le ministère public veut aujourd'hui les
convaincre , il ne veut prouver que la haine qui les anime contre
la France , et en vous faisant connaître toute l'étendue de cette
haine , vous faire apprécier les actions auxquelles elle est susceptible de les porter.

» Au reste , Messieurs , lors même que ces bruits de conspiration ne devraient pas nous trouver incrédules , ce ne serait pas
à nous qu'il appartiendrait d'en distinguer les présages et d'en
arrêter le cours. L'auguste sagesse , l'inépuisable clémence sont
sur le trône. A la tête de la nation brillent des princes au cœur
noble et au bras valeureux. Le nom du grand cardinal n'a rien

perdu de son éclat. Cette sainte coalition des hommes de talent et de vertu qui s'est formée au sein d'une assemblée si française , se fortifie chaque jour de tout ce qu'il y a de Français
véritablement dévoués à leur Roi, c'est-à-dire, à l'honneur et à
la patrie. Laissons donc les hommes d'élite placés sur les hau-
teurs de la France politique , laissons-les élever leurs phares,
marquer les écueils , prévenir les naufrages ; et n'allons pas
chercher à calculer la force et la direction des tempêtes que leurs
savantes combinaisons ont peut-être déjà su détourner.

» Ce n'est pas sur des appréhensions politiques , sur des indices , des conjectures relatifs aux événements publics que vous
êtes appelés aujourd'hui à prononcer. Vous n'avez pas à juger
ces faits en eux-mêmes ; mais de tous ces éléments de conviction , vous pouvez tirer des conséquences relatives aux faits
particuliers que pourra bientôt apprécier votre justice ».

Ici M. le président fait remarquer dans l'intérêt de la défense que l'accusation n'a point montré le fil qui aurait pu lier
la part que les accusés anglais ont eue dans le recélé et la fuite
de Lavalette au premier complot formé pour l'arracher à la
maison de justice et assurer sa première évasion.

« Mais si l'accusation ne laisse point entrevoir que les accusés anglais ont été complices des premiers protecteurs des
jours de Lavalette , il faut examiner s'ils sont coupables ou innocents des faits qu'on leur impute ; s'ils ont soustrait le condamné à l'action de la loi, ou si ce n'est pas sans leur interpo-
sition que cette action a été paralysée.

» Dans l'intérêt de l'accusation , on dit à Michel Bruce qu'il
n'est pas surprenant qu'il se soit occupé si vivement du sort
de Lavalette, et qu'il ait voulu détourner le coup de la loi prêt
à le frapper , d'abord en le faisant recéler à Paris, ensuite en
facilitant sa course vers la frontière ; qu'il était lié avec la plupart des personnes qui remplissaient de hautes fonctions pendant le temps de l'usurpation de Bonaparte ; que même après
s'être étonné des questions qu'on lui adressait relativement à ces
liaisons et qui avaient pour but de savoir si en effet ces liaisons avaient existé , il était convenu d'avoir entretenu ces rapports, s'en était fait gloire , et venait même de déclarer qu'il
avait connu Lavalette dans le monde ; qu'il y avait été charmé
de son amabilité et de ses manières , et qu'il n'avait pu s'empêcher de lui vouer un extrême intérêt.

» Mais dans sa défense , Michel Bruce n'a pas attribué précisément le recélé qu'on lui reproche à l'intérêt que des liaisons
particulières pouvaient lui inspirer ; il a obéi à un sentiment d'humanité ; il a voulu imiter les vertus des peuples même barbares ,

vous l'avez entendu , vous avez entendu son défenseur dire qu'il a sauvé Lavalette comme aurait fait un Druse ou un Bédouin.

» Un sentiment d'une nature toute différente semblait avoir entraîné le jeune Hutchinson. Il paraissait n'avoir ouvert sa maison à Lavalette que pour faciliter à ses amis l'accomplissement de leurs projets ; avoir cédé à la vivacité de son âge et s'être occupé du recélé et de la fuite de Lavalette , comme il se serait jeté dans toute autre aventure pour entrer en part d'un évènement qu'il regardait comme extraordinaire et qui, suivant lui , tenait du merveilleux. Il n'avait point l'intention d'insulter à la justice de la France et de froisser son gouvernement. Mais dans sa défense il a rejeté cette explication ; il a déclaré que le principe qui l'avait dirigé était le même que celui qui avait influé sur ses amis et que c'était par humanité qu'il avait sauvé Lavalette.

» Wilson, au contraire, vous a-t-on dit dans l'intérêt de l'accusation, avait un plan bien plus vaste ; et le recélé et la fuite de Lavalette n'étaient, pour ainsi dire , qu'un détail dans ses desseins. Portant sur son cœur comme un poids douloureux la conviction qu'il ne pouvait s'empêcher d'avoir du repos et du bonheur de la France sous le sceptre de son Roi , tous les moyens qu'il pouvait employer pour se soulager en quelque sorte de sa douleur convenaient à son activité et à sa haine. Un jugement frappait Lavalette , il fallait que Lavalette fût sauvé.

» Messieurs les jurés , vous venez d'entendre sa réponse. Loin de sa pensée le désir d'appeler l'infortune sur la France ; dans Lavalette condamné, il n'a vu qu'un homme malheureux. La voix de la nature s'est fait entendre : il a obéi.

» Son défenseur développant toute la conduite de son client à des époques différentes , et vous retraçant en quelque sorte l'histoire de sa vie, vous l'a peint toujours armé pour la bonne cause, ce sont ses expressions ; servant sous tous les drapeaux contre Buonaparte ; lui tenant tête en Russie , à Dresde , relevant sur le champ de bataille l'illustre Moreau , et partout, en tous lieux, combattant Buonaparte , donnant des preuves de ses talents et de sa valeur. Vous avez vu ces lettres écrites au général Wilson par de puissants souverains , et vous avez entendu l'observation qu'on vous a faite que ces lettres , magnifiques témoignages d'une haute estime , étaient écrites dans notre langue.

» Sans doute, vous vous direz à vous-mêmes , à Dieu ne plaise que des Français arrachent à des étrangers les couronnes qu'ils viennent, devant eux, se décerner à eux-mêmes. Ils ne sont point étonnés que leur langue ait servi à exprimer la satisfaction des princes et à consacrer les talents d'un général étranger. Nous accordons au général Wilson que la langue des Français est la langue de la gloire. Mais qu'importent des succès sur le champ de bataille dans une cause où il s'agit de savoir si en France on a blessé la loi? Depuis quand la gloire serait-elle une excuse?

Plus un guerrier a déployé de valeur dans ses campagnes, plus il doit montrer de respect pour les lois du pays qu'il vient habiter. Plus on a été soldat dans la guerre, plus on doit être citoyen dans la paix. Ainsi l'homme en changeant de situation et de place ne fait toujours que changer de devoir ».

De ces considérations relatives aux motifs déterminants de la conduite des accusés et tirées de l'accusation et de la défense, M. le président passe à l'action en elle-même, et développe dans les deux sens l'application que l'on peut faire des principes généraux à la cause actuelle.

« Le ministère public avait tracé les caractères du recélé et établi que ces caractères devaient être attribués au fait qu'on impute aux accusés anglais. Leur défenseur avait cru pouvoir combattre les principes du ministère public, et chercher à prouver que le fait considéré en lui-même ne pouvait être regardé comme un recélé dans le sens et suivant le vœu de la loi ».

Ici M. le président a fait observer aux jurés que si l'impartialité de ses fonctions l'obligeait de tenir une balance égale entre l'accusation et la défense, toutes les fois qu'il s'agissait des faits d'une cause, son devoir le forçait aussi, quand les principes devenaient la question, de raffermir ce que l'on ne devait pas ébranler, de rétablir ce qui était contesté et qui devait être incontestable.

Rappelant la mémoire de ce que le défenseur des accusés anglais venait de dire sur le recélé, il a analysé les objections qu'il avait faites. « Suivant ce défenseur, le recélé ne pouvait être considéré comme tel quand il n'était pas le but d'une action, mais le moyen de cette action. Mais il ne s'agissait pas entre les Anglais et Lavalette d'un recélé, mais d'une fuite. Qu'un homme se place un instant dans une maison pour attendre qu'une voiture arrive, la prenne et s'éloigne, il n'a été que reçu, et non pas recélé. Le recélé ne peut exister entre celui qui trouve l'asile et celui qui l'accorde, que lorsqu'il s'est opéré comme un contrat entre celui qui recueille et celui qui est recueilli, quand celui qui est recueilli demande en termes exprès qu'on le cache, et que celui qui recueille consent précisément et s'engage à cacher ».

M. le président a tracé d'une manière tout-à-fait différente les caractères du recélé. « Le recélé est en général l'action de soustraire une personne ou une chose aux poursuites de la loi. Le recélé, quant au vol, est la détention frauduleuse d'une chose dont on n'est pas propriétaire, et dont n'est pas propriétaire celui qui vous la confie. Par le recélé de la chose volée, on s'interpose entre la chose qu'on retient et la loi qui ne peut souffrir qu'une propriété quelconque ne soit pas dans la possession du propriétaire. Quant au recélé d'un condamné ou d'un détenu évadé, c'est l'action de soustraire à l'autorité de la loi un homme qui, tous les jours, à tous les instants, à toutes les minutes de sa vie, peut être atteint par sa puissance ou tomber sous ses coups. S'agit-il d'un condamné à la peine capitale, cet homme n'appartient plus à la société, il n'a plus de rapports avec elle ; tous les nœuds qui l'y attachaient sont rompus ; il perd la propriété de tous ses biens. Relativement à la société, il n'est plus ni époux ni père. Son mariage est dissous quant à tous ses effets civils ; sa succession est dévolue à ses enfants ; en un mot, il est frappé de mort civile. Marqué du sceau de la loi, *esclave de sa peine*, comme disaient les anciens, il ne peut plus habiter nulle part, il ne peut être que recélé. Celui qui lui donne asile se crée alors une autorité que la loi ne peut reconnaître ; tandis que l'homme qui accompagne dans sa fuite le détenu évadé, s'il l'accompagne sans le soustraire par une violence quelconque à l'autorité, et ne le défend point en cas d'attaque contre la force publique armée par la loi, ne fait qu'une action sur laquelle la société ne s'occupe pas de prononcer, parce qu'elle ne lui fait aucun tort. Au contraire, celui qui recueille dans sa maison le détenu évadé, exerce une juridiction particulière au détriment de la juridiction publique, et fait de sa maison une forteresse où l'œil de la loi ne peut pénétrer, où son autorité ne peut rien saisir. Quant à ce contrat dont a parlé le défenseur, où deux personnes se seraient engagées, l'une à se faire recéler, l'autre à recéler, est-il possible qu'il intervienne ? La loi a-t-elle jamais pensé qu'on s'engagerait en quelque sorte d'une manière authentique à soustraire un détenu ou un condamné évadé à sa puissance. Mais peu lui importe qu'on s'engage à lui dérober toujours le coupable qu'elle veut atteindre, où qu'on ne le lui dérobe qu'un instant. Si pendant un jour, si pendant une heure, on a soustrait volontairement à son action l'homme qu'elle poursuivait, on a méconnu ses droits, on s'est mis en révolte contre elle, on a recélé

» Ce n'est pas cependant que les lois étouffent la voix de l'humanité et méconnaissent son empire. Qu'un époux, qu'un père, qu'un enfant ouvre sa maison à celui qui, retranché de la société par la loi, ne leur en appartient pas moins par tous les droits que le sang peut donner ; la loi rend hommage à la nature, elle ne change point cette action en délit. Par une disposition expresse, elle excepte de sa censure tous ceux qui, en accueillant des détenus ou des condamnés évadés, ne font qu'obéir à une puissance irrésistible. Mais ce motif vague d'humanité que pourrait s'attribuer tout homme qui n'est uni par aucun lien naturel à un condamné, n'est point une excuse que la loi admette. Comme on pourrait aisément tromper sa sagesse à l'aide d'un pareil motif, et sous le nom de la plus douce des vertus cacher un mobile honteux ou coupable ; que d'ailleurs toutes les affections doivent avoir des limites, et qu'aux yeux de la loi et dans l'intérêt de la société, le respect dû à la société et à la loi l'emportent sur toutes les considérations imaginables , l'allégation d'un motif d'humanité est une excuse vaine. Pour tout homme qui n'est pas uni au condamné ou détenu évadé par les liens du sang, le recélé est un fait ; c'est un fait qu'il faut examiner ; une fois qu'il est reconnu, la loi prononce ».

M. le président réfute encore un principe mis en avant par le défenseur, relatif à l'indivisilité prétendue des aveux des accusés ; mais il n'insiste pas sur le développement du principe contraire. « La différence des aveux en matière civile et en matière criminelle est trop connue pour qu'il soit besoin de faire autre chose que de la signaler.

» Tout se réduit donc à la question de savoir si l'un de ces accusés a recélé Lavalette à Paris, si un autre l'a fait recéler, si un autre encore l'a fait recéler à Paris ou à Compiègne. »

M. le président retrace en peu de mots les faits, la part que chacun des accusés y a prise, et conclut son résumé en rappelant à MM. les jurés les devoirs que la loi leur impose.

M. le président pose ensuite les questions de la manière suivante :

1° Jacques Eberle est-il coupable d'avoir, le 20 décembre, de connivence avec Marie-Chamans Lavalette, condamné à la peine capitale, et à la garde duquel il était préposé, facilité l'évasion dudit Lavalette?

2° Ledit Eberle est-il coupable d'avoir, par sa négligence, facilité l'évasion dudit Lavalette, à la garde duquel il était préposé?

3° Jean-Baptiste Roquette de Kerguidu est-il coupable d'avoir, par sa négligence, favorisé l'évasion dudit Lavalette?

4° Benoît Bonneville est-il coupable d'avoir favorisé l'évasion dudit Lavalette, en lui procurant sciemment les moyens de l'exécuter?

5° Joseph Guérin, dit Marengo, est-il coupable d'avoir favorisé l'évasion dudit Lavalette, en lui procurant sciemment les moyens de l'exécuter?

6° John-Ely Hutchinson est-il coupable d'avoir, dans le mois de janvier dernier, recélé ledit Lavalette, en lui donnant un asile dans la maison où il était logé, sachant que ledit Lavalette était condamné à la peine capitale?

7° Michel Bruce est-il coupable d'avoir, dans le mois de janvier dernier, fait recéler ledit Lavalette, et ce dans la maison où Hutchinson était logé, sachant que ledit Lavalette était condamné à la peine capitale?

8° Robert-Thomas Wilson est-il coupable d'avoir dans le mois de janvier, fait recéler ledit Lavalette à Paris, de complicité avec Bruce et Hutchinson, sachant que ledit Lavalette était condamné à la peine capitale?

9° Ledit Wilson est-il coupable d'avoir, dans le mois de janvier dernier, fait recéler à Compiègne ledit Lavalette, sachant qu'il était condamné à la peine capitale?

A quatre heures un quart, les jurés se retirent pour délibérer; la séance est suspendue.

Il est cinq heures et demie lorsque le jury rentre dans la salle; l'audience est reprise.

M. Trouillebert, chef du jury. Sur mon honneur et sur ma conscience, devant Dieu et devant les hommes, la déclaration du jury est:

Sur la première question : Non, l'accusé Eberle n'est pas coupable.

Sur la seconde : Oui, l'accusé Eberle est coupable.

Sur la troisième : Non, l'accusé Roquette n'est pas coupable.

Sur la quatrième : Non, l'accusé Benoît Bonneville n'est pas coupable.

Sur la cinquième : Non, l'accusé Guérin, dit Marengo, n'est pas coupable.

Sur la sixième : Qui, l'accusé Hutchinson est coupable.

Sur la septième: Oui, l'accusé Bruce est coupable.

Sur la huitième : Oui, l'accusé Wilson est coupable.

Sur la neuvième: Oui, l'accusé Wilson est coupable.

Les accusés Roquette, Bonneville et Guérin comparaissent, Il leur est donné lecture de la déclaration du jury ; M. le président prononce qu'ils sont acquittés de l'accusation, et ordonne qu'ils soient mis en liberté s'ils ne sont retenus pour autre cause.

En ce qui concerne les autres accusés, M. l'avocat général requiert qu'il leur soit fait application des peines déterminées par les art. 240 et 248 du Code pénal.

Me Dupin. Je recommande à la cour l'article 463. Toutes les considérations sont dans la cause ; elles sont moins exprimées que senties.

(Cet article porte que si les circonstances paraissent atténuantes, le juge sera autorisé à réduire l'emprisonnement même au-dessous du *minimum* déterminé pour ce genre de peine en matière correctionnelle , sans qu'en aucun cas néanmoins l'emprisonnement puisse être au-dessous de vingt-quatre heures.)

La cour se retire pour délibérer. Au bout de quelques minutes , elle rentre en séance. Les accusés Eberle , Wilson, Hutchinson et Bruce sont introduits ; M. le président prononce l'arrêt suivant :

« Vu par la cour l'arrêt rendu le 15 mars dernier par la cour royale de Paris , chambre d'accusation , qui ordonne la mise en accusation et le renvoi à la cour d'assises du département de la Seine.

» 1° De Jacques Eberle, âgé de trente-huit ans, natif de Dijon, département de la Côte-d'Or, l'un des gardiens de la Conciergerie, demeurant rue des Cannettes, n° 3 , quartier de la Cité.

» Signalement : Taille d'un mètre 62 centimètres, cheveux et sourcils noirs, front haut, yeux noirs, nez ordinaire, bouche moyenne , menton saillant , visage ovale et gravé.

» 2° De Jean-Baptiste Roquette de Kerguidu, âgé de soixante-un ans, natif de Libourne , greffier-concierge de la maison de justice du département de la Seine , y demeurant.

» Signalement : Taille d'un mètre 69 centimètres, cheveux et sourcils grisaillés , front haut et chauve, yeux bruns, nez long, bouche grande, menton long et visage ovale.

» 3° Benoît Bonneville, âgé de vingt-quatre ans, natif de Paris, domestique , demeurant, lors de son arrestation , rue de Grenelle-Saint-Germain , n°. 105.

» Signalement : Taille d'un mètre 69 centimètres, cheveux et sourcils châtains , front bas, yeux gris, nez gros, bouche moyenne, menton rond, visage ovale.

» 4° Joseph Guérin, dit Marengo, âgé de cinquante trois ans, natif de Marteau, canton d'Ugerie , en Savoie , commissionnaire et porteur de chaise, demeurant rue du Cœur-Volant, n°. 4.

» Signalement : Taille d'un mètre 64 centimètres, cheveux et sourcils châtains , front haut, yeux bruns, nez petit, bouche moyenne , menton rond , visage ovale.

» 5° John Ely Hutchinson, âgé de vingt-six ans, capitaine de grenadiers dans la garde royale anglaise , natif de Vexford en Irlande , logé , à Paris , rue du Helder , n°. 3.

» Signalement : Taille d'un mètre 65 centimètres , cheveux et sourcils blonds , front large, yeux bleus , nez ordinaire , bouche grande, menton rond et visage plein.

» 6° Michel Bruce , âgé de vingt-six ans, natif de Londres, gentilhomme anglais, logé , à Paris, rue Saint-Georges , n°. 24.

» Signalement : Taille d'un mètre 84 centimètres, cheveux et sourcils blonds , front haut , yeux bleus , nez long , bouche moyenne , menton rond et visage ovale.

» 7° Et Robert-Thomas Wilson, âgé de trente-huit ans, natif de Londres, officier-général anglais, résidant, depuis plusieurs mois, à Paris, rue de la Paix, n°. 21.

» Signalement : Taille d'un mètre 89 centimètres ; cheveux et sourcils châtains, front haut, yeux gris, nez long, bouche moyenne, menton rond et visage ovale.

» L'acte d'accusation dressé, le 30 mars dernier, par M. le procureur-général, contre Jacques Eberle, Jean-Baptiste Roquette de Kerguidu, Benoît Bonneville, Joseph Guérin, dit Marengo, John-Ely Hutchinson, Michel Bruce et Robert-Thomas Wilson, duquel acte il résulte que les sus-nommés sont accusés : (*Voyez* l'acte d'accusation page 91).

» Le procès-verbal de signification, tant du susdit arrêt que de l'acte d'accusation faite le 30 mars dernier aux accusés sus-nommés et de remise de la personne des nommés Eberle, Roquette de Kerguidu, Bonneville et Guérin, en la maison de justice, près la cour.

» La déclaration du jury portant..... etc. (*Voyez ci-dessus*, *pages* 182 *et* 183.)

» L'ordonnance rendue cejourd'hui par M. le président, portant que Jean-Baptiste Roquette de Kerguidu, Benoît Bonne-ville, et Joseph Guérin, dit Marengo, sont acquittés de l'accusation, et qu'ils seront mis en liberté s'ils ne sont retenus pour autres causes.

» La cour, après avoir entendu M. Hua, avocat-général pour le procureur-général, en son réquisitoire pour l'application de la loi, les accusés en personne et par l'organe de leurs défenseurs, et en avoir délibéré ;

» Attendu qu'il résulte de la déclaration du jury, que l'accusé Eberle s'est rendu coupable d'avoir par sa négligence facilité l'évasion de Lavalette condamné à la peine capitale, à la garde duquel il était préposé, délit prévu par l'article 240 du Code pénal ;

» Faisant application dudit article, ensemble de l'article 246 dudit Code pénal, desquels articles il a été fait lecture par le président et qui sont ainsi conçus : savoir, l'article 240 :

« Si les évadés ou l'un d'eux, sont prévenus ou accusés
» de crimes de nature à entraîner la peine de mort ou des
» peines perpétuelles, ou s'ils sont condamnés à l'une de ces
» peines, leurs conducteurs ou gardiens seront punis d'un an
» à deux ans d'emprisonnement, en cas de négligence, et des
» travaux forcés à temps, en cas de connivence ».....

» Et l'article 246 :

» Quiconque sera condamné, pour avoir favorisé une évasion
» ou des tentatives d'évasion, à un emprisonnement de plus
» de six mois, pourra en outre, être mis sous la surveillance

» spéciale de la haute police , pour un intervalle de cinq ans à
» dix ans. »

» Condamne Jacques Eberle à subir la peine de deux années
d'emprisonnement ;

» Ordonne qu'à l'expiration de sa peine , il sera mis sous la
surveillance spéciale de la haute police pendant dix années
et fixe à cent francs le montant du cautionnement qu'il sera
tenu de fournir.

» En ce qui concerne Hutchinson , Bruce et Wilson , attendu qu'il résulte de la déclaration du jury qu'ils se sont rendus
coupables d'avoir recélé et fait recéler le condamné Lavalette,
sachant que ledit Lavalette était condamné à la peine capitale,
délit prévu par l'article 248 du Code pénal , duquel article il a
été pareillement fait lecture par le président , et qui est ainsi
conçu :

« Ceux qui auront recélé ou fait recéler des personnes qu'ils
» savaient avoir commis des crimes emportant peine afflictive ,
» seront punis de trois mois d'emprisonnement au moins et
» de deux ans au plus »......

» Condamne John-Ely Hutchinson , Michel Bruce et Robert-
Thomas Wilson à subir la peine de trois mois d'emprisonnement.

» Et conformément aux articles 368 du Code d'instruction
criminelle et 55 du Code pénal , condamne lesdits Eberle, Hutchinson , Bruce et Wilson , solidairement et par corps envers
l'État aux frais du procès.

» Ordonne que le présent arrêt sera exécuté à la diligence du
procureur-général ».

M. le président avertit les condamnés qu'ils ont trois jours
pour se pourvoir en cassation. — La séance est levée.

Wilson se retire en saluant les juges et l'auditoire. Bruce ne
montre pas le même calme et la même résignation.

~~~~~~~~~~

C'est ainsi que s'est terminée cette importante affaire qui
avait vivement excité l'attention publique. Nous avons droit
de penser que la manière franche et loyale dont elle a été
conduite recommandera de plus en plus la France à l'estime
de l'Europe.
~~~~~~~~~~

PIÈCES
SUPPLÉMENTAIRES.

AVIS DE L'ÉDITEUR.

La procédure a donné lieu a plusieurs incidents.

1°. *Sur la mise en liberté provisoire ;*
2°. *Sur la communication des pièces ;*
3°. *Sur la composition du jury mi-parti.*

Nous allons donner successivement les pièces relatives à ces incidens, en ayant soin de réunir sur chacun d'eux celles qui s'y rapportent, afin que le lecteur puisse mieux saisir la liaison qui existe entre elles.

Ces incidents seront suivis du mémoire des Anglais devant la chambre d'accusation en anglais et en français , etc. etc. etc. , et terminés par l'ordre du jour du Prince régent relatif à cette affaire.

PREMIER INCIDENT.

MISE EN LIBERTÉ PROVISOIRE.

ORDONNANCE de la Chambre du Conseil qui rejette la demande en liberté provisoire.

30 janvier 1816.

Extrait des minutes du greffe du tribunal de Première Instance du département de la Seine, séant au palais de Justice à Paris. D'une procédure instruite sous le n.º 15096, contre les sieurs Robert Thomas-Wilson, Michel Bruce, et John Hutchinson, a été extrait ce qui suit :

TRIBUNAL DE PREMIÈRE INSTANCE DU DÉPARTEMENT DE LA SEINE.

NOUS, juges composant la première chambre du tribunal de première instance du département de la Seine, réunis en la chambre du conseil, conformément à l'article 127 du code d'instruction criminelle ;

Vu les pièces du procès et l'instruction faite contre les sieurs Robert Thomas Wilson, Michel Bruce, et John Hutchinson, les articles 113 et 114 du code d'instruction criminelle, et les articles 242 et 248 du code pénal ;

Vu les requêtes par eux présentées à l'effet d'obtenir leur liberté provisoire, ensemble les conclusions du substitut de monsieur le procureur du Roi du 29 janvier 1816, tendantes à ce que lesdites demandes soient jointes au fond, et qu'en conséquence il soit dit n'y avoir lieu à statuer quant à présent sur lesdites demandes ;

Ouï le rapport de M. Dupuy, l'un des juges d'instruction près ce tribunal ;

Duquel il résulte que, sur le réquisitoire de M. le procureur du Roi, des poursuites ont été dirigées contre les exposans, comme inculpés, ou d'avoir consommé l'évasion de Louis Marie Chamans-Lavalette ; condamné à la peine capitale, pour crime d'attentat tendant au renversement du gouvernement, ou d'avoir recélé la personne dudit Lavalette sciemment et connaissant sa condamnation.

Attendu que l'instruction commencée a, en effet, l'une et l'autre inculpation pour objet.

Que, quand la seconde, aux termes de l'art. 248 du code pénal et considérée isolément, pourrait ne porter que sur un fait déclaré délit par la loi, et qu'il serait établi que les prévenus ne sont point parvenus à procurer ou faciliter ladite évasion, en corrompant les gardiens ou geoliers, ou de connivence avec eux, il n'en est pas ainsi de la première, qui d'après les articles 2 et 248 dudit code, à raison des faits de corruption ou connivence imputés, soit au geolier, soit au guichetier qui avaient été chargés de la garde de Lavalette, est de nature à emporter peine afflictive et infamante, tant contre l'auteur principal que contre ses complices.

Attendu que la prévention ne devra être fixée que lorsque l'instruction de la procédure sera terminée ; qu'alors seulement, le tribunal pourra avec connaissance de cause, rejetter la demande, s'il y a présomption suffisante de crime; ou, dans le cas de simple délit, user de la faculté que lui attribue la loi d'accorder ou refuser la liberté provisoire avec caution ;

Attendu enfin que des manœuvres pratiquées afin de soustraire à l'action de la loi, un condamné pour crime de haute trahison, ne doivent pas toujours être considérées comme constituant un délit ordinaire ; qu'elles peuvent suivant les circonstances, et d'après l'intention manifestée par les démarches et les écrits des prévenus, présenter les caractères d'un attentat ou d'un complot contre le gouvernement, et par conséquent d'un fait qualifié crime par la loi; que déjà même il existe dans la procédure des documens suffisans pour imprimer ce caractère aux charges existantes contre les exposants ;

Ordonnons que leurs demandes en liberté provisoire soient jointes au fond ;

En conséquence disons qu'il n'y a lieu à statuer quant à présent sur lesdites demandes.

Fait en ladite chambre du conseil, le 30 janvier 1816, *signé*, Popelin, Jarry, Try, Crottet, H. Chabaud et Dupuy.

Pour extrait conforme délivré par moi greffier soussigné. *Signé au dit extrait*, Goel.

Enregistré à Paris le 3 février 1816. Reçu un franc dix centimes, dixième compris, fol. 306 V. C. 1.e *Signé* Rouillé.

Pour copie conforme, collationnée par moi avoué soussigné, Paris le 3 février 1816.

Signé PILLETTE.

MÉMOIRE

POUR MM. BRUCE, WILSON ET HUTCHINSON,

Contenant leurs moyens d'opposition à l'ordonnance de la Chambre du Conseil ; du 30 janvier 1816.

DEMANDE en liberté provisoire devant la Chambre d'Accusation.

Nous avons été arrêtés et constitués prisonniers, comme *prévenus d'avoir participé à l'évasion ou au recel du condamné Lavalette.*

Ce genre de délit, même en le supposant prouvé, ne pouvant donner lieu qu'à des *peines purement correctionnelles,* nous avons demandé à être mis provisoirement en liberté sous caution, conformément à l'article 114 du code d'instruction criminelle.

Les requêtes par nous présentées à cette fin, ont été répondues d'une ordonnance en date du 30 janvier 1816, laquelle, sur les conclusions conformes de M. le procureur du Roi, porte le prononcé qui suit : « ordonnons que les demandes » *en liberté provisoire soient jointes au fonds.* En conséquence, disons qu'il n'y a lieu à statuer *quant à présent* » sur lesdites demandes. »

Nos demandes se trouvant ainsi écartées par le fait, nous avons cru nécessaire de former opposition à cette ordonnance par un acte signifié à M. le procureur du Roi, en la forme ordinaire.

Le présent mémoire a pour objet de développer les moyens qui n'ont été qu'indiqués dans l'acte d'opposition.

La première objection que fait naître l'ordonnance du 30 janvier, se tire de la contradiction qui se fait remarquer dans le texte de son dispositif.

En effet, on y lit *qu'il n'y a lieu quant à présent à statuer ;* ce qui pourrait faire croire qu'on ne statue pas encore ; et pourtant on statue par le fait, puisqu'à côté se trouve cette autre disposition : la chambre *joint les demandes en liberté provisoire au fond.*

Mais lorsqu'on jugera le fond, qu'arrivera-t-il ? de deux choses l'une : ou nous serons acquittés, et dans ce cas, il est clair que nous n'aurons plus besoin d'être élargis *provisoirement*, puisque nous le serons *définitivement* : ou bien nous serons condamnés à l'emprisonnement pour un temps quelconque, et dans ce cas encore, il est manifeste que notre demande provisoire deviendra sans objet ; il n'est donc pas une seule hypothèse où le tribunal, qui aura le *fond* à juger, puisse statuer sur notre demande provisoire ; d'où resulte évidemment que l'ordonnance a mal jugé en joignant au fond un provisoire qui doit nécessairement passer avant le fonds.

Il fallait ou accorder la mise en liberté provisoire, si la prévention était simplement correctionnelle ; ou la refuser si le titre de la prévention devait emporter des peines plus graves : mais il n'y avait que cette alternative, et la chambre du conseil n'a pas pu adopter un *mode intermédiaire de prononciation* qui, sans paraitre rejeter la demande, l'écarte cependant sans retour en la joignant au fond du procès.

Le principe en pareille matière, est que le sort de la demande en liberté provisoire se juge uniquement par le *titre* de la prévention. Un homme est-il prévenu d'un meurtre ? que le fait soit prouvé ou non, sa liberté provisoire *ne peut jamais* lui être accordée. N'est-il au contraire prévenu que d'un vol ? sa liberté en ce cas *peut et doit* lui être accordée.

Vainement objecterait-on que l'art. 114 employant le mot *pourra*, laisse au juge la faculté d'accorder *à son gré*, ou de refuser l'élargissement provisoire.

D'abord, on pourrait contester cette interprétation, et dire que le mot *pourra*, employé par l'article 114, pour les cas où il ne s'agit que de peines correctionnelles, n'est mis que par opposition aux mots *ne pourra jamais*, employés par l'art. 113, pour les cas où le titre de l'accusation emporte des peines afflictives ou infamantes.

En second lieu, on peut ajouter que ce qui est abandonné à l'arbitrage du juge, n'est pas pour cela livré à l'arbitraire de l'homme ; et, suivant cette interprétation qui n'a rien que de souverainement équitable, nous pensons que le mot *pourra* de l'art. 114, n'indique pas un *pure faculté*, mais comporte une *véritable obligation* d'accorder l'élargissement toutes les fois que le prévenu qui le réclame, n'est pas dans un des cas où la loi défend de l'accorder.

Or, la loi ne défend de l'accorder que lorsque *le titre de l'accusation* doit emporter une peine afflictive ou infamante (art. 113) ; donc il doit être accordé toutes les fois que ce *titre* ne promet que des peines correctionnelles (art. 114.) : autrement, ce serait donc la diversité des personnes qui mettrait une différence dans les solutions du juge, lorsqu'au contraire, il est évident que la différence des solutions ne peut provenir que de la diversité des délits.

Tout se réduit donc à vérifier si *le titre de la prévention* dont nous sommes l'objet, est criminel ou correctionnel. Nous soutenons qu'il est purement correctionnel ; car les mandats de dépôt, en vertu desquels nous gissons en prison, portent uniquement ces mots : « prévenus d'avoir participé à *l'évasion* ou au *recel* du condamné Lavalette. » Or, l'*évasion* ou le *recel* (même en supposant que ces mots soient applicables au fait qui nous est reproché) ne constituent que des délits *purement correctionnels*, suivant les articles 240 et 248 du code pénal.

Il est vrai que l'ordonnance du 30 janvier essaye de renforcer ces délits purement correctionnels, par des circonstances aggravantes, qui auraient pour effet de les transformer en crime.

Mais quelles sont ces circonstances prétendues aggravantes ?

Ce serait, 1.º d'avoir usé de corruption ou de connivence avec les geoliers.

2.º D'avoir manifesté par des démarches et des écrits l'intention d'un attentat ou d'un complot contre le gouvernement.

On peut faire sur ces circonstances soi-disant aggravantes une remarque générale et des observations particulières.

La remarque générale applicable à l'une et à l'autre, c'est que ces prétendues circonstances ne sont pas constantes, même pour les juges qui ont rendu l'ordonnance.

En effet, s'ils avaient eu à cet égard la moindre conviction, ils ne se seraient pas bornés à dire qu'il n'y a lieu quant à présent à statuer ; ils n'auraient pas joint la demande provisoire au fond ; mais ils l'eussent rejetée de suite d'une manière absolue et définitive, puisque dans leur opinion, il ne se serait plus agi d'un simple délit correctionnel, mais d'un véritable crime.

De ce qu'ils n'ont pas prononcé ce rejet, il faut donc conclure avec certitude qu'il n'existe contre nous aucune charge qui puisse accréditer les circonstances dont il s'agit.

Et ce n'est pas seulement dans son prononcé, que l'ordonnance présente ce vague : c'est aussi dans ses motifs, puisqu'on y lit : « attendu que la prévention ne devra être fixée que » lorsque l'instruction de la procédure sera terminée ; qu'a-» lors seulement le tribunal pourra avec connaissance de cause » rejeter la demande, *s'il y a présomption suffisante de* » *crime*, ou, dans le cas de simple délit, user de la faculté

» que lui attribue la loi d'accorder ou refuser la liberté pro-
» visoire avec caution. »

Ce considérant renferme donc l'aveu formel qu'il n'y a *pas
même de présomption suffisante de crime* ; et dès lors, on
a droit de s'étonner que la liberté provisoire ait été refusée !
du reste, et, s'il est vrai de dire que la prévention ne sera
définitivement fixée que lorsque l'instruction sera terminée,
ce n'est pas à dire pour cela qu'il faille nécessairement *attendre que l'instruction soit terminée, pour pouvoir accueil-
lir la demande en liberté provisoire* ; car, suivant l'art 114,
» la mise en liberté provisoire peut être demandée et accor-
» dée *en tout état de cause* » ; c'est-à-dire, avant aussi bien
qu'après l'instruction terminée ; et la raison toute simple en
est que les délits correctionnels ne pouvant entraîner que la
peine d'emprisonnement, si l'on ne permettait pas à ceux
qui en sont prévenus de sortir provisoirement sous caution,
ils se trouveraient avoir irrévocablement subi par avance la
seule peine à laquelle ils peuvent être condamnés par la suite.
Or, il est contre toute justice que le supplice commence avant
la sentence, et que la peine soit infligée avant que d'avoir été
prononcée.

Il est donc contre toute équité de s'arrêter à des présomptions vagues, à des conjectures hasardées, à des possibilités
éloignées, et que l'instruction n'a pas réalisées, pour baser un
refus d'élargissement. Si la preuve du fait est encore dans le
vague, le titre de la prévention ne l'est pas ; il est fixé ; il n'é-
nonce que des délits purement correctionnels ; c'était donc
le cas de nous accorder notre mise en liberté provisoire.

Mais ce n'est pas assez d'avoir montré que les circonstances
prétendues aggravantes n'ont aucun fondement dans l'opinion des premiers juges ; nous allons surabondamment démontrer qu'elles ne peuvent pas exister en effet.

On n'ose pas dire ouvertement que nous avons corrompu
les gardiens de Lavalette ; ce n'est pas à nous qu'on reproche
la connivence avec eux. On sait bien que rien, absolument
rien n'offre le moindre indice de cette corruption, dont l'allégation à notre égard ne serait qu'une pure calomnie : la ré-
daction de l'ordonnance un peu embarrassée en cet endroit,
donne seulement « l'idée des faits de corruption ou conni-
» vence *imputés soit au geolier, soit au guichetier de La-
» valette,* et qui seraient de nature à emporter peine afflic-
» tive et infamante, *tant contre l'auteur principal, que
» contre ses complices.* »

Mais peu importe que les geoliers du sieur Lavalette soient
accusés de corruption ou de connivence, si ce n'est pas nous

qu'on accuse d'avoir usé de connivence ou de corruption avec eux.

Il faut bien cependant, quoique les termes de l'ordonnance ne le disent pas, qu'elle ait été rédigée dans cette opinion que nous avions corrompu ces guichetiers, puisqu'on nous range dans l'hypothèse de l'art. 242 du code pénal, et que, par là, nous sommes évidemment enveloppés dans la conséquence, quoique nous ne soyons pas compris dans les prémices.

Admettons donc que l'ordonnance dit clairement que nous avons corrompu les geoliers, et qu'ainsi nous rentrons dans le cas des peines portées par l'article 242.

Cette accusation démentie par notre conscience qui la rejette hautement comme une calomnie; cette accusation qui n'est appuyée sur aucun document, soit verbal, soit écrit, et sur laquelle l'ordonnance elle-même convient qu'il n'y a pas même de *présomption suffisante;* cette accusation, disons-nous, ne peut plus, en ce qui nous touche, être regardée que comme un vain prétexte depuis que madame Lavalette a obtenu sa mise en liberté provisoire.

En effet, il est impossible de concevoir que nous ayons corrompu des gardiens pour laisser passer M. Lavalette, si l'on ne prétend pas que nous savions qu'il devait sortir. Impossible que nous fussions prévenus de sa sortie, sans savoir le jour, l'heure, le moment, le mode d'évasion; sans être, en un mot, d'accord et d'intelligence avec madame de Lavalette (*qu'aucun de nous n'a jamais vue*). Impossible qu'en ce cas madame de Lavalette elle-même, ce vertueux et honorable auteur du salut de son époux, ne sût pas que les geoliers étaient prévenus, gagnés et corrompus, et qu'ils fermeraient les yeux; impossible, oui, impossible, pour tout homme raisonnable de concevoir de notre part, que les geoliers aient été corrompus par nous, dans l'intérêt du sieur Lavalette, sans que madame Lavalette en fût informée.

Eh bien! dans cet état madame Lavalette a cependant obtenu sa liberté provisoire.

On a bien fait, sans doute, de lui accorder cette liberté; mais il est en même temps de la plus haute évidence, qu'on n'a pas dû nous refuser la nôtre, par un motif qui, s'il pouvait être vraisemblable en ce qui nous touche, l'eût été à plus forte raison relativement à elle.

Nous sommes anglais; mais en raison de la paix et bonne intelligence qui règne entre la France et notre nation, nous devons être traités en France comme les français les plus favorisés; et c'est avec douleur que nous nous voyons réduits à faire ressortir la différence du traitement qu'a reçu notre demande, dans des circonstances que nous pourrions dire

semblables , si toutes les nuances qui les séparent n'étaient pas
entièrement à notre avantage.

Reste à combattre cet autre motif de l'ordonnance , tiré de
ce que « des manœuvres pratiquées afin de soustraire à l'ac-
» tion de la loi un condamné pour crime de haute trahison ,
» ne doivent pas être considérées comme constituant un délit
« ordinaire , qu'elles peuven t, suivant les circonstances , et
» d'après l'intention manifestée par les démarches et les écrits
» des prévenus , présenter les caractères d'un attentat et
» d'un complot contre le gouvernement , et par conséquent
« d'un fait qualifié crime par la loi ; que déjà même il existe
» dans la procédure des documens *suffisans* pour imprimer
» ce caractère aux charges existantes contre les exposans. »

Nous avons déjà répondu à la dernière partie de ce motif
que s'il avait existé dans la procédure des documens *suffisans*
pour transformer en crime le délit correctionnel dont nous
sommes prévenus , on ne se serait pas borné *à joindre l'incident au fond* , et à dire qu'*il n'y a lieu quant à présent
à statuer* , on se fût fondé sur l'article 113 , pour écarter notre
demande sans retour.

Nous ajouterons ensuite pour combattre plus directement le
motif , que les tribunaux ne peuvent pas avoir à juger nos
pensées , mais nos *actes* ; que si des anglais résidant momentanément en France ; sont obligés d'y conformer leurs actions
extérieures aux lois existantes , *rien ne les empêche de penser aussi librement sur les bords de la Seine que sur les
rives de la Tamise.* Ainsi quels qu'aient pu être nos sentimens
secrets , nos conversations avec nos amis , notre correspondance confidentielle avec nos compatriotes , ce n'est pas là ce
qui peut servir de base à notre jugement.

On ne doit pas nous juger par les intentions ou les pensées
qu'on nous suppose , mais par la nature et les qualités des faits
qu'on nous impute.

Si nous étions accusés d'avoir tué un homme , on ne pourrait pas nous accorder notre mise en liberté provisoire ; mais
nous sommes accusés d'avoir sauvé un français !

Arrêtons nous au titre de cette accusation , et s'il est vrai
que ce soit là un délit , comme ce n'est certainement pas un
crime , espérons que la cour , faisant pour nous anglais , ce
qu'elle a fait pour madame de Lavalette française , usera des
pouvoirs souverains que la loi lui donne , pour mettre au néant
l'ordonnance qui excite nos justes réclamations.

Paris , ce 5 février 1816.

Signé WILSON , BRUCE et HUTCHINSON.

SECOND INCIDENT

RELATIF

A LA COMMUNICATION DES PIÈCES.

LETTRE de M. DUPIN à MM. WILSON, BRUCE, etc. ;

1.º Sur leur mise en liberté provisoire ; 2.º sur la communication des pièces.

Paris, ce 2 février 1816.

MESSIEURS,

La prévention dont vous êtes l'objet a fait déjà naître dans vos esprits des doutes sur lesquels vous avez désiré d'être éclairés, non pas seulement de vive voix, mais encore par écrit, afin de mieux fixer vos idées sur une procédure dont la marche vous est entièrement inconnue, et aussi pour servir de base aux réclamations que vous seriez dans le cas de former pour la conservation de vos droits.

Dans le premier moment de votre arrestation, vous avez cru qu'étant anglais, on ne pouvait agir ni procéder contre vous que conformément aux lois anglaises : vous avez surtout considéré comme extraordinaire qu'on vous fît subir interrogatoire, ce qui n'a point lieu en Angleterre, où toute personne accusée ou prévenue a droit de rester muette aux interpellations dont le but serait de l'amener à s'incriminer elle-même.

Sans établir ici aucun parallèle entre notre législation et la vôtre, ni rechercher quelle peut être la meilleure en soi, je vous ai fait observer, et vous en êtes à-peu-près demeurés d'accord, qu'ayant été arrêtés en France et traduits devant les tribunaux français pour un fait qui s'est passé en France, vous deviez être jugés conformément aux lois françaises, qui seules ont autorité parmi nous.

Mais s'il est vrai de dire que vous ne pouvez pas invoquer les lois anglaises , il est certain aussi qu'en raison de la paix et bonne intelligence qni règne entre le gouvernement anglais et le gouvernement français, vous devez être traités en France comme les français les plus favorisés.

Vous en avez la garantie dans nos mœurs et dans l'équité de nos magistrats , dont la religion n'admet pas de différence entre les nationaux et les étrangers: *tàm indigenis quàm advenis , UNA LEX erit omnium quœ peccaverint ignorantes*. nombr. XX. , 29.

Vous en trouvez d'ailleurs l'assurance positive dans la lettre écrite le 13 du mois dernier, par M. le Duc de Richelieu à votre ambassadeur , pour lui faire part de votre arrestation. « Leur procès va s'instruire (est-il dit dans cette » lettre) mais le soussigné en l'annonçant à Sir Ch. Stuart, » s'empresse, en même temps, de lui donner *l'assurance qu'ils* » *jouiront absolument de toutes les facilités que leur of-* » *frent nos lois pour se justifier, et que les formes protec-* » *trices de la procédure seront religieusement observées* » *à leur égard* «.

Après vos premiers interrogatoires , il m'a été permis de communiquer avec vous.

Je me suis assuré , par la lecture *des mandats de dépôt* décernés contre vous , que vous étiez seulement « prévenus » d'avoir participé à *l'évasion* ou au *recel* du condamné La- » valette, »

Cette imputation, en la supposant prouvée, ne donnait lieu, par *son titre* même , qu'à des *peines purement correction-* *nelles*. Il m'a donc semblé que vous étiez dans le cas d'obtenir votre mise en liberté provisoire moyennant caution , conformément aux articles 114 et suivans du Code d'Instruction criminelle.

Vous ne doutiez pas que cette mise en liberté vous serait accordée , surtout lorsque vous avez su que madame Lavalette accusée principale , avait obtenu le bénéfice d'un semblable élargissement.

Raisonnant par analogie, vous vous persuadiez que , n'étant accusés que d'une sorte de complicité dans le fait reproché à cette dame , vous ne pouviez pas être traités moins favorablement qu'elle.

Chacun de vous a donc présenté une requête tendante à être élargi provisoirement sous caution.

Les trois requêtes ont été communiquées à M. le procureur du Roi ; et conformément à ses conclusions , elles ont été répondues d'une ordonnance de la chambre du conseil , dont j'ai lu la minute , et qui par divers motifs qui y sont exprimés, dit qu'il n'y a lieu quant à présent à statuer, et joint les demandes en liberté provisoire au fonds.

Votre avoué sollicite en ce moment une expédition de cette ordonnance; dès qu'elle lui aura été délivrée, il s'empressera de vous la transmettre. Vous y verrez que le principal motif du refus vient de ce que si, quant à présent, vous n'êtes réellement prévenus que d'un délit correctionnel, cependant on est sur la voie d'indices qui pourraient bien aggraver le fait au point de lui faire prendre quelque teinte de criminalité. Ainsi ce n'est pas sur des preuves acquises que se fonde l'ordonnance; c'est uniquement sur des éclaircissemens attendus et espérés.

Sans entrer ici dans un trop long détail de ce qu'on pourrait objecter en point de fait contre cette ordonnance, je dois vous soumettre en point de droit quelques observations.

L'ordonnance de la chambre du conseil n'est pas irrévocable. Vous pouvez y former opposition, et la déférer à la chambre d'accusation de la Cour royale. Je dois même vous informer que la demande de madame de Lavalette avait d'abord été rejetée par la chambre du conseil, et que ce n'est que sur une opposition telle que je viens de vous l'indiquer, qu'elle a obtenu son élargissement. Le même espoir vous est donc permis, sur-tout par cette considération qui me paraît dominante, savoir, qu'étant prévenus d'avoir coopéré comme complices à un fait dont elle est prévenue en première ligne, vous ne pouvez pas être traités plus défavorablement qu'elle.

L'opposition d'ailleurs me semble d'autant mieux fondée, que l'ordonnance implique contradiction.

En effet, on y lit *qu'il n'y a lieu quant à présent à statuer*, ce qui pourrait faire croire qu'on ne statue pas encore; et pourtant, on statue par le fait, puisqu'à côté se trouve cette autre disposition: la chambre *joint la demande provisoire au fond*.

Il est donc décidé par là qu'on ne statuera sur la demande provisoire qu'en jugeant le fond. Mais lorsqu'on jugera le fond, qu'arrivera-t-il? De deux choses l'une: ou vous serez acquittés, et dans ce cas il est clair que vous n'aurez plus besoin d'être élargis *provisoirement* puisque vous le serez *définitivement*: ou bien vous serez condamnés à l'emprisonnement pour un temps quelconque, et dans ce cas encore, il est manifeste que votre demande provisoire deviendra sans effet. Il n'est donc pas une seule hypothèse où le tribunal qui aura le *fond* à juger, puisse statuer sur votre demande *provisoire*; d'où résulte évidemment que l'ordonnance a mal jugé en joignant au fond un provisoire qui nécessairement doit passer avant le fond.

La réformation de l'ordonnance, au moins en ce qui touche le mode de prononciation, me semble donc indubitable.

Il sera d'ailleurs facile d'établir au fond, que ce n'est pas sur des possibilités éloignées, que l'instruction n'a pas réalisées et qu'elle n'indique même pas, qu'on peut baser un refus ; mais bien, comme le dit l'article 113, sur le *titre de l'accusation*. Je ne m'étends pas davantage ici sur cet article qui sera plus amplement développé dans la requête contenant vos moyens d'opposition.

J'avoue cependant que pour attaquer cette ordonnance avec un avantage égal à celui de la partie publique, j'aurais besoin de prendre communication des pièces : car comment combattre et détruire des inductions tirées d'une instruction dont je n'aurais eu préalablement communication ?

L'article 302 du Code d'instruction criminelle, dit que » le conseil pourra communiquer avec l'accusé après son in- » terrogatoire. — Il pourra aussi prendre communication de » toutes les pièces, sans déplacement et sans retarder l'ins- » truction. »

Fort de cette disposition de la loi, j'ai demandé cette communication ; je l'ai demandée à diverses reprises ; mais elle m'a été refusée.

A cet égard, je dois de suite vous certifier que ce refus n'a rien qui puisse vous faire croire que M. le Juge d'instruction y ait mis de la mauvaise volonté.

Au contraire, il me serait impossible de vous peindre toute la bienveillance avec laquelle il a écouté mes demandes, si je ne savais par vous-mêmes à quel point vous êtes personnellement satisfaits des égards qu'il vous a témoignés dans ses relations avec vous.

Mais ce magistrat, après en avoir conféré avec M. le procureur du Roi, a pensé que l'article 302 se trouvant placé sous le chapitre intitulé : *de la procédure devant la Cour d'assises*, n'était pas applicable à l'espèce où vous vous trouvez. En effet, m'a-t-il dit, lorsque l'accusé est renvoyé devant la Cour d'assises, l'instruction est complette, et rien ne s'oppose plus à la communication ; mais tant que l'instruction n'est pas terminée, cette communication ne peut pas avoir lieu sans danger.

J'ai reçu cette décision avec le respect que m'inspirent toujours les décisions judiciaires, alors même qu'elles ne portent pas la conviction dans mon esprit ; et j'avoue que celle-ci est du nombre. Voici mes raisons :

1°. La preuve qu'il n'est pas nécessaire que l'instruction soit complétement terminée pour que la communication des pièces ait lieu, résulte de ces mots, *sans retarder l'instruction*.

car on ne retarde pas une instruction lorsqu'elle est faite , mais
seulement lors et pendant qu'elle se fait. La loi a donc voulu
que la communication des pièces fût accordée au conseil ,
même *pendant l'instruction,* à la charge seulement *de ne
pas la retarder* : ce qui veut dire qu'il ne doit prendre
communication qu'aux heures indiquées par le magistrat ;

2.º Cette première observation en amène une seconde :
c'est que la communication autorisée par l'article 3o2 doit
avoir lieu avant le renvoi à la Cour d'assises et non pas seulement après ce renvoi prononcé : car il n'est jamais prononcé
qu'après que l'instruction est terminée ; et nous venons de
voir que la loi autorisait la communication durant le cours
de l'instruction, pourvu que ce fût sans la retarder ;

3.º Un autre argument se tire de ce que ce même article
3o2 dit que » le conseil pourra communiquer avec l'accusé
» après son interrogatoire » : ce serait donc après l'interrogatoire devant la Cour d'assises , puisque telle est l'interprétation
donnée à la seconde partie de l'article ; et pourtant il est certain que la communication du conseil avec l'accusé a toujours
lieu , avant que le renvoi à la Cour d'assises ne soit prononcé.
Vous voyez , par exemple, que je suis entré en communication avec vous aussitôt après vos interrogatoires, et consé-
quemment avant l'instruction terminée : pourquoi donc la
deuxième partie de l'article 3o2 s'interpréterait-elle moins
favorablement que la première ?

4.º Aucune disposition semblable à celle de l'article 3o2 ne
se trouvant répétée sous les titres où il est parlé de la procédure
à suivre , soit devant les Tribunaux correctionnels , soit devant les Cours spéciales , si l'on admettoit que cet article 3o2
ne reçoit d'application que devant les Cours d'assises , il en
faudrait donc inférer que devant les autres cours ou tribunaux,
les prévenus ou accusés n'ont pas le droit de communiquer
avec leur conseil , et que ce conseil n'a pas droit de prendre
communication des pièces ; et pourtant chacun sait qu'il n'est
pas de tribunal où cette double communication ne soit autorisée. Elle a lieu devant les Tribunaux militaires, les plus sévères
et les plus expéditifs de tous : comment donc n'aurait-elle pas
lieu en matière simplement correctionnelle ? Le danger qu'on
redoute dans la communication n'existe pas ; c'est une facilité
donnée à l'accusé pour se justifier ; et la justice ne peut jamais
regarder comme dangereux pour la société , ce qui aide à la
justification d'un accusé.

5º. L'accusé n'a pás seulement intérêt à se défendre devant
le Tribunal correctionnel ou devant la Cour d'assises ; il a un
premier intérêt, celui d'éviter même d'y être traduit. C'est
pour cela que l'article 217 autorise le prévenu à présenter des

mémoires à la chambre d'accusation pour démontrer qu'il ne doit pas être mis en jugement : or , comment son conseil dressera-t-il un mémoire justificatif, s'il n'a pas acquis par la communication des pièces , la connaissance des charges produites contre son client.

6.º La loi est sage. Elle a réuni dans un même article la permission de communiquer avec l'accusé , et la permission de prendre communication des pièces , parce que sans cette dernière permission, la première est illusoire. Et de fait, de quelle utilité peut être pour l'accusé un conseil, qui ne pouvant s'instruire de la vérité des faits , est réduit à des colloques qui ne sont remplis que par des hypothèses et des conjectures : tandis que s'il avait vu les pièces , il pourrait faire marcher la défense de front avec l'attaque ? C'est pourtant ce qu'a voulu la loi. Elle a bien senti que le premier besoin d'un prévenu était un conseil , comme le premier besoin d'un malade est d'appeler un médecin ; mais de même que le médecin ne peut indiquer des remèdes qu'autant qu'il connaît l'origine , le cours et les accidens de la maladie ; de même un avocat ne peut donner à son client aucun conseil utile s'il ne sait pas au juste de quoi il est accusé.

Je conclus de là que la communication des pièces doit m'être accordée : je prendrai cette communication *sans déplacement* , aux jours et heures qui me seront indiqués par le juge , en un mot et comme le dit la loi, *sans retarder l'instruction* ; mais je n'en suivrai pas moins ses progrès, afin d'être à portée de faire toutes les réquisitions légitimes que votre intérêt me paraîtra commander.

Si , au contraire , cette communication m'est refusée , je me trouverai dans la fâcheuse nécessité d'attendre dans mon cabinet, pendant que vous attendrez dans votre prison , le moment où il me sera donné de vous défendre avec le dévoument que m'inspire la conviction que vous n'êtes coupables d'aucun fait qui soit qualifié délit par nos lois.

J'ai l'honneur d'être avec une parfaite considération ,

Votre dévoué serviteur et conseil ,

Signé DUPIN.

REQUÊTE à M. le Procureur général, à fin de communication de pièces. Ordonnance portant refus d'accorder cette communication.

4 mars 1816.

EXTRAIT *des pièces de la procédure instruite contre les sieurs Bruce, Wilson et Hutchinson, déposée au greffe de la cour Royale de Paris, Chambre d'Accusation.*

A M. le Procureur Général, près la cour Royale de Paris;

Messieurs Bruce, Wilson et Hutchinson, présentement détenus à la Force, comme prévenus des faits portés en leur mandat d'arrêt,

Supplient qu'il vous plaise permettre à leur conseil de prendre communication des pièces de leur procès, pour qu'ils puissent, conformément à l'article 217 du Code d'Instruction criminelle, présenter à la chambre d'accusation un mémoire dont l'objet sera de détruire les préventions élevées contre eux.

Cette communication est de toute justice; car on conçoit l'impossibilité de repousser des charges qui demeureraient secrètes, et d'ailleurs, comme la défense est encore plus favorable que l'attaque, il s'ensuit nécessairement que les prévenus doivent avoir, pour se justifier, les mêmes facilités que la loi donne au ministère public pour les accuser.

Cette communication aurait pu avoir lieu sans retarder l'instruction, ainsi que le veut l'article 302; à plus forte raison elle est praticable aujourd'hui que cette instruction est terminée.

Du reste, le conseil des prévenus prendra ladite communication de la manière qu'il plaira à monsieur le Procureur général de fixer, aux jours et heures qu'il lui plaira indiquer

et de telle sorte que le rapport n'en éprouve aucun retard.
En permettant ladite communication, vous ferez justice.

Signé HONORÉ, *avoué.*

Vu la requête ci-dessus et de l'autre part;

Nous, Procureur général près la Cour Royale de Paris,

Attendu que, d'après l'usage constamment observé depuis la mise en activité du Code d'Instruction criminelle, la communication des pièces n'est accordée aux prévenus qu'après l'arrêt de mise en accusation; que cet usage est fondé sur le principe d'après lequel l'Instruction criminelle doit être secrète jusqu'à ce qu'elle soit terminée; qu'en effet l'ordonnance de prise de corps ne règle pas définitivement la compétence et ne termine pas, à proprement parler, l'Instruction; que la chambre d'accusation peut, aux termes de l'article 228 du Code, ordonner des informations nouvelles et continuer ainsi l'Instruction; qu'elle use fréquemment de cette faculté, qui serait rendue illusoire par la communication qui serait donnée, antérieurement, aux prévenus, des pièces de la procédure, et, par les moyens que cette communication pourrait leur fournir, dans certains cas, de mettre obstacle à la recherche des preuves et à l'éclaircissement de la vérité;

Attendu que la disposition de l'article 217, qui permet aux prévenus de produire des mémoires, ne peut être considérée que comme une reconnaissance du droit de défense qui ne peut jamais leur être enlevé, mais qui ne doit s'exercer que dans les limites que la loi lui a prescrites, et qu'autant que la latitude qu'on lui accorderait ne nuirait pas à l'intérêt de la société; que l'article 217 n'autorise nullement la communication des pièces,

Disons qu'il n'y a lieu d'autoriser la communication demandée.

Fait au Parquet de la Cour Royale, le quatre mars 1816.

Pour Monsieur le Procureur général empéché,
l'Avocat général délégué,

Signé HUA.

Pour copie conforme délivrée par le Greffier en chef de la Cour Royale de Paris, soussigné,

Signé DUPLÈS.

Enregistré à Paris le 5 mars 1816, reçu un franc dix centimes,

Signé DARNAULT.

ARRÊT sur requête, qui refuse la communication des pièces.

9 mars 1816.

EXTRAIT *des minutes du greffe de la cour Royale de Paris, chambre d'Accusation.*

Vû la requête présentée à la Cour par Wilson, Bruce et Hutchinson, à l'effet d'obtenir que les pièces de leur procès soient communiquées à leurs conseils : ladite requête est ainsi conçue :

« A Messieurs les Président et Conseillers composant la « chambre d'accusation de la Cour Royale de Paris. »

« Ont l'honneur d'exposer que par déférence pour mon- « sieur le Procureur général, quoique partie poursuivante « contre eux, ils lui ont présenté, le 4 mars courant, une « supplique, à l'effet d'obtenir communication des pièces de « leur procès.

« Cette demande avait pour objet de rédiger le mémoire « justificatif que l'article 217 du Code d'Instruction criminelle « les autorise à présenter à la chambre d'accusation, alléguant « que, sans cette communication préalable, toute explication, « toute réfutation, toute défense en un mot devenait impos- « sible ;

« Mais leur requête a été répondue le même jour par une « ordonnance portant refus d'accorder ladite communication.

« Dans ces circonstances, MM. Wilson, Bruce et Hutchin- « son recourent à l'autorité de la Chambre, pour qu'il lui « plaise autoriser cette communication.

« La compétence de la Chambre, pour statuer sur cette « réclamation, ne peut pas être révoquée en doute ;

« Aux termes de l'article 217, le ministère public doit faire « son rapport à la Chambre dans les dix jours ; pendant le « même délai, les prévenus ont la faculté de présenter des « mémoires justificatifs.

« Dans ce débat qui s'élève entre l'accusateur qui croit « poursuivre des coupables, et les prévenus qui défendent « leur innocence, la Chambre seule a le droit de juger : c'est « donc à elle qu'il appartient de statuer définitivement sur la

« demande en communication des pièces , que les exposans
« réitèrent par la présente requête.

« Les motifs sur lesquels est fondée l'ordonnance de mon-
« sieur le Procureur général , sont faciles à réfuter :

« I.er Motif. D'après l'usage constamment observé
« depuis la mise en activité du Code d'Instruction , la com-
« munication des pièces n'est acccordée aux prévenus qu'après
« l'arrêt de mise en accusation. »

« Réponse. L'usage allégué n'est pas si constant qu'on
« n'en trouve des exemples contraires : ainsi , dans l'affaire
« Regnier contre Michel , les avocats ont eu communication
« des pièces avant l'arrêt de mise en accusation. La même
« chose a eu lieu dans la célèbre affaire du notaire Herbelin :
« il ne serait pas difficile de citer d'autres exemples.

« D'ailleurs il ne s'agit pas ici du fait, mais du droit. Peu
« importe que , dans les cas ordinaires , les prévenus ne re-
« quièrent pas la communication des pièces ; ils peuvent ,
« par ignorance ou par défaut d'intérêt , ne pas user de leur
« droit : cela ne fait pas la règle pour ceux qui , venant après ,
« demandent à l'exercer.

« Cette communication peut être indifférente dans certaines
« affaires qui consistent plutôt dans le fait que dans les actes ;
« mais elle est toujours essentielle , indispensable , en matière
« de faux , par exemple , et dans tous les autres cas *où la
« discussion roule principalement sur le texte , le sens et
« l'interprétation de telle ou telle pièce.*

« Ainsi , dans l'espèce , il est impossible que les prévenus ,
« qui n'ont formé aucun complot, aucune conspiration pour
« renverser l'Europe en général et la France en particulier ,
« puissent deviner sur quoi on se fonde pour élever contre
« eux cette singulière accusation. Il est impossible qu'ils éclai-
« rent leurs juges qui sont Français , sur l'inexactitude ou
« l'infidélité des traductions des différentes pièces anglaises ,
« dont on se propose d'argumenter contre eux , si on ne leur
« donne pas , préalablement, communication de ces pièces ,
« *etc.*

« L'usage qui leur est opposé , alors même qu'il serait cons-
« tant *dans les matières ordinaires* , ne prouverait donc
« rien contre eux dans l'espèce où ils se trouvent , surtout
« quand ils citent des exemples qui attestent que cet usage
« n'est rien moins qu'invariable.

« II.e Motif. Cet usage , porte l'ordonnance, est fon-
« dé sur le principe d'après lequel l'Instruction criminelle doit
« être *secrète* jusqu'à ce qu'elle soit terminée. »

« Réponse. Ce motif nous paraît en opposition avec les
« principes actuels en matière criminelle. Autrefois , oui , la

« procédure était secrète, on donnait même aux prévenus la
« question ordinaire et extraordinaire ; mais ces usages bar-
« bares ont été heureusement abolis : c'est au vertueux
« Louis XVI qu'on en doit la destruction (1) ; et depuis 1780,
« la règle inquisitoriale que toute procédure criminelle doit
« être se crète, a été remplacée par la règle contraire.

« Le Code de 1810 a trouvé cette dernière règle établie,
« et quoique ce Code soit l'ouvrage du despote le plus ab-
« solu, on n'y trouve pas un article, pas un mot d'où l'on
« puisse induire ce prétendu axiôme, que *l'Instruction cri-*
« *minelle doit être secrète.* »

« III.e Motif. L'ordonnance de prise de corps ne règle
« pas définitivement la compétence, et ne termine pas, à
« proprement parler, l'instruction. La chambre d'accusation
« peut, aux termes de l'article 228 du Code, ordonner des
« informations nouvelles et continuer ainsi l'instruction ; elle
« use fréquemment de cette faculté, qui serait rendue illusoire
« par la communication qui serait donnée, antérieurement,
« aux prévenus, des pièces de la procédure, et par les moyens
« que cette communication pourrait leur fournir, dans cer-
« tains cas, de mettre obstacle à la recherche des preuves et
« à l'éclaircissement de la vérité. »

« Reponse. Sans doute, l'ordonnance de prise de corps
« ne règle pas définitivement la compétence, et c'est pour
« cela que l'article 217 permet aux prévenus de présenter des
« mémoires, pour empêcher que cette compétence ne soit
« fixée contre eux d'une manière préjudiciable à leurs inté-
« rêts. Sans doute encore, cette ordonnance ne termine pas
« l'instruction, parce que l'article 228 permet à la chambre
« d'accusation d'ordonner des informations nouvelles : mais
« qu'importe, si tout cela n'a rien d'*incompatible* avec la
« communication demandée ? Or, la preuve que ce motif,
« tiré de l'article 228, ne prouve rien contre le droit de com-
« munication, c'est que les cours d'assises aussi ont le droit
« d'ordonner un plus ample informé, articles 269 et 303 ;
« et cependant on voit, par l'article 302, que la communi-
« cation peut toujours avoir lieu. Cet article dit bien que ce
« sera *sans retarder l'instruction ;* mais ces mots là même
« prouvent avec évidence qu'il n'est pas nécessaire que l'Ins-
« truction soit *complètement terminée* pour que la commu-
« nication ait lieu, car on ne retarde pas une chose faite,
« mais une chose qui se fait.

« Quant au danger qu'on appréhende, parce que, dit-on,

____

(1) Déclaration du 20 août 1780.

« cette communication pourrait fournir aux prévenus le
« moyen de mettre obstacle à la recherche de la vérité : ce
« danger n'est qu'imaginaire. Si devant la chambre d'accusa-
« tion l'instruction n'est complètement finie , elle est au moins
« bien avancée ; et lorsqu'on est arrivé à ce point sans que le
« prévenu ait encore eu la moindre facilité pour travailler à
« sa justification , il est bien temps qu'il soit mis à portée de
« faire éclater son innocence , à l'aide d'une communication
« qui , lui faisant connaître enfin les charges , lui permette
« de les réfuter. Eh ! quel si grand danger qu'un prévenu
« se justifie ! N'est-il donc pas de règle que l'Instruction doit
« être faite à décharge aussi bien qu'à charge ? et s'il en est
« ainsi , pourquoi dénier tout moyen de défense aux malheu-
« reux prévenus , quand tout est rendu facile à l'accusateur ?

« IV.ᵉ ET DERNIER MOTIF. La disposition de l'article
« 217, qui permet aux prévenus de produire des mémoires ,
« ne peut être considérée que comme une reconnaissance du
« droit de défense qui ne peut jamais leur être enlevé , mais
« qui ne doit s'exercer que dans les limites que la loi lui a
« prescrites, et qu'autant que la latitude qu'on lui accorderait
« ne nuirait pas à l'intérêt de la société , et que l'article 217
« n'autorise nullement la communication des pièces. »

« RÉPONSE. L'article 217 ne renferme pas une recon-
« naissance stérile du droit de défense ; il n'entend pas , sans-
« doute , que cette défense soit illusoire ; il veut qu'elle soit
« ce qu'elle doit être , c'est-à-dire , l'antithèse de l'accusation ,
« et l'on n'aperçoit pas , du reste , où serait le danger si grand
« pour la société, de voir un prévenu se justifier complète-
« ment des imputations dont il est l'objet. La loi ne cherche
« que la vérité ; elle l'accueille de toutes parts. La société
« ne desire pas trouver partout des coupables ; elle desire ,
« sur-tout , ne rencontrer que des innocens. L'intérêt le plus
« pressant de cette société est donc que tout homme accusé
« puisse promptement se défendre ; et voilà pourquoi l'ar-
« ticle 217 veut que la défense commence , *avant même que*
« *la mise en accusation ne soit prononcée.* En effet, un
« citoyen n'a pas seulement intérêt à écarter de sa personne
« la peine dont on le menace, il a aussi intérêt à n'être pas
« même mis en accusation, et à se soustraire, par avance,
« à l'éclat , aux incertitudes et aux chances d'un procès cri-
« minel.

« Eh ! bien , dit-on , défendez-vous , ce droit ne peut
« jamais vous être enlevé. Je le veux bien , dit le prévenu ,
« mais apprenez-moi donc de quoi et sur quoi vous m'accusez ;
« donnez-moi une communication des pièces. Non , lui répond-
« on , l'article 217 n'autorise pas cette communication. Mais

« la loi a-t-elle donc eu besoin d'exprimer en cet endroit une
« chose si évidemment sous-entendue ? Quoi! cet article parle
« de la réception des pièces, de leur examen par le Procureur
« général et du rapport qu'il doit en faire à la chambre ; c'est
« par *opposition à ce droit d'attaque*, et dans le même ar-
« ticle, que le législateur autorise le prévenu à combattre le
« rapport par un mémoire ; et l'on voudrait que ce législateur
« ait été assez injuste pour refuser au prévenu un droit qu'il
« accorde à l'accusateur ! la raison se révolte à cette idée ;
« elle nous répète cet axiôme devenu trivial à force de vérité :
« Qui veut la fin veut aussi les moyens. L'article 217 permet-
« tant la défense, il autorise donc, par là même, la commu-
« nication des pièces, puisque, sans cela, le prévenu, ne
« pouvant pas savoir sur quel point il est attaqué, ne peut
« peut pas deviner sur quoi il aura à se défendre.

« A ces causes, les exposans supplient qu'il plaise à la
« chambre permettre à leur conseil de prendre communication
« des pièces et charges produites contre eux, pour qu'ils
« puissent, conformément à l'article 217, dresser un mé-
« moire justificatif dont l'objet sera de détruire les préventions
« élevées contre eux, et vous ferez justice. »

Signé à la Minute : **HONORÉ**, *avoué.*

« Soit communiqué au Procureur général, au Palais de
« Justice, à Paris, le 8 Mars 1816.

Signé **MERVILLE.**

« Vû la requête et l'ordonnance de *Soit communiqué;*

« Nous, Procureur général près la Cour Royale de Paris,

« Par les motifs portés en notre ordonnance du 4 de ce
« mois, et attendu d'ailleurs que l'article 302 du Code d'Ins-
« truction criminelle, qui permet aux conseils de prendre
« communication des pièces, et l'article 305 du même Code
« qui oblige à délivrer copie des pièces aux accusés, ne re-
« çoivent application qu'après l'arrêt de mise en accusation,
« et qu'aucune disposition de la loi n'autorise la communica-
« tion avant ledit arrêt ; qu'il résulte de cette différence que
« la loi a elle-même établie entre ces divers périodes de la
« procédure criminelle ; du silence qu'elle a gardé dans un
« cas, et de l'autorisation qu'elle a cru devoir donner for-
« mellement dans l'autre ; qu'elle a entendu interdire l'auto-
« risation avant l'arrêt de mise en accusation ; qu'ainsi qu'il
« est énoncé dans l'ordonnance du quatre de ce mois, l'usage

constamment observé est conforme à ces principes ; que
« dans les affaires Herbelin et Reynier , la communication
» des pièces aux accusés ou à leurs conseils n'a aucunement
« été permise ,

« Requérons qu'il soit ordonné qu'il n'y a lieu à autoriser
« la communication demandée. »

« Fait au Parquet de la Cour Royale , le 8 mars 1816,

Signé B E L L A R T. »

Vu l'ordonnance de *Soit communiqué* au Procureur général , du 8 de ce mois , et l'avis du Procureur général ,
en date du même jour ;

« LA COUR , attendu qu'aucune disposition du Code d'Instruction criminelle n'autorise la communication des pièces
du procès aux accusés ou à leurs conseils *qu'après l'arrêt de
mise en accusation*, s'il y a lieu , et même qu'après l'interrogatoire fait par le président de la Cour d'Assises ; qu'une
communication anticipée pourrait *compromettre le succès de
l'instruction* , et que , dans l'esprit de la loi, comme dans
l'usage , elle a été constamment refusée :

« Dit qu'il n'y a lieu à permettre la communication demandée.

« Fait au Palais de Justice , à Paris, le 9 mars 1816, en la
chambre du conseil où siégeaient M. Merville , président ;
MM. Pinot Cocherie , De Maleville , Bretin Daubigny , Larrieu,
conseillers , et M. Dehaussy , conseiller-auditeur , ayant voix
délibérative , tous composant la chambre d'accusation , qui
ont signé.

« Ainsi signé à la Minute : Merville , Pinot Cocherie , De
Maleville , Bretin Daubigny , Larrieu , conseillers , et M.
Dehaussy , conseiller-auditeur , ayant voix délibérative , tous
composant la chambre d'accusation , qui ont signé.

« Pour expédition conforme délivrée par le greffier en chef
de la Cour Royale de Paris , soussigné.

Signé D U P L E S. »

TROISIÈME INCIDENT

SUR UN JURY MI-PARTI.

Questions sur la composition future du Jury.

Mémoire *à consulter, pour MM. Wilson, Bruce et Hutchinson.*

Sur le rapport de M. Dupuy juge d'instruction,

La chambre du conseil a décerné contre MM. Wilson, Bruce et Hutchinson, un mandat d'arrêt dont le texte a été mis dans tous nos journaux, et qui leur impute des crimes de nature à entraîner la peine capitale.

Malgré le peu de fondement de cette prévention, il semble probable que la chambre d'accusation confirmera l'ordonnance de la chambre du conseil.

Dans ce cas, les accusés seront renvoyés devant la cour d'assises.

Alors s'élèvera dans leur intérêt la question de savoir si le jury ne devra pas être composé en partie de nationaux, et en partie d'étrangers.

Cette question n'est pas prévue par notre code criminel, elle n'est décidée ni pour, ni contre ; c'est pour la première fois qu'elle sera agitée.

Le silence du code s'explique naturellement par la circonstance que ce code est l'œuvre du gouvernement de Napoléon, qui, en le faisant, n'a pas songé aux anglais.

Mais enfin puisque la question est indécise, il faudra la résoudre *à peine de déni de justice.* (Code civil, art. 4.)

Or, il nous semble qu'elle doit être résolue eu faveur de MM. Bruce, Wilson et Hutchinson.

Pourquoi ? parce que l'équité est le supplément éternel de toutes les lois.

Et comme en Angleterre, quand un français est accusé, on appelle des français à concourir à la formation du jury, il doit en être de même en France, quand un anglais y est accusé.

En effet, la règle de la réciprocité est la seule qui puisse être suivie pour décider les cas non prévus entre deux peuples qui sont en paix.

Cette règle est consacrée d'une manière générale par l'article 11 du code civil, pour tout ce qui concerne la jouissance des droits civils.

L'article 726 en renferme l'application en matière de successions ;

Et l'article 912, en matière de donations et de testamens.

En raisonnant par analogie, il en doit être de même, et à plus forte raison, en matière criminelle, puisque l'intérêt est plus cher et plus pressant.

Mais pour invoquer en France la *réciprocité* en faveur de MM. Bruce, Wilson et Hutchinson, il faudra préalablement établir *de quelle manière des français seraient traités à Londres, s'ils y étaient accusés.*

Dans cet état, les jurisconsultes à qui cette note sera soumise, sont priés de répondre aux questions suivantes :

1.º Quelles sont les règles qu'on suit en Angleterre, lorsqu'un français y a commis un crime ou un délit de nature à être jugé par des jurés ?

2.º Le jury n'est-il pas alors composé en partie d'anglais, et en partie de français ?

3.º Par qui les français qui doivent entrer dans la composition du jury sont-ils désignés ?

4.º Qu'arriverait-il, si un français se trouvait avoir des anglais pour co-accusés ou complices ? réunirait-on les deux causes, ou les séparerait-on ? y aurait-il deux jurys, dont l'un serait mi-parti, ou bien n'y en aurait-il qu'un seul pour tous les accusés ? quelle serait alors la composition du jury ?

Ces questions sont d'une grande importance pour MM. Bruce, Wilson et Hutchinson, dans une affaire où l'accusation est basée sur une correspondance écrite en anglais, et où des jurés français seraient obligés de s'en rapporter à des traductions plus ou moins fidèles.

On désire une réponse prompte, détaillée, et appuyée d'autorités et de citations. — On prie particulièrement le conseil de s'expliquer sur ce qui a lieu en fait d'accusation pour crime de haute trahison.

Paris, ce 5 mars 1816.

Signé DUPIN.

Consultation en Anglais.

MILORD,

WE are honoured with your lordship's commands signified in M. Hamilton's letter of the 7 th. march transmitting sundry papers from Sir Charles Stuard his Majesty's ambassador at the court of France, relating to the proceedings intended to be had against Sir Robert Wilson, M. Bruce, and M. Hutchinson, and particulary directing our attention to the queries at the close of the report of M. Dupin; and your Lordship is pleased to request that we would furnish your Lordship with the official statement required in answer to the said queries. In obedience to your Lordship's commands, we have the honour to report that, when an alien is charged with any crime or offence alleged to have been committed against the law of England, he his tried by the rules of the law of England, and his guilt or innocence proved by the rules of evidence established by the english law.

With respect to the right of being tried by a mediaty of jurors, this right is given generally by the statute 20 of Edward 3 rd. cha. 13, and recognized and enforced by the statute 8 of Hen. 6, chap. 29.

When alien is charged with the indictment and called upon to plead whether he be guilty or not guilty, he has a right to pray that he may be tried by a jury composed, one half aliens, and the other of english subjects.

It is not necessary that the aliens should be natives of the same country; but such natives are always returned as the jurors, there be sufficient within the Bailiwick of the Sheriff or returning officer. If it happen's that there be not a sufficient number of aliens, either of the same country with the accused, or some other country, the deficiency of aliens must be supplied by english subjects.

The aliens are returned by the sheriff or other returning officer who returns the list of the english jurors; and such officer should return twelve of each description, that six out of each twelve may be drawn by lot to serve upon the jury.

It is not necessary that the alien juror should have the same qualification in respect of the amount of his property as the english juror; this is enacted by the statuts 8, of Hen. 6, chap. 29 above referred to.

If an alien be indicted together with an englishman, and the alien prays a jury *de medietate linguæ*, the accused persons must be separately tried in order that the alien may have the advantage of a jury, *de meditate linguæ*, and the englishman of an english jury.

This is the general principle established by the statutsabove referred to ; but the statute of the 1 st Philip and Mary chap 10, which enacts that all trials for treason shall be according to the course of the common lawe has repealed th, statute 28. st of of Edward 3, and has taken away this privilege of a Jury *de medietate* in cases of high treason : It is so laid dowen in Lord Hale's 2.d volume of the pleas of the crown, page 271, and in the cases there cited.

In all cases of trials in England where letters or documents in a foreign language are produced, they are translated by an interpreter who is sworn well and truly to interpret and translate.

We believe we have answered all the questions intended to be put to us on behalf of Sir Robert Wilson, M. Bruce and M. Hutchinson, and have the honour to be etc.

Signed CHREST, ROBINSON, WILLIAM GARROW,

S SHEPHERD.

To Lord VICOUNT CASTELREAGH.

Traduction en Français.

MILORD ,

Nous avons eu l'honneur de recevoir les ordres de votre seigneurie par une lettre de M. Hamilton, en date du 7 mars, lequel nous transmet différentes pièces de la part de Sir Charles Stuart, ambassadeur de S. M. à la cour de France, relatives aux procédures qu'on se propose de suivre contre Sir Robert Wilson, MM. Bruce et Hutchinson, et qui appelle principalement notre attention sur les questions qui terminent le rapport de M. Dupin. Votre seigneurie nous demande de lui fournir l'exposé officiel requis en réponse à ses questions. Empressés d'obéir aux ordres de votre seigneurie, nous avons l'honneur d'observer que lorsqu'un étranger est prévenu d'un crime ou d'un délit contre la loi d'Angleterre, il est jugé d'après les règles de cette même loi; sa culpabilité ou son innocence sont soumises aux règles probatoires établies par la loi anglaise.

Quant au droit d'étre jugé par un jury composé, partie d'anglais, partie d'étrangers, ce droit est assuré au prévenu par le statut 20 d'Edouard III, chap 13, et formellement reconnu et fortifié par le statut 8 de Henri VI, chap. 29.

Lorsqu'un étranger mis en accusation est appelé à se défendre des charges portées contre lui, il a le droit de demander que le jury devant lequel il est traduit soit composé, moitié d'étrangers, moitié d'anglais. Il n'est pas nécessaire que les étrangers soient du même pays que l'accusé; cependant s'il s'en trouve du même pays, en nombre suffisant, dans le baillage du schériff, ou officier chargé de remettre les listes de jurés, ils sont toujours choisis de préférence. S'il arrive qu'il n'y ait pas un nombre suffisant d'étrangers du même pays que l'accusé, on complète le nombre au moyen de sujets anglais.

C'est le schérif ou l'officier chargé de fournir la liste des jurés anglais qui remet aussi la liste des jurés étrangers; et il doit avoir soin d'en choisir douze de chaque espèce, afin qu'on puisse en tirer au sort six de chaque douzaine, pour servir en qualité de jurés. Il n'est pas nécessaire que le juré étranger ait la même qualité requise dans un juré anglais relativement à la valeur de la propriété. Cette disposition est établie par le statut de Henri VI, dont nous avons déjà parlé.

Si un étranger et un anglais sont compris dans la même accusation, et que l'étranger demande un jury *mi-parti*, les personnes accusées peuvent être jugées séparément, afin d'assurer à l'étranger l'avantage d'un jury *mi-parti*, et à l'anglais celui d'un jury anglais.

Tel est le principe général établi par les statuts dont il a été fait mention. Mais le statut 1 de Philippe et Marie, chap. 10, qui porte que toutes les procédures pour trahison seront poursuivies suivant la loi commune, a rapporté le statut 28 d'Edouard III, et a écarté ce privilége de jury *mi-parti* dans les cas de haute trahison. C'est ainsi qu'on le trouve exposé dans le second volume de Lord Hales *des plaids de la couronne*, page 371, et dans les cas qui s'y trouvent cités.

Dans toutes les procédures qui ont lieu en Angleterre, de quelque nature qu'elles soient, si l'on produit des lettres ou des pièces écrites dans une langue étrangère, elles sont traduites par un interprète qui prête serment d'interpréter et de traduire correctement et de bonne foi.

Nous croyons avoir satisfait à toutes les questions qui nous ont été proposées au nom de Sir Robert Wilson, de MM. Bruce et Hutchinson, et nous avons l'honneur d'être, etc.

|*Signés* CHREST, ROBINSON, W. GARROW;

S. SHEPHERD.

Au Lord vicomte CASTELRÉAGH.

Lettre d'envoi de l'ambassadeur d'Angleterre, Charles Stuart à M. Dupin.

Paris, ce 14 mars 1816.

MONSIEUR,

AYANT placé devant les autorités convenables, la lettre que vous avez bien voulu m'adresser sur la formule des procédures criminelles en Angleterre, afin de réclamer la réciprocité due par le Code français, en faveur de MM. Wilson, Bruce et Hutchinson, je me hâte de porter à votre connaissance la pièce ci-jointe que je viens de recevoir par l'intervention de mon gouvernement.

Je suis, Monsieur, avec respect, votre serviteur très-obéissant.

Signé CHARLES STUART.

MÉMOIRE

DEVANT LA CHAMBRE D'ACCUSATION

POUR

Sir Robert WILSON,

ET

MM. BRUCE et HUTCHINSON.

Privés du secours d'une communication de pièces qu'ils n'ont cessé de solliciter depuis le commencement de leur procès et qui leur a été constamment refusée, sous prétexte que cette communication pourrait *compromettre le succès de l'instruction* (1), en leur procurant la facilité de se justifier, Sir R. Wilson, MM. Bruce et Hutchinson entreprendront cependant de discuter les motifs de l'ordonnance du 2 mars 1816.

Dans cette ordonnance il est dit que « le *nommé* Wilson,
» d'après ses aveux, et d'après sa correspondance dans laquelle il
» manifeste des *opinions* condamnables et subversives de tout
» ordre social, est suffisamment prévenu d'avoir concerté et
« arrêté, avec ses correspondans et complices, une résolution,
» et par conséquent un *complot dirigé en général contre*
» *le système politique de l'Europe*, et ayant pour but spé-
» cial de *détruire ou changer le gouvernement français*, et
» d'exciter les habitans à s'armer contre l'autorité du roi;
» Qu'il est également prévenu d'avoir tenté de parvenir à
» l'exécution de ce complot, en cherchant à arracher, *par*
» *adresse ou violence*, aux poursuites voulues par le roi,
» des individus compris dans l'art 1.er de l'ordonnance du 24
» juillet dernier, et principalement en concertant, arrêtant

---

(1) Arrêt de la chambre d'accusation du 9 mars 1816.]

MEMOIR

BEFORE THE CHAMBER OF ACCUSATION

FOR

Sir Robert WILSON,

AND

MM. BRUCE AND HUTCHINSON.

Deprived of the assistance of a communication of the documents relative to their case , which they have unceasingly sollicited since the commencement of the proceeding undertaken against them, and which has been constantly refused , on pretence that such communication might *endanger the succes of the prosecution**, by affording them the means of justifying themselves ; Sir Robt. Wilson , Messrs. Bruce and Hutchinson will venture, however, to enter upon discussion of the motives of the *Ordonnance* of the 2d March , 1816.

It is stated in this Ordonnance , that the *named* Wilson, by his own confession and from his own correspondence, in which he manifests *opinions* highly condemnable and subversive of all social order, stands accused of having concerted and fixed upon , with his correspondents and accomplices, a resolution, and consequently a plot directed « ge-
« *nerally against the political system of Europe,* and ha-
« ving for its special object to *destroy or change the French*
« *Government*, and to excite the people to take up arms
« against the authority of the King; That he is equally char-
« ged with having attempted to carry this plot into execu-
« tion, by endeavouring to rescue, *by stratagem or by vio-*
« *lence,* from a prosecution commanded by the King, some
« of the individuals included in the Iᵗ Article of the Ordon-
« nance of the 24th July last, and principally by concerting,

---

(1) Sentence of the Chamber of Accusation , of 9 th. March , 1816.

et consommant l'évasion et le recèlement de Lavalette , condamné pour crime de haute trahison ; et que ces crimes
sont prévus par les art. 87 , 88 et 89 du code pénal et peu-
» vent donner lieu à une peine afflictive et infamante;—que les
» *nommés* Hutchinson et Bruce sont suffisamment prévenus
» d'avoir , *avec connaissance* , aidé et assisté Wilson dans
» les faits qui ont préparé, facilité et *consommé ce même*
» *complot* et d'avoir coopéré à son exécution , savoir : Bruce ,
» en concertant avec Wilson la fuite de Lavalette , en parti-
» cipant aux mesures prises pour le cacher dans l'appartement
» de Hutchinson , et en prêtant son cabriolet pour faire partir
» ledit Lavalette ; et Hutchinson , en recevant et cachant chez
» lui Lavalette , et en l'escortant jusqu'à Compiègne ; — que
» ces *crimes* sont prévus par les art. 59 , 60 , 87 et 89 , 240
» et 248 du code pénal , et peuvent également donner lieu à
» une peine afflictive et infamante. » Voilà le texte de l'accusation , qui , si elle était prouvée , entraînerait *la peine
capitale* contre les prévenus.

Dans ces circonstances , les juges doivent (aux termes de
l'art 221 du code d'instruction criminelle) « examiner s'il
existe contre les prévenus des preuves ou des indices d'un fait
qualifié crime par la loi ; et si ces preuves ou indices sont assez
graves pour que la mise en accusation soit prononcée. »

C'est aussi ce que vont examiner Sir Robert Wilson et
MM. Bruce et Hutchinson , au risque de *compromettre le
succès de l'instruction.*

La prévention dont Sir Robert Wilson est l'objet, com-
prend trois chefs ; 1.º d'avoir voulu détruire le système politique de l'Europe ; 2.º d'avoir voulu détruire ou changer
le gouvernement français ; 3.º d'avoir consommé l'évasion de
Lavalette.

La première de ces accusations inspire d'abord l'étonnement. Quoi , se dit-on , Sir Robert Wilson aurait conçu
le projet de renverser *le système politique de tous les
États de l'Europe* ! (1) Cela est impossible : Buonaparte à
la tête de six cent mille soldats n'avait pu y parvenir ; et Sir
Robert Wilson l'aurait tenté , lui troisième ! Sir Robert Wilson est donc en démence ? Et puis , se dit-on encore , s'il était
vrai qu'un projet aussi gigantesque fût entré dans sa tête , ce

---

« agreeing upon, and consummating the escape and conceal-
« ment of Lavalette, condemned for the crime of high trea-
« son; and that these crimes are provided for by the arti-
« cles 87, 88 and 89 of the penal code, and may incur a
« punishment *afflictive and degrading* :—That the *named*
« Bruce and Hutchinson are charged with having *know-*
« *ingly* aided, and assisted Wilson in the acts which prepa-
« red, facilitated, and *consummated this same plot*, and
« of having co-operated in its execution, viz : Bruce by con-
« certing with Wilson the flight of Lavalette, in participating
« in the measures taken to conceal him in Hutchinson's apart-
« ment, and by lending his *cabriolet* to affect the depar-
« ture of the said Lavalette; and Hutchinson, by receiving
» and concealing in his house Lavalette, and escorting him
« to Compiegne; that these *crimes* are provided for by the
« articles 59, 60, 87, and 89, 240 and 248 of the penal code,
« and may equally incur an afflictive and degrading pu-
« nishment. » — Such is the text of the Indictment, which,
if it were proved, would *entail the pain of death* upon the
accused. Under these circumstances, the duty of the Judges
is (according to the article 221 of the code of criminal instruction) « to examine whether there exist against the accu-
« sed evidence or indications of an act denominated a crime
« by the law; and whether this evidence or these indications
» are sufficiently serious to require the case to be brought to
« a trial. » This examination is precisely what Sir Robert
Wilson, Messrs. Bruce and Hutchinson, at the risk of *en-*
dangering the success of the prosecution, will immediately undertake.

The charge brought against Sir Robert Wilson compre-
hends three distinct heads. — Ist. Having attempted to destroy the political system of Europe. —. 2 d. Having attempted to destroy or change the French Government — 3d. Having consummated the escape of Lavalette.—The first of these
charges strikes the mind immediately with astonishment.
What, says one to oneself, Sir Robert Wilson has conceived a
project of overturning *the political system of all the States
of Europe*![*], it is not possible : Bonaparte at the head of 600,000
soldiers was unable to effect that design; and Sir Robert Wilson has ventured upon the attempt with the sole assistance
of his own two friends ! Sir Robert Wilson must be bereft of
his reason ! One then naturally adds, were it true that so gi-

---

(1) Such are the terms of the writ (*mandat d'arrêt*) issued against
him and his two friends, 1st. March 1816.

n'est pas un tribunal français, ce n'est pas *la chambre du conseil du tribunal civil de première Instance de Paris* qui pourrait en connaître : car il est de règle que chaque gouvernement ne peut se mêler que de ce qui le regarde, et qu'il n'a pas le droit de punir les crimes dirigés contre les gouvernemens étrangers. Il faudrait donc, pour juger Sir Robert Wilson, assembler un nouveau *congrès ?*

Mais, sans poursuivre plus long-temps une telle chimère, revenons au principe posé par l'article 221 : c'est « qu'un prévenu ne peut être mis en accusation que lorsqu'il existe contre lui des preuves ou indices d'un *fait qualifié crime par la loi* » : or, il n'existe en France aucune loi qui mette au rang des crimes punissables par les tribunaux français, des *complots dirigés contre le systême politique de l'Europe,* de l'Asie, de l'Afrique ou de l'Amérique. D'où il suit que, dans l'espèce, le prétendu complot reproché à Sir Robert Wilson, ne peut pas motiver sa mise en accusation.

Ajoutons, pour sa justification, que ce complot n'est qu'un fantôme qui a traversé l'imagination des premiers juges, puisqu'il n'existe aucune preuve qu'en effet Sir Robert Wilson ait tramé rien de semblable.

L'ordonnance parle de ses aveux ! singulière preuve, vraiment, en matière capitale, où il est de maxime invariable que *l'aveu d'un prévenu ne peut jamais motiver sa condamnation !* et d'ailleurs, il est faux, entièrement faux, que Sir Robert Wilson se soit avoué l'auteur d'un complot dirigé contre le systême politique de l'Europe.

Que M. le juge d'instruction lui ait fait subir une espèce *d'examen sur la politique ;* que Sir Robert Wilson lui ait parlé avec plus ou moins de confiance et d'abandon ; qu'il lui ait fait observer quelquefois que sa *curiosité judiciaire allait bien loin ;* que néanmoins il ait professé devant ce magistrat les mêmes idées libérales dont tout véritable Anglais est animé, que chaque membre du parlement, que chaque citoyen même a le droit d'émettre en Angleterre sur les affaires politiques de son pays et des pays voisins ; qu'il ait professé la doctrine de Platon ou d'Aristote, celle de Mably ou de Rousseau, de Locke ou de Bacon ; qu'il se soit montré *utopiste ;* qu'il ait été du sentiment de l'abbé de Pradt, ou de tout autre avis ; qu'importe ? il a usé du droit qu'a tout Anglais et que tout homme devrait avoir, de penser ainsi que bon lui semble.

gantic a conception had entered his mind, it does not belong to a French tribunal, *to the Chamber of Council of the Civil Tribunal of first instance of Paris*, to take cognizanze of the fact. For, it is an established rule, that government cannot extend its interference to matters which do not concern itself; that it has no right to punish crimes committed against Foreign governments. It would, therefore, be necessary, in order to try Sir Robert Wilson, to assemble a fresh *Congress*! but, without further pursuing such a chimera, let us revert to the principle laid down by the 221.st article, namely, « that an accused individual cannot be « brought to trial, unless there exist evidence or indications « of *an act denominated a crime by the law*. » But, there exists no law in France, which ranks among crimes punishable by French tribunals *plots directed against the political system of Europe*, of Asia, Africa, or America. Whence it follows, that, in the present instance, the pretended plot with which Sir Robert is charged, cannot warrant his being brought to a trial. Let us add, in his defence, that this plot is nothing but a mere phantom, which has visited the imagination of the first Judges, since there exists no evidence of Sir Robert's having in fact machinated any thing of the kind. The Ordonnance speaks of his confessions : a singular evidence indeed, in a capital charge, where it is an invariable maxim, *that the confessions of the accused can never be made to operate towards his condemnation*! Independently of this, it is false, wholly false, that Sir Robert ever confessed himself the author of a plot directed against the political system of Europe. That Monsieur the *juge d'instruction* may have made him undergo a kind of *examination upon his political tenets*; — that Sir Robert may have spoken with more or less candour and confidence, — that he may have occasionally remarked to this Judge, that *his judical curiosity went far*; — that, notwithstanding this, he may have professed before that Magistrate the same liberal principles with which every true Englishman is actuated, which every member of parliament, every Citizen even has a right to express in England upon the political affairs of its country, and those of neighbouring nations; — that he may have professed the doctrine of Plato, or that of Aristotle ; that of Mably, or that of Rousseau ; of Locke, or of Bacon ; that he may have shewn himself an *Utopian* ; that he may have agreed in opinion with the abbé de Pradt, or with any other Publicist; what connection has that with the matter in question ? He has exercised that right which every Englishman has, and which every man should have, of thinking with freedom.

28

La loi ne fait pas le procès aux *pensées*, mais aux *actes* ; ainsi donc ce n'est pas dans les *opinions* politiques de Sir Robert Wilson, qu'on pourrait trouver matière à accusation : il en serait autrement sans doute, s'il avait réellement ourdi *un complot ayant pour but spécial de détruire ou changer le gouvernement français.*

Mais ce complot n'a pas plus de consistance que le premier ; et c'est ce qu'il est bien facile de montrer en parcourant les fragmens de *correspondance* sur lesquels les premiers juges ont assis leurs préventions.

On pourrait d'abord se demander par quels moyens les lettres opposées à Sir Robert Wilson sont tombées entre les mains de la justice, et vérifier si ces moyens sont approuvés ou condamnés par la loi française elle-même... Mais, sans vouloir pénétrer ce mystère, Sir Robert Wilson a trop d'estime pour les respectables amis avec lesquels il a correspondu, pour croire que ses lettres aient été livrées par eux au gouvernement français ; et il se borne à déclarer ici qu'il est fermement convaincu que les lettres produites contre lui n'ont pas été remises par ceux à qui elles avaient été adressées.... Parmi ces lettres, il faut distinguer celles que Sir Robert Wilson a écrites lui-même, de celles qui ont pu lui être adressées. Les premières, étant émanées de lui, renferment l'expression de ses propres sentimens. Mais quant aux autres, il n'est pas vrai d'en conclure, comme le porte l'ordonnance du 2 mars, *que ces lettres prouvent un parfait concours de sentimens et d'actions entre les correspondans.* En termes généraux de droit, un écrit ne fait jamais preuve que contre celui dont il est émané : comment donc en matière criminelle, où l'on est bien plus sévère encore sur les preuves, une lettre adressée à un prévenu, pourrait-elle devenir une preuve contre lui ? Ce mode d'argumentation est inadmissible, même dans la supposition que les correspondans avaient un fonds commun d'opinion sur lequel ils s'écrivaient ; car, qui ne sait à quel point la même opinion est susceptible de modifications diverses : témoin la loi d'amnistie sur la nécessité de laquelle presque tout le monde était d'accord, et que pourtant chacun voulait amender, restreindre et circonscrire à son gré : témoin encore la loi du budjet, que personne ne rejette, parce qu'il en faut nécessairement une, mais que tout le monde combat, parce que chacun a ses idées, ou son intérêt sur ce point, comme sur tout autre. — Les lettres écrites à Sir Wilson ne prouvent

The lawe does not take cognizance of *thoughts* but of *actions*. It is therefore not upon the political opinions of Sir Robert Wilson that a Bill of indictment can be founded. It would undoubtedly be different , if he had framed *a plot, whose special object had been to destroy or change the French government.*

But, there is no more reality in this plot than in the former; and, of that, demonstration may be easily obtained, by looking over the fragments of his correspondence , on which the first Judges have founded their accusation.—One might first inquire, by what means the letters produced against Sir Robert Wilson have come into the hands of justice , and examine whether these means are such as the French law itself sanctions or condemns;   but , without wishing to dive into this mystery , Sir Robert entertains too high an opinion of his respectable correspondents, to think that these letters can have been given up by them to the French Government ; and he confines himself to the declaration , that he is firmly convinced that the letters produced against him have not been delivered up by those to whom they were addressed. Among these letters, those written by Sir Robert must be distinguished from such as have been addressed to him ; the former , proceeding from himself , convey the expression of h's own sentiments ; but it would be unjust to conclude from the latter according to the Ordonnance of the 2d March , *that these letters prove a perfect union of sentiments and actions between the correspondents.* In general terms of law , a writing can never be produced as evidence against any bi t its author ; how , therefore , in a criminal case , where the severity is much greater in point of evidence, can a letter addressed to an accused be made to appear in testimony against him ? This mode of arguing is inadmissible , even in the supposition of the correspondents having a common stock of opinions , from which they drew the matter of their letters : for , who does not know how much the same opinion is susceptible of being diversly modified ; of which one instance is afforded by the Amnesty Law, on the necessity of which almost every one was agreed, and which yet every one wished to amend, to restrain and to cirscumscribe according to his own ideas; and of which another instance is afforded by the Budjet Law, wich no one rejects , because the necessity is felt by all , but which every one combats , because every one is swayed by his opinions and interest, on this point as upon all others. The letters of Sir Rt. Wilson prove nothing at all , unless it be that these letters have been addressed to him, and

donc rien du tout, si ce n'est qu'elles lui ont été écrites, et
qu'elles renferment les opinions de ceux qui les lui ont écrites
Il y a d'ailleurs une remarque particulière à faire sur celle de
ces lettres qui est analysée dans l'ordonnance du 2 mars, et
que Sir Robert Wilson a reconnue pour être de son frère : et
cette remarque, la voici : La raison naturelle indique, et
notre code d'instruction criminelle dit positivement (article 322) qu'on ne peut pas recevoir les *dépositions du
frère contre le frère*. Cette défense est générale, elle est absolue, elle est fondée sur la morale et sur l'honnêteté publique ; et la même pudeur, qui interdit de recevoir la déposition orale d'un frère contre son frère, repousse également
tout témoignage écrit de l'un contre l'autre. Le frère de Sir
Robert Wilson ne devrait pas être reçu en témoignage, alors
même qu'il y consentirait : donc, et à plus forte raison, on
ne peut pas opposer ses lettres comme établissant une preuve
ou une charge quelconque contre son frère.

Si du reste, on suit l'ordonnance du 24 mars dans l'analyse
qu'elle présente des lettres écrites ou reçues par Sir R. Wilson, on n'y trouve que des opinions émises sur les affaires du
temps, des nouvelles de Bavière, de Prusse et d'Autriche,
une grande prédilection pour les idées libérales, le désir de
les voir se propager ; le vœu formé de voir les discussions du
parlement d'Angleterre traduites en français, et mises à la
portée d'un plus grand nombre de lecteurs ; la condamnation
de certaines mesures ; des jugemens portés sur l'esprit public
en France ; l'annonce d'une baisse dans les fonds publics ; un
pressentiment de révolutions possibles ; des pronostics de
mouvemens populaires résultat inévitable, d'un mécontente-
tement qu'il croyait général : voilà en abrégé ce qu'offre la
correspondance de Sir R. Wilson.

Mais on le demande : est-il vrai que ces opinions soient
subversives de tout ordre social? est-il vrai qu'il en résulte la prévention suffisante d'un complot arrêté entre lui
et ses *correspondans et complices* pour renverser le système
politique de l'Europe et le Gouvernement français en particulier ? — Non, sans doute.

Si, en fait d'homicide, un homme écrivait à un autre :
nous attendrons sur tel route un tel qui doit partir seul
de tel endroit, tel jour, à telle heure ; tu prendras avec
toi une paire de pistolets et un poignard ; j'en ferai autant
de mon côté et nous le tuerons... Certes, on ne pourrait
pas s'empêcher de voir là un projet d'assassinat.

Mais si un ami écrivait à son ami : Je vous conseille d'a-
cheter le bien d'un tel à pension viagère, car il est d'une faible constitution, et il abrège lui-même ses jours par son

that they contain the opinions of those who have written them. Among these letters , there is a particular remark to be made upon that which is analysed in the Ordonnance of the 2d March , and which Sir Robert acnowledges to be written by his brother : the remark is this, that natural reason indicates , and our Code of Criminal instruction positively states (Art. 322) , that the testimony of one brother against another shall not be admitted. This prohibition is general , it is absolute , it is founded on public morality and delicacy ; and the same sense of decency which prohibits the oral deposition of one brother against another , equally rejects all written testimony of the one against the other. The brother of Sir Robert Wilson ought not to be admitted as evidence, even if he were to consent to it ; therefore and *a fortiori*, his letters cannot be produced , as establishing a proof or any charge whatever against his brother.—If however the Ordonnance of the 2d of March be gone through , in its analysis of the letters written or received by Sir Robert , nothing is to be found therein beyond opinions emitted on the affairrs of the times : news from Bavaria , from Prussia or from Austria ; a marked predilection in favour of liberal ideas ; the desire of seeing them propagated ; the wish expressed of seeing the debates of the British Parliament translated into French, and put within the reach of a great number of readers ; the reprobation of certain measures and opinions upon the state of the public mind in France ; the mention of a depression in the public funds ; a pressentiment of possible revolutionary events; a prediction of popular commotions, the inevitable result of the discontent , which he conceived to be general. Such , in substance , is what is exhibited in the correspondence of Sir R. Wilson. But, may it be asked , is it true that these opinions are *subversive of all social order* ? Is it true, that tit results therefrom presumptive evidence of a plot agreed on betwen him and his *correspondents and accomplices* , to overturn the political system of Europe , and the French Government in particular ? Unquestionably not. If in a question of homicide , one man were to write to another — we will await upon such a road such a one , who is to set out alone from such a place , on such a day, at such an hour , you will provide yourself with a brace of pistols and a dagger ; I will do the same on my side , and we will kill him ; certainly , in such a case , one ould not help seeing a premeditated plan of murder. But if one friend were to write to another— I would advise you to purchase the property of such a one for an annuity , for he is of a weak constitution , and he shortens his days by his intemperance and debauchery ; independently of

intempérance et ses débauches ; d'ailleurs je le crois poitri-
naire , etc., etc. ; pourrait-on dire que les deux amis étaient
d'accord pour tuer cet homme et lui ravir son bien ? On ne
le pourrait pas, à peine d'absurdité. Eh bien! il en est de
même du prétendu projet de renverser le système politique
de l'Europe et de détruire ou de changer le Gouvernement
français. Il y a un complot contre un Gouvernement , quand
on se propose de tuer celui qui en est le chef, ou de
changer sa dynastie, ou de renverser sa constitution ; mais
pour cela il faut de l'argent, des soldats, des complices,
un plan d'attaque, un temps, un lieu, un signal d'exécution. Ici , rien de tout cela. Les amis qui s'écrivent sont des
observateurs et non des acteurs ; ils peuvent raisonner de travers, mais ils ne complottent pas.

Par exemple, ils croyent que la Prusse sera avant peu le
théâtre d'une révolution. Eh ! qu'importe à la Prusse, si cette
révolution n'éclate pas.

La Bavière et l'Autriche sont en armes. — Tous les journaux l'ont dit ; mais il est encore évident que toutes les conjectures possibles, formées au sujet de ces armemens, ne pouvaient être d'aucune influence sur les véritables intentions de
ces deux puissances.

On annonce une baisse dans les fonds publics ; et c'est-là
l'indice d'un complot ! Mais il faudrait donc regarder comme
dés conspirateurs tous les négocians qui, dans l'intérêt de
leurs propres affaires, ont si grand soin de tenir leurs correspondans au courant de tout ce qui peut influer sur le cours
des effets publics ?

La correspondance fait pressentir des mouvemens populaires, des insurrections ; elle signale un grand mécontentement ; et l'on en conclut que Wilson et ses amis ont voulu
exciter les habitans à s'armer contre l'autorité du Roi. Etrange
conséquence en vérité ! mais les journaux français qui ont annoncé les troubles de Lyon, de Nismes et de Tarascon, avaient
donc aussi pour but d'exciter les Français à s'armer contre
l'autorité du Roi ? et remarquons même, à l'avantage de Sir
R. Wilson, que ces journaux étaient publics, tandis que ses
lettres saisies ou interceptées qui servent aujourd'hui de base
à la prévention, devaient rester secrètes, et n'ont été vues
d'aucun Français. Ce n'était donc pas un moyen *d'exciter
les Français à s'armer contre l'autorité du Roi.*

Mais, porte l'ordonnance, il était question dans ces lettres
de faire traduire en français *les discussions du Parlement
d'Angleterre ,* et de leur donner ainsi une plus grande publicité. C'était là une idée mise en avant, un projet : mais on

which , I suspect him to be consumptive , etc. etc. Could it
be said that these two friends had conspired together to kill
this man , and to despoil him of his property ? Such an assertion could not be made without manifest absurdity ; and thus
it is with this pretended plot to overthrow the political system of Europe , and to destroy or change the French Government. There is a conspiracy against Government , when
a project exists of killing its chief , or of changing its dy-
nasty , or of overthrowing the constitution. But to carry into
effect such a design , money , soldiers , accomplices , a plan
of attack , a time , a place , a signal for execution , all these
things are requisite. In the case in question , nothing of all
this exists. The friends who correspond with each other , are
observers and not actors ; they may reason erroneously, but
they do not conspire. For instance , if they think that Prussia
will be shortly the theatre of a revolution , what matters their
opinion to Prussia , if that revolution does not break out ?
Bavaria and Austria are up in arms; every newspaper has
said so ; but it is still evident that every possible conjecture
formed on the subject of these armaments , could have no
influence whatever on the real intentions of these two powers..
A depression in the funds is announced ; and that also *indicates a conspiracy* ! In that case, it would be necessary to
consider also as conspirators , all the merchants who , with
a view to their private concerns , are so active in keeping
their correspondents well informed of every thing that can
operate upon the Funds !

This correspondence contains surmises on popular commotions , on insurrections. It reveals the public discontent ; and
from thence it is inferred , that Sir Wilson and his friends
have attempted to excite the people of France to take up arms
against the authority of the King. A strange conclusion indeed!
But the French Journals, which announced disturbances at
Lyons, at Nismes , and at Tarascon, therefore designed also
to excite the French people to take up arms against the
authority of the King. And let us observe, to the advantage of
Sir Robert Wilson , that these Journals were public , whereas
the letters seized or intercepted , which form the basis of the
accusation, were intended to remain secret, and were never
seen by any Frenchman.. It was therefore not a means of
*exciting the French people to take up arms against the
authority, of the King.*

But the Ordonnance states that mention was made in these
letters of a plan of translating *the Debates of the British
Parliament* , in order to give them greater publicity. That
was a suggestion , a project, we will admit; but we will go

suppose qu'on ait été plus loin, et que ce projet ait été mis à exécution : s'ensuit-il la preuve d'un complot contre l'Europe en général et la France en particulier ? Pour cela il faudrait donc supposer que, dans le parlement d'Angleterre, on professe des opinions *subversives de tout ordre social.* Mais, outre que cela n'est pas vrai, on ajoute qu'une semblable idée ne pourrait pas être celle de Wilson et de ses correspondans, et qu'au contraire, s'ils désiraient de répandre au loin la connaissance des discussions du parlement d'Angleterre, c'est qu'ils les considéraient comme devant produire un résultat heureux pour les divers peuples de l'Europe. (1) Si en cela ils se trompaient, ce n'était pas une raison pour ériger leur erreur en complot ; mais seulement et dans le cas où réellement les discussions dont ils parlaient auraient été traduites en français, la police française aurait pu en défendre l'introduction et la distribution en France, comme elle a fait pour le *Morning Chronicle,* et poursuivre ensuite les contraventions, s'il y en avait.

A l'occasion d'une lettre écrite à Sir R. Wilson, le 1.ᵉʳ (2) janvier 1816, les premiers juges remarquent « que c'est *de l'époque même où elle est écrite*, que datent les faux bruits et les nouvelles allarmantes que l'on a commencé à faire ciculer en France. » La remarque n'est pas heureuse. En effet, si c'est de *l'époque même* où cette lettre a été *écrite* que datent les nouvelles allarmantes qu'on a commencé à faire, circuler en France, ces nouvelles ne sont donc pas le résultat de la lettre dont on argumente ; car cette lettre a été écrite de Brighton, à vingt lieues de Londres : elle n'est arrivée à Paris que le 12 janvier ; impossible par conséquent de prétendre que cette lettre soit la cause des bruits répandus à Paris avant sa réception ; impossible même de prétendre qu'elle a servi de texte aux nouvelles allarmantes répandues depuis, puisque Sir R. Wilson, qui ne l'avait reçue que le 12 au soir, a été arrêté dès le lendemain matin.

La correspondance analysée dans l'ordonnance du 2 Mars, prête encore à d'autres réflexions non moins décisives que celles qui précèdent.

Un reproche grave (que Sir Wilson n'adresse pas aux magistrats français, mais aux interprètes dont ils se sont servis

---

(1) C'est ce qu'exprime le reste de la lettre où Sir R. Wilson renvoye son correspondant à l'endroit où l'abbé de Pradt célèbre l'influence que les discussions du Parlement d'Angleterre ont exercé sur le Congrès.

(2) C'est une erreur : cette lettre est du 3 Janvier et non du 1.ᵉʳ

further, and suppose that this project be carried into execution — would that induce evidence of a conspiracy against Europe in general, and against France in particular? For that, to be the case, it were necessary that opinions *subversive of all social order* were professed in the Parliament of England. Independently of such opinions not being professed, one may add that such an idea could not have been entertained by Sir Robert and his correspondents; that, on the contrary, if they were desirous of giving the greatest publicity to the debates of the British Parliament, it was that they considered them calculated to produce a happy result on the different nations of Europe. (1) If they were mistaken in that point, it was not a reason for transforming their suggestion into a conspiracy. Only in case of those debates being really translated into French, and circulated, the French Police might have prohibited their introduction into France and distribution, as it did in the instance of *The Morning Chronicle*, and have punished afterwards infractions of this regulation, if any such occurred.

On the subject of a letter written to Sir Robert, the Ist (2) January 1816, the Judges, in the first instance, remark, « that it was *from the period at which that letter was written*, that the false reports and alarming intelligence which began to circulate in France may be dated. » This remark is by no means a happy one. In fact, if the alarming intelligence which circulated in France may be dated *from that very period*, it is clear that that intelligence cannot be the result of the letter in question. For this letter was written at Brigthon, 20 leagues from London. It did not reach Paris, till the 12th, January ; it is therefore impossible that this letter was the cause of the reports spread in Paris before its reception. It is equally impossible to pretend, that it served as a text for the alarming intelligence circulated subsequent to that period, since Sir Robert, woho did not receive it until the evening of the 12th, was arrested the next morning.

The correspondence, analyzed in the Ordonnance of the 2.nd March, may be the subject of other reflections not less decisive than the preceding. A serious reproach (which Sir Robert Wilson does not address to the French Magistrates, but to the interpreters employed by them to translate English

----

(1) That is what is expressed in the remainder of the letter, in which Sir Robert refers his correspondent to the passage in which the Abbé de Pradt extols the influence exercised by the debates of the British Parliament on the Congress of Vienna.

(2) It is an error; this letter was dated the third January, and not the first.

pour traduire les lettres anglaises) c'est que cette traduction
est fautive dans plusieurs passages essentiels. La mémoire de
Sir R. Wilson lui rappelle parfaitement que, dans plusieurs
endroits où la phrase était *conditionnelle et purement hy-*
pothétique, le traducteur lui a donné un sens *affirmatif*;
qu'ainsi, par exemple, il a mis *aurait* aulieu de *pourrait*
avoir; dans un autre endroit, *devait être* au lieu de *serait*.
Un mot qui dans le sens évident de la phrase signifiait *données*
positives, a été traduit par le mot *faits*, etc. etc. Enfin ces
traductions semblent avoir été faites par un homme imbu de
l'idée qu'il y avait un complot dans ces lettres, et qu'il fallait que tout se rapportât à cette idée. Cette infidélité du traducteur serait portée ici au plus haut degré d'évidence, si
les pièces avaient été communiquées au conseil des prévenus:
par là sans doute, *le succès de l'Instruction eût été com-*
promis; mais l'innocence ne l'eût pas été; l'on n'aurait pas
transformé des hypothèses en réalités, des possibilités en faits,
et des communications amicales en conspiration européenne.

Les magistrats chargés de reviser l'ordonnance du 2 mars,
s'attacheront encore à deux circonstances importantes: l'une
tient à la nature des pièces, l'autre à la qualité des personnes.

La première, c'est que les pièces opposées à Sir R. Wilson
ne sont pas des actes publics, des pamphlets, ni de ces écrits
qu'en France on appelle séditieux; ce sont des lettres purement confidentielles, dictées par le sentiment d'une grande
intimité, et qui, dans aucun cas, ne devaient être rendues
publiques. On ne peut donc pas même dire, que ce soit des
écrits séditieux, destinés à *provoquer les citoyens à la ré-*
volte. La loi du 9 novembre 1815, et surtout la discussion
qui l'a précédée, ne permet pas de se livrer à cette interprétation.

La seconde circonstance à laquelle les juges devront s'attacher, c'est que ceux qui ont écrit les lettres et ceux à qui elles
sont adressées, sont tous Anglais; aucun Français n'est nommé dans cette correspondance; aucun n'y a pris part : tout
se passe entre Anglais. Or, on conçoit bien que tout étranger et par conséquent tout Anglais, résidant en France, est
obligé de conformer ses actions extérieures aux lois françaises; mais il n'est pas également obligé de plier toutes ses
idées aux idées françaises. Un Anglais qui va à Constantinople,
n'est pas obligé de se faire Turc; un Anglais qui vient à Paris, ne cesse pas d'être Anglais : il n'est pas tenu de se déna-

letters ,) is that of the translation being faulty in several essential passages. The memory of Sir Robert recals to him perfectly , that in several places where the phrase was *conditional and purely hypothetic* , the translator has given it an *affirmative* sense. Thus, for instance , he has put *would have* for *might have;* in another place, *ought to be* instead of *would be.* A word which in the evident sense of the phrase signified *positive data,* has been translated by the word *acts*, etc. , etc. ; finally , that these translations appear to have been made by a person prepossessed with an idea that these letters contain evidence of a conspiracy , and that every thing in them should be referred to that idea. This infidelity of the translator would be demonstrable in the most palpable manner, *if* the documents of the case had been communicated to the accused. By that measure , no, doubt, the *success of the prosecution would have been endangered*; but, innocence, it may be observed, would not. Hypothesis would not have been transformed into realities, possibilities into acts, and friendly communications into an European conspiracy.

The Magistrates commissioned to revise the Ordonnance of the 2nd March, will attend also to two other important circumstances. The one relates to the nature of the documents, the other to te quality of the persons concerned. The first is, that the documents produced against Sir Robert Wilson are not public deeds, pamphlets, nor any of those writings denominated *in France* seditious; they are merely confidential letters, letters written under an impression of great intimacy, and which, on no account whatever, were intended for the public eye. It cannot therefore be said, that they are *seditious writings*, intending to *excite the people to rebellion.* The law of the 9th November, 1815, and especially the discussion which preceded it, will not admit of such a construction being applied to them.———The second circumstance to which the judges will have to attend, is, that the persons who have written the letters, and those to whom they are addressed, are all English. No Frenchman is named in this correspondence; no Frenchman has participated in it. Every thing in it take splace solely between Englishmen. One can well conceive that every stranger, and consequently every Englishman residing in France , is bound to conform his external actions to the French laws; but he is not equally bound to accommodate all his ideas to French ideas. An Englishman who visits Constantinople, is not obliged to become a Turk. An Englishman who comes to Paris , does not cease to be English ; he is not obliged to

tionaliser en prenant terre à Calais. Quoique la religion romaine soit dominante en France , il ne lui est pas défendu d'y être Anglican, Quaker ou Presbytérien. De même, quoiqu'il n'y ait pas d'opposition en France , il n'est pas défendu aux Anglais de soutenir que c'est une excellente chose chez eux que le parti de l'opposition. Ils peuvent même être de ce parti, en avoir toutes les opinions, rêver le bonheur des peuples et la libéralité des gouvernemens, échanger leurs idées sur ce point et se faire part de leurs désirs , de leurs doutes, de leurs espérances. S'ils prévoyent mal les événemens, ce sont de faux prophètes; mais ils ne sont pas pour cela ennemis des hommes , ennemis des gouvernemens, ennemis de la sociabilité. Ceux qui écrivent des nouvelles de Paris à leurs amis à Londres, ne sont pas plus des conspirateurs, que ceux qui, dans Londres même en plein parlement, répètent les mêmes faits, émettent les mêmes opinions. Tout cela tient à LA LIBERTÉ DONT JOUISSENT LES ANGLAIS, au droit qu'ils ont de dire , d'imprimer et de publier toutes leurs opinions; liberté, droit qui peuvent ne pas exister aussi complètement en d'autres pays : mais cela n'empêche pas que les Anglais ne puissent *correspondre entr'eux* SOUS LE COUVERT INVIOLABLE DE LEUR AMBASSADEUR, *et dialoguer sur tous les événemens qu'ils voyent, qu'ils entrevoyent ou qu'ils prévoyent.*

De cette explication , il résulte que le procès fait à Sir R. Wilson et à ses compatriotes ne serait au fond que le PROCÈS FAIT EN FRANCE AU PARTI DE L'OPPOSITION ANGLAISE; mais comme ce parti est protégé par la constitution Anglaise, cette même constitution ne peut pas abandonner à la merci d'un gouvernement étranger, des Anglais, qui sont seulement prévenus d'avoir *pensé* à Paris comme *pensent* leurs amis de Londres. Un tel procès serait grandement impolitique; il tendrait évidemment à troubler la paix et la bonne harmonie qui existe entre les deux peuples; puisque ce serait tout uniment SOUMETTRE LA LIBERTÉ CONSTITUTIONNELLE DES ANGLAIS A LA JURIDICTION DES TRIBUNAUX FRANÇAIS.

Ce que Sir R. Wilson avance ici, il le soutiendra hautement, s'il y est réduit, par une mise en accusation ; et il a la noble confiance que, dans cette grande lutte, il ne serait pas abandonné par les honorables amis avec lesquels il était en correspondance d'idées, de doctrine et de sentimens.

On n'a parlé jusqu'ici que de Sir R. Wilson, parceque les pièces relatées dans l'ordonnance du 2 Mars lui sont *personnelles.*

Quant à MM. Bruce et Hutchinson , leur défense est en-

denationalize himself on landing at Calais. The catholic is
the prevailing religion in France : yet, he is not forbidden
from continuing therein a protestant, a quaker or a presby-
terian ; by the same reason, though there be no opposition
in France, the English are not prohibited from maintaining
that an opposition party is an excellent thing in their country;
they may even belong to that party, profess all its opinions,
dream of the happiness of nations, and of the liberality of
governments; exchange their ideas upon these points, and
communicate to each other their wishes, their doubts and
their hopes. If they ill foresee even, they are bad prophets;
but, they are not, on that account, enemies of mankind, enemies
of governments, and enemies of all social order. Those who
write from Paris news to their friends in London, are no
more conspirators, than those who, in London, and even in
full parliament, repeat the same facts, express the same
opinions. All this belongs to THE LIBERTY WHICH THE ENGLISH
PEOPLE ENJOY, TO THE RIGHT WHICH THEY HAVE OF SPEAKING,
WRITING, PRINTING AND PUBLISHING ALL THÉIR OPINIONS :
which *liberty* and *right* may not exist so completely in
other countries : but, that ought not to prevent the English
from corresponding with each other, and treating of all the
*events which they witness, of those which they suspect,
and those which they foresee.*

From this explanation it results, that the prosecution carried on against Sir Robert Wilson and his countrymen, might
be in realty but A PROSECUTION CARRIED ON, IN FRANCE,
AGAINST THE OPPOSITION PARTY IN ENGLAND; but, as this
party is protected by the British Constitution, this same
Constitution cannot abandon to the mercy of a foreign government, Englishmen who are only accused of having
thought in Paris, as their friends *think* in London. Such
prosecution would be highly impolitic; it would evidently
tend to disturb the peace and good harmony which exist
between the two nations; since, it would be absolutely
SUBJECTING THE CONSTITUTIONAL LIBERTY OF THE ENGLISH
TO THE JURIDICTION OF THE FRENCH TRIBUNALS. —— What
Sir Robert Wilson asserts in this place, he will maintain
openly, if reduced thereto by being put upon his trial; and
he has the full confidence that, in this great struggle, he would
not be abandoned by the honorable friends with whom he is
in communication of ideas, of doctrine and of sentiments.

Mention has hitherto been made only of Sir Robert Wilson,
because the documents alluded to in the Ordonnance of the
nd2 March, belong to him *personnally*. As to Messrs. Bruce
and Hutchinon, their defence is still easier; for the Ordon-

core plus facile; car l'ordonnance n'énonce *aucune espèce de charge contre eux.* En ce qui les touche, il n'existe *pas un seul aveu, pas un seul témoignage, pas un seul écrit* d'où l'on puisse tirer, nous ne disons pas la preuve mais même le plus léger indice de complicité dans un complot dont l'inexistence, au surplus, vient d'être assez amplement démontrée pour en conclure, en faveur de tous les trois, qu'aucun d'eux ne peut raisonnablement être mis en accusation pour les prétendus crimes d'état énumérés dans l'ordonnance du 2 Mars.

Reste à examiner ce qui concerne l'évasion du Sieur Lavalette. Tout ce qui est relatif à cette évasion pourrait se traduire ainsi :

Madame Lavalette prévenue d'avoir sauvé son mari ;
Les geoliers prévenus d'avoir été induits en erreur ;
Les domestiques prévenus de n'avoir pas trahi leur maître ;
Trois gentilshommes anglais, prévenus d'avoir écouté la voix de l'humanité, en sauvant un français.

On a bien senti qu'une accusation ainsi présentée n'exciterait aucune indignation contre les accusés ; que tous les cœurs seraient émus en voyant une mère de famille, une épouse assise sur le banc des criminels pour une action qui honore son sexe, et lui assure d'avance les éloges de la postérité ; que cet intérêt inséparable d'un dévoûment si touchant, se répandrait infailliblement sur les accusés intermédiaires, et qu'il serait porté au plus haut degré en arrivant à ces trois gentlemen, dont tout le crime serait de n'avoir pas été insensibles à la gloire d'une action généreuse.

D'ailleurs, on n'a pas pu se persuader que l'humanité seule fût capable d'enfanter un tel miracle ; on s'est abandonné à d'autres soupçons ; quelques lettres ont paru les fortifier ; on en a supposé plus qu'on n'en voyait : et voilà comment la *prévention d'avoir coopéré à l'évasion de Lavalette* s'est trouvée transformée en un *crime d'état.*

Dans ce système il fallait rattacher l'évasion de Lavalette à ce crime d'état : les premiers juges l'ont fait en présentant cette évasion comme un *commencement d'exécution de ce grand complot* qui devait renverser le gouvernement français et embraser toute l'Europe. Ils ont puisé leur conviction à cet égard dans une lettre écrite par Sir R. Wilson le 6 janvier (la veille du départ de Lavalette) dans laquelle se trouvait cette phrase ; *le point est arrêté, l'impulsion est don-*

nance specifies *no charge whatever against them*. In what relates to these gentlemen, there is not a *single confession,* not a *single testimony*, not a *single writing*, from which may be drawn, we do not say proofs, but the slightest indications of complicity in a plot, the non-existence of wich has just been demonstrated thoroughly enough to warrant this conclusion in favor of all three, that no one of them can reasonably be put upon his trial for the pretended state-crimes enumerated in the Ordonnance of the 2nd March.

It only remains for us to examine that part of the case which refers to the escape of M. de Lavalette. All that relates to escape may be enumerated under the following heads:

Madame de Lavalette accused of having saved her husband;

The jailors charged with having been led into error;

The servants charged with not having betrayed their master;

Three English gentlemen *charged with having listened to the voice of humanity* in saving a *Frenchman.*

It was well understood, that an accusation thus stated would excite no indignation against the accused; that *every heart* would be moved at the sight of the mother of a family, of a wife put to the bar of criminals for an action which redounds to the honour of her sex, and which ensures her the praise of posterity; that the interest so excited inseparable from so affecting a mark of devotion, would infaillibly diffuse itself on the other accused individuals; and that it would rise to the highest degree in regard to those three gentlemen, whose only crime would be that of not being insensible to the merited fame of a generous action. — Besides, their accusers would not persuade themselves that humanity alone was capable of effecting such a miracle : other suspicions were indulged; a few letters appeared to corroborate them; more was supposed than seen and thus; the *accusation of having co-operated in the escape of Lavalette* was transformed into a *state-crime*. In pursuance of this system, it became necessary to connect the escape of Lavalette with this crime against the State. — The judges, in the first instance, lent themselves to this view, by representing this escape as *a commencement of the execution of this great conspiracy*, which was to overturn the French Government, and produce a conflagration throughout Europe. They have drawn their conviction on this head, from a letter written by Sir Robert on the 6th January, (the eve of the departure of Lavalette) and which contains the following phrase : *the*

née, ce qui, selon eux, « se réfère évidemment à l'exécution
» du projet d'évasion qu'il venait d'arrêter, et dont il se flat-
» tait que les mesures par lui concertées produiraient l'effet
» politique qu'il en attendait. »

Mais d'abord, soit que l'interprète n'ait pas tout traduit,
soit que les juges n'aient pas tout lu, Sir Robert Wilson assure qu'*ici, sa lettre est tronquée*, et qu'après les mots cités
dans l'ordonnance, se trouvent *d'autres expressions qui dé-
truisent absolument l'induction qu'on fait résulter de ceux
qui précèdent*. Ensuite les magistrats n'ont pas fait attention
qu'il n'y avait aucune liaison entre ce fait particulier de l'é-
vasion de Lavalette et ce grand complot européen ; puisqu'il
n'est pas un seul des Etats de l'Europe qui ait souffert de cette
évasion, et qu'au contraire c'est l'Europe qui a donné asile
à ce malheureux fugitif.

Enfin, et même en restreignant à la France les effets ma-
lencontreux qu'aurait pu produire cette évasion, comment
pouvait-il venir à l'idée de Sir Robert Wilson et de ses amis,
qu'un tel événement était capable de détruire le gouvernement français, puisqu'ils n'ignoraient pas une foule des circonstances qui devaient leur donner à penser tout le contraire ?

Ainsi, 1.º La cour de Bavière avait fait demander la grâce
de Lavalette ; et cette démarche ne permettait pas de croire
que le salut de la France dépendît de la mort de Lavalette.

2.º Les journaux avaient annoncé que M. le duc de Richelieu lui-même s'était rendu l'organe de cette sollicitation ; et
l'on pouvait encore moins supposer que le premier ministre
de France eût demandé une grâce pernicieuse à son gouvernement.

3.º Un maréchal de France, capitaine des gardes-du-corps
du roi, avait forcé la consigne pour conduire madame Lavalette aux pieds du roi ; et cette démarche éclatante ne permettait pas davantage de croire que la France était perdue
si Lavalette n'était pas exécuté.

4.º Si réellement l'évasion de Lavalette avait dû produire
un soulèvement, on ne pourrait pas encore l'imputer à Sir
R. Wilson et à ses amis ; car ce soulèvement aurait été produit par le fait même de l'évasion, par la première nouvelle
qui s'en serait répandue. Or, cette évasion n'est pas leur ouvrage, puisqu'il est constant que Lavalette était évadé depuis
onze jours, quand on leur proposa, pour la première fois, de
le faire sortir de Paris.

5.º Enfin, et ce qui doit lever tous les doutes, c'est que sur
le rapport fait à la chambre des députés, plusieurs membres

point is fixed, the impulse is given; which, according to them, « alludes evidently to the execution of a project of « escape, which he had just determined upon, and of which « he flattered himself that the measures, by him concerted, « would produce the political effect he expected ». —But, in the first place, whether it be that the interpreter has neglected to translate all, or that the judges have neglected to read all, we are assured by Sir Robert Wilson that his letter has been *mutilated* in this part of it, and, that after the words quoted in the Ordonnance, *other expressions are found which completely destroy the inference that might be drawn from those which precede.* In the next place, the magistrates have not observed that there could exist no connexion between the particular fact of the escape of Lavalette and the great European conspiracy, since there is no one state in Europe, which has suffered in consequence of his escape; and, that, on the contrary, Europe has given an asylum to this fugitive—finally, and even confining to France the direful effects which this escape might produce, how could it occur to the mind of Sir Robert Wilson and his friends, that such an event was capable of destroying the French Governement, since they were not ignorant of a variety of circonstances which might induce a contrary opinion?

Thus 1.° the Court of Bavaria had applied for the pardon of Lavalette; and this step did not permit the supposition that the safety of France depended on the death of Lavalette.

2.° The journals had announced that M. de Richelieu had himself become the organ of that sollicitation; and still less could it reasonably be supposed that the prime Minister of France would have entreated a favour prejudicial to the interests of government.

3.° A Marshal of France, Captain of the King's Body Guard, had disregarded a positive order that he might conduct Madame de Lavalette to the feet of the King; nor, did that bold and public step in his behalf permit a belief that France was lost, if Lavalette was not executed.

4.° If the escape had really been calculated to produce an insurrection, that insurrection could not have been imputable to Sir Robert Wilson and his friends; for, it would have been produced by the very fact of the escape, by the very first intelligence of it that got abroad. But, this escape was not their work, since it is notorious that it had taken place 11 days before it was proposed to them for the first time to facilitate his removal from Paris.

5°. And lastly, what must remove all doubt upon this point, is that, when a report was made upon the subject to

considérèrent cet événement comme peu important. M. Bellart lui-même fut de cet avis ; et puisque Sir R. Wilson et MM. Bruce et Hutchinson sont renvoyés devant lui, il les excusera, s'ils se font une autorité du jugement qu'il en a porté. A la séance du 28 décembre, il a dit en propres termes ; « Je pense que l'événement qui occupe l'assemblée n'a d'autre importance que celle qu'on lui donne ; » et c'est, en effet, ce que d'autres avec lui ont très-bien démontré.

Par toute cette série de faits, tous antérieurs au 24 décembre, tous publics avant cette époque, il est donc bien évident que Sir R. Wilson et ses amis, en se chargeant le 7 janvier, de faire sortir Lavalette de France, n'ont pas eu en vue, *d'exciter les citoyens à s'armer contre le roi, de détruire ou changer le gouvernement français, ni encore moins de renverser le système politique de tous les États de l'Europe.*

Mais ont-ils, du moins, commis un délit de nature à mériter des peines correctionnelles ?

C'est ce qui reste à examiner. Ici et en peu de mots, les prévenus déclarent sur leur honneur qu'aucun d'eux n'a jamais vu madame Lavalette, ni avant, ni même depuis l'évasion de son mari, et qu'ils n'ont eu aucune connaissance du projet qu'elle avait de le sauver.

Ils déclarent également sur leur honneur (et l'ordonnance ne renferme rien qui démente cette déclaration) qu'ils n'ont ni vu, ni corrompu les gardiens de Lavalette, ni agi de connivence avec eux.

Ils attestent pareillement que ce n'est point chez l'un d'eux que Lavalette s'est retiré après son évasion ; qu'ils ne l'ont vu et reçu que le 5 janvier au soir, veille de son départ, et que jusqu'au moment où on leur a proposé de le sauver, ils partageaient avec le public l'opinion qu'il était déjà en lieu de sûreté.

Le fait qui leur est reproché n'a donc aucune connexité avec le crime imputé aux gardiens de Lavalette ; il n'en a même aucune avec l'action de madame Lavalette, qui n'a de commun avec la leur que la pureté de leurs intentions et la génerosité de leurs motifs.

Cette séparation est bien marquée : il n'y a pas un aveu, pas un témoin, pas un écrit, pas le plus léger indice de connexité ; Sir R Wilson, et MM. Bruce et Hutchinson ne

the chamber of deputies , several of the members considered the event as wholly unimportant. Of that number was M. Bellart himself, who , since Messrs. Wilson , Bruce and Hutchinson are destined to appeare before him , will , in order to be consistent with himself, readily excuse them , should they appeal to the authority of his opinion thus expressed ; at the sitting of the 23 December, the litteral terms used by him on that occasion were : « my opinion is that the event » which engages the attention of the chamber *has no other* » *importance but that which it is thought proper to* » *bestow upon it.* » And that is, in fact , what many others with himself have well demonstrated.

This succession of facts , prior to the 24th December and all public before that period , incontestably proves that Sir R. Wilson and his friends , in undertaking on the 7th January to effect the removal from France of Lavalette , did not pur-pose *exciting the people of that country to take up arms against the King , to destroy or change the French Government , and , still less , to overthrow the political system of all the states of Europe.*

But , have they at least committed an offence of a nature to incur *correctional* penalties ? That is the remaining subject of enquiry.

In this place and in a few words , the accused declare upon their honour, that no one of them ever saw madame de Lavalette , either before or after the escape of her husband , and that they had no knowledge whatever of the project she had formed to save her husband.—They equally declare upon their honour (and the ordonnance contains nothing which contradicts their declaration) that they neither saw nor bribed the keepers of Lavalette , nor connived in any way with them. — They affirm likewise that it was not in their dwelling that Lavalette secreted himself immediately after his escape from prison; that they did not see him or receive him until the evening of the 6th January , the eve of his departure ; and that till the moment of the proposal of saving him being made to them , they shared in the general opinion of his having already reached a place of safety.

The act imputed to them has therefore no connexion with the crime laid to the charge of the keepers of Lavalette ; neither has it any with the action of madame Lavalette , which has nothing in common with theirs but the purity of their intentions and the generosity of their motives. — This separation is strongly marked : There exists not a confession , not a witness, not a writing, not the slightest indication of a connexion. Messrs. Wilson, Bruce and Hutchinson do not cut the

coupent pas le trait d'union qu'on prétend exister entre les deux actions : ils soutiennent seulement avec toute la force que donne le sentiment énergique de la vérité, qu'il n'y a entr'elles aucune liaison.

Il faut donc juger leur action séparément et abstraction faite de toute circonstance étrangère. Leur affaire commence au 31 décembre, à huit heures du matin, par le billet anonyme adressé à M. Bruce; elle finit au retour de Sir R. Wilson dans son hôtel, rue de la Paix, le 10 janvier au soir.

Tout cet intervalle est rempli par leurs aveux; ils n'ont dissimulé aucune circonstance de leur conduite; ils ne s'excusent pas de ce qu'ils ont fait; ils n'en tirent pas non plus vanité; mais leur conscience ne leur reproche rien; ils ont le sentiment qu'ils ont agi en véritables amis de l'humanité; et dès lors ils ne redoutent l'application d'aucune loi.

La législation française punit, et avec raison, ceux qui corrompent des geoliers, des conducteurs ou des gardiens de prisonniers; elle punit *a fortiori* ceux qui par violence arrachent des détenus du lieu que la justice leur a assigné pour prison; parce que, dans le premier cas, on fait commettre aux gardiens un crime dont on devient le complice; et que, dans le second, on employe la force contre une autorité qu'on doit respecter.

Mais quand Sir R. Wilson et ses amis ont résolu de sauver Lavalette, Lavalette n'était plus un détenu; son évasion était consommée, si bien consommée qu'on se disposait à l'exécuter par effigie, si bien consommée que sa femme et ses geoliers étaient détenus comme prévenus d'être les auteurs de cette évasion, et qu'ils auraient été jugés pour ce fait, quand même Lavalette serait resté dans Paris.

Les journaux avaient annoncé que Lavalette était en pays étranger : on citait les lieux où il avait passé, les gens qu'il avait vus, les anecdotes de son voyage; la police avait renoncé à le chercher : bref, l'évasion était complète.

Or, dans cet état, l'honnêteté publique obligeait-elle Bruce à communiquer à la police française l'avis confidentiel qu'il avait reçu? Devait-il démentir la juste opinion qu'on avait conçue de l'élévation et de la générosité de son caractère? Lui était-il défendu, aussi bien qu'à ses deux amis, d'écouter la voix de l'humanité qui lui criait au fond du cœur : *sauvez, sauvez un malheureux?* Et maintenant est-il une loi qui dise que Paris est une prison, et que celui qui fera sortir de Paris un homme depuis long-temps évadé de prison, sera puni comme s'il l'avait fait sortir directement de sa prison?

thread by which it is pretended to unite the two actions. They only maintain with all the force derived from the energetic consciousness of truth, that there exists no connexion between them. — their action must therefore be tried separately and directed of all that is foreign to it : their case commences on the 31st december et 8 o'Clock in the morning, by the anonymous note addressed to M. Bruce; it finishes by the return of Sir R. Wilson to his hotel, rue de la Paix, in the evening of the 10.th January.

The whole of this interval is filled up with their confessions. They have dissembled no circonstance of their conduct. They plead no excuse for what they have done, nor do they vainly exult in it : their conscience is free from reproach. They are satisfied with having acted like true friends of humanity ; and with that conviction, they dread not the application of any law.

The French legislation punishes with reason those who corrupt jailors, conductors and keepers of prisoners; it punishes *a fortiori* those who by violence rescue prisoners from the place which justice assigns for their confinement, because, in the first act, keepers are made to commit a crime of which the briber is an accomplice, and that, in the second, force is employed against an authority which should be respected.

But, when Sir Robert and his friends resolved to save Lavalette, Lavalette was no longer a prisoner; his escape was consummated, so well consummated that preparations were making to execute him in effigy, so well consummated that his wife and his jailor were detained upon the charge of being the authors of that escape, and that they would have been tried upon that charge, even if Lavalette had remained in Paris.—The journals had announced that Lavalette had reached a foreign country : the places he had passed through., the people he had seen, were stated : anecdotes of his journey were related. The police had given up the pursuit of him ; in a word, his escape was complete.

In this state of things, was Mr. Bruce bound by public decorum to communicate to the French police the confidential intelligence he had received ? Did it become him to belie the merited opinion which had been conceived of the elevation and generosity of his mind ? Was he as well as his friends forbidden from listening to the voice of humanity, which cried from the bottom of their hearts : *save, save the unfortunate.*

And, may one add, is there a law which constitutes Paris a prison, which inflicts upon him who favours the removal from Paris of a man long since escaped from prison, the same punishment as upon him who in a direct manner delivers the

Est-il une loi qui dise que la France entière est une prison,
d'où l'on ne puisse s'évader sans encourir des peines, la
France dont le sol donnait autrefois la liberté aux esclaves
qui étaient assez heureux pour y mettre le pied.

Il n'y a donc pas de loi positive qui vienne ici affaiblir le
sentiment du droit naturel ; et sur ce dernier chef, comme
sur celui de la prétendue conspiration, il ne saurait y avoir
lieu à accusation.

Quant au prétendu recel, on a déjà dit qu'après son évasion, Lavalette s'était retiré dans une maison inconnue à
MM. Bruce, Wilson et Hutchinson : il n'a jamais été, pas
même un seul instant, ni chez Sir R. Wilson ni chez M. Bruce.
Il n'est venu chez M. Hutchinson que comme dans un *lieu
de rendez-vous*, comme on se rend à la diligence quelque
temps avant que d'y monter.

Du reste, on ne prétendra pas que la voiture même fût
un lieu de recel, puisque Lavalette est sorti en plein jour,
face découverte, et fraîchement rasé, dans un boquey qui
laissait voir la moitié de son corps.

S'il est permis aux prévenus de faire une dernière réflexion,
ils ne craindront pas d'insinuer aux magistrats appelés à statuer sur leur mise en accusation, qu'on a donné à cette affaire
plus d'importance qu'elle n'en méritait ; que la prétendue
conspiration est une chimère ; qu'en soi, l'évasion de Lavalette n'est rien ; et que, vu de près, sans partialité, cet événement a peut-être été plus profitable que nuisible au gouvernement français.

Dans tous les cas, il doit demeurer pour constant que Sir R.
Wilson, et MM. Bruce et Hutchinson ont agi sans aucun
motif d'inimitié contre la France : ils ont servi l'humanité ;
les amis de l'humanité les défendront.

Paris, ce 14 mars 1816.

Signé, WILSON, BRUCE et HUTCHINSON.

prisoner from actual confinements? Is there a law by which the whole of France is declared a prison from which no one shall escape without incurring penalties; France whose soil formerly gave liberty to the slave who had the good fortune to set his foot on it?

There is therefore in this case no positive law, which impairs the sentiment of natural right; and, on this last head as on the pretended conspiracy, there can exist no grounds for an accusation. — As to the pretended concealment, it has already been stated that, after his escape, Lavalette withdrew into a house unknown to Messrs. Bruce, Wilson and Hutchinon, he was never for a single instant, either at Sir R. Wilson's house or Bruce's, he only entered Hutchinson's as a place of *rendez-vous*, as one repairs to a diligence a short time before one steps into it. — It will not be pretended, we presume, that the carriage itself was a place of concealment, since Lavalette went forth in open day, with his face uncovered, in a gig which exposed one half of his body.

If the accused may be allowed one last reflexion, they will venture to insinuate to the magistrates, assembled for the purpose of deciding upon their being brought to trial, that more importance has been attached to this business than it deserved, that the pretended conspiracy is a chimera : that, in itself, the escape of Lavalette is nothing; and that, examined closely and impartially, this event has probably been rather beneficial than injurious to the French Government. At all events, a conviction will remain, that Sir R. Wilson, Bruce and Hutchinson have acted without any feeling of enmity towards France : *they have served humanity, and the friends of humanity will defend them.*

(Signed) WILSON, BRUCE and HUTCHINSON.

IN CHE MODO

LAVALETTE

È USCITO DI FRANCIA

DOPO LA SUA FUGA DA PRIGIONE.

Lavalette era stato condannato a morte.

Sua moglie non aveva potuto ottenere la sua grazia :

Egli stava per essere giustiziato.

Non prendendo consiglio che da se stessa, forte nei suoi doveri, esaltata dal suo amore, incoraggiata dal rischio stesso, ella salva il suo sposo !

Sene sparge subito la nuova ; ma le perquisizioni sono vane : confidato alle cure dell'amicizia la più discreta, *Lavalette* à evitato la spada di cui la sua testa era minacciata.

I giornali danno le particolarità della sua fuga ; lo fanno viaggiare ora in Baviera, ora in Belgica ; citano l'abito che portava, i luoghi per dove è passato, le persone che à visitate, gli aneddotti del suo viaggio.

Ognuno si conferma nel pensiero che *Lavalette* non solamente è fuggito dalla prigione, ma in oltre che è passato in paese straniero. Si cessa, per così dire, di pensare a lui ; e, con un vivo sentimento d'interesse, tutte le anime sensibili riportanó la lor sollecitudine a quell'eroica Donna che sta in carcere, in vece del suo sposo.

I custodi ed i servidori di *Lavalette* si trovano parimente arrestati.

« La Signora *di Lavalette* è *prevenuta* d'aver fatto fug-
»gire suo marito :

» I custodi ed i servidori *prevenuti* d'aver favorito la fuga,
» e d'avervi cooperato. »

Sono interrogati :

Varii testimonii sono uditi ; la figlia stessa di *Lavalette*, appena in età di quattordici anni, è interpellata !

COMMENT
M. LAVALETTE
EST
SORTI DE FRANCE
APRÈS SON ÉVASION DE PRISON (1)

Lavalette avait été condamné à mort ;
Sa femme n'avait pu obtenir sa grâce ,
Il allait être exécuté.

Ne prenant conseil que d'elle-même , forte de ses devoirs, exaltée par son amour, enhardie par le danger même , elle sauve son époux.

Le bruit s'en répand aussitôt, mais les recherches sont vaines : confié aux soins de l'amitié la plus discrète , Lavalette a échappé au glaive dont sa tête était menacée.

Les journaux donnent les détails de son évasion. Ils le font voyager tantôt en Bavière , tantôt en Belgique ; ils citent le costume qu'il portait, les endroits où il a passé, les personnes qu'il a visitées, les anecdotes de sa route.

Chacun s'affermit dans l'idée que Lavalette ne s'est pas seulement évadé de prison , mais encore qu'il a passé en pays étranger. On cesse , pour ainsi dire, de penser à lui ; et c'est avec un vif sentiment d'intérêt que toutes les âmes sensibles reportent leur sollicitude vers cette femme héroïque qui occupe en prison la place de son époux.

Les gardiens et les domestiques de Lavalette se trouvent également arrêtés .

« Madame Lavalette est *prévenue* d'avoir fait évader son
» mari.

« Les gardiens et les domestiques prévenus d'avoir favorisé
» l'évasion et d'y avoir coopéré. »

On les interroge ;

On entend les témoins ; la fille même de Lavalette, à peine âgée de quatorze ans , est entendue.

---

(1) Cette relation entrait dans le plaidoyer de M. Dupin ; mais comme la plupart des faits étaient déjà connus par les débats, il ne crut pas devoir en donner lecture.

Per dirla in breve , si forma il lor processo , sul fatto della *fuga* ; e sarebbero stati giudicati per questo fatto, quand'anche *Lavalette* non avesse abbandonato Parigi, e quand'anche fosse stato poscia ripreso.

Ma altri era convinto che non era più possibile di raggiugnerlo ; e in questa persuasione , si facevano diggià i preparativi della sua esecuzione per effigie.

Insensibile al proprio suo pericolo, la Signora *di Lavalette*, prigioniera, e di più *al Segreto* , sempre dubbiosa sul destino del suo sposo , tremava ch' egli non fosse scoperto , e non doveva trovare la quiete che nella certezza che era uscito da Francia.

Essa ignorava che il zelo il più disinteressato , entrava con ardore nel desiderio d'assicurare il suo trionfo e di colmare le sue brame.

Gli amici di *Lavalette* avevano posto la lor speranza , in un giovine Gentiluomo Inglese , che la sua nobiltà , la sua fortuna , la sua indipendenza, ed il suo carattere cavalleresco , lor presentavano come solo capace di secondare il disegno che avevano concepito di allontanare *Lavalette*.

Ai trent'uno dicembre , fra sette ed otto ore della mattina, *Bruce* ricevè un viglietto anonimo che portava in sostanza :
« Signore, ò tanta fiducia nella vostra lealtà , che voglio farvi
» partecipe d'un segreto che non posso dire che a voi solo. Il
» Signor *di Lavalette* è ancora in Parigi : Rimetto la sua
» vita nelle vostre mani : voi solo potete salvarlo. »

Bruce era ancora a letto. Questa lettera lo pose nella più grande sorpresa : dopo avervi pensato per qualche tempo , disse al portatore del viglietto : « Non posso rispondere per
» ora ; ma se la persona che mi scrive vorrà trovarsi a tale
» luogo . . . . a tal ora . . . . le farò parte delle mie riflessioni. »

Queste riflessioni assediavano in folla l'anima di *Bruce*.

Non credete frattanto ch'egli si sia detto : *Profittiamo di quest' occasione per nuocere al Governo francese. Bruce* à assai viaggiato ; conosce i doveri che il dritto politico ed il dritto naturale impongono agli stranieri ; e certamente avrebbe rigettato, senz' esitare , ogni proposizione che avesse rassomigliato ad una conspirazione contro lo Stato che esercitava verso di lui l'ospitalità.

Ma ei si rappresentava quel che la posizione di *Lavalette* aveva d'orribile. Ammirava il nobile sacrifizio della sua generosa sposa : *Lavalette* rimetteva la sua vita nelle sue mani ; ed infatti , un rifiuto lo rendeva alla morte : sua moglie ella

Bref, on instruit leur procès sur le fait de l'*évasion* ; et ils auraient été jugés pour ce fait, quand même M. de Lavalette n'eût pas quitté Paris, et alors même qu'il eût été ensuite repris.

Mais on était convaincu qu'il n'était plus possible de l'atteindre, et, dans cette persuasion, on faisait déjà des préparatifs de son exécution par effigie.

Insensible à son propre danger, madame de Lavalette, prisonnière et même au secret, toujours incertaine sur le sort de son époux, tremblait qu'il ne fût découvert, et ne devait trouver le repos que dans la certitude qu'il était sorti de France.

Elle ignorait que le zèle le plus généreux et le plus désintéressé entrait avec ardeur dans le désir d'assurer son triomphe et de combler ses vœux.

Les amis de Lavalette avaient placé leur espoir dans un jeune gentilhomme anglais que sa noblesse, sa fortune, son indépendance et son caractère chevaleresque, leur présentaient comme seul capable de seconder le dessein qu'ils avaient formé d'éloigner Lavalette.

Le 31 décembre, entre sept et huit heures du matin, Bruce reçut un billet anonyme qui portait en substance : « Monsieur, » j'ai tant de confiance en votre loyauté, que je veux vous » faire part d'un secret que je ne puis dire qu'à vous. M. de » Lavalette est encore à Paris ; je mets sa vie entre vos » mains ; vous seul pouvez le sauver. »

Bruce était encore au lit. Cette lettre le jeta dans le plus grand étonnement, après y avoir rêvé quelque temps, il dit au porteur du billet ; « Je ne puis répondre pour le moment ; » mais si la personne qui m'écrit veut se trouver à tel endroit... » à telle heure.... je lui ferai part de mes réflexions. »

Ces réflexions assiégeaient en foule l'âme de Bruce.

Ne croyez pas cependant qu'il se soit dit : *Saisissons cette occasion de nuire au gouvernement Français.* Bruce a beaucoup voyagé ; il connaît les devoirs que le droit politique et le droit naturel imposent aux étrangers ; et certes il aurait rejeté, sans hésiter, toute proposition qui eût ressemblé à une conspiration contre l'État qui exerçait envers lui l'hospitalité.

Mais il se représentait ce que la position de Lavalette avait d'affreux ; il admirait le noble dévouement de sa généreuse épouse. Lavalette remettait sa vie entre ses mains, et, en effet, un refus le rendait à la mort : sa femme elle-même ne

stessa non poteva sopravvivergli.... *Bruce* non aveva la forza di negare ; la pietà , l'umanità avevano troppo imperio sul suo cuore ; la sua immaginazione gli mostrò il disonore e la viltà accanto d'un rifiuto ; che dissi io ! vide una specie di gloria nel salvare un infelice , ed assicurare alla Signora *Lavalette* il frutto della sua bell' azione.

Ma , nel medesimo tempo , non si dissimulò tutto quel che l'esecuzione d'un tal progetto aveva di pericoloso : se *Lavalette* fosse ripreso , si poteva imputar ciò alla cattiva combinazione del suo disegno ; ed al pericolo dell'intrapresa in se stessa , si sarebbe unito il dolore d'un cattivo successo.

Agitato da questi sentimenti diversi , *Bruce* portossi nel medesimo giorno , verso il mezzo dí , al luogo ch' egli stesso aveva indicato. L'intermedio vi si trovò. *Bruce* gli disse : « Farò il possibile per salvare *Lavalette* , ma non bisogna com- » promettere chicchessia : non voglio conoscere il nome » della persona che m'à scritto ; non voglio anzi che mi di- » ciate dove è nascosto *Lavalette* : lasciatemi prima meditare » sui mezzi di salvarlo. »

Bruce confessa che avrebbe voluto salvarlo da se solo : ma bentosto ne riconobbe l'impossibilità.

Era ancora in questa perplessità quando, ai due gennajo, il generale *Wilson* venne a vederlo. Egli ebbe subito l'idea di communicargli il suo progetto : ma riflesse che si trattava del segreto altrui , e si contentò di dirgli : « Vorrei communi- » carvi qualche cosa ; ma mi abbisogna prima il consenso » della persona che men'à parlato. »

Wilson gli domandò se quest' era una buona od una cattiva nuova ? « Spiacevole , rispose *Bruce* ; ma ce ne riparle- » remo domani. »

Nella serata *Bruce* rivide l'intermedio , ed ottenne facilmente la permissione di confidarsi a *Wilson*.

Questi essendo ritornato in casa di *Bruce* all'indomani mattino , tre gennajo , *Bruce* gli raccontò ciò che sapeva di *Lavalette* : « Egli si rimette, disse, fra le nostre mani : come » fare per salvarlo ? »

Questa confidenza eccitò la sorpresa di *Wilson* : « Ah ! mio » Dio ! sclamò egli : voi aveste molta ragione , dicendo jeri » che questa nuova era dispiacevole ! Io lo credeva fuori da » Francia , ed egli è ancora in Parigi..... »

Qui *Wilson* provò le stesse inquietudini di Bruce : non ch' egli avesse cattiva opinione dell'azione in se stessa ; non

pouvait lui survivre.... Bruce n'avait pas la force de refuser : la pitié, l'humanité avaient trop d'empire sur son cœur ; son imagination lui montra le déshonneur et la lâcheté à côté d'un refus : que dis-je ? il vit une sorte de gloire à sauver ce malheureux, et à assurer à madame Lavalette ce qu'il appelait *le fruit de sa belle action*.

Mais, en même temps, il ne se dissimula point tout ce que l'exécution d'un tel projet avait de dangereux : si Lavalette était repris, on pouvait l'imputer à la mauvaise combinaison de son plan ; et au risque de l'entreprise en elle-même se serait jointe la douleur d'un mauvais succès.

Agité par ces sentimens divers, Bruce se rendit le même jour vers midi, à l'endroit que lui-même avait indiqué. L'intermédiaire s'y trouva. Bruce lui dit : « Je ferai mon pos-» sible pour sauver Lavalette, mais il ne faut compromettre » qui que ce soit ; je ne veux pas connaître le nom de la per-» sonne qui m'a écrit : je ne veux pas même que vous me di-» siez où est caché Lavalette ; laissez-moi d'abord aviser aux » moyens de le sauver. »

Bruce avoue qu'il aurait voulu pouvoir seul le sauver ; mais il en reconnut bientôt l'impossibilité.

Il était encore dans cette perplexité, lorsque le 2 janvier, le général Wilson vint le voir : il eut aussitôt l'idée de lui communiquer son projet ; mais il réfléchit qu'il s'agissait du secret d'autrui, et il se contenta de lui dire : « Je voudrais bien » vous communiquer quelque chose ; mais auparavant il me » faut l'assentiment de la personne qui m'en a parlé. »

Wilson lui demanda si c'était une bonne ou une mauvaise nouvelle. « Désagréable, répondit Bruce ; mais nous en repar-» lerons demain. »

Dans la soirée, Bruce revit l'intermédiaire et en obtint aisément la permission de s'ouvrir à Wilson.

Celui-ci étant revenu chez Bruce le lendemain matin, 3 janvier, Bruce lui raconta ce qu'il savait de Lavalette : « Il » se remet, dit-il, entre nos mains : comment faire pour le » sauver ? »

Cette confidence excita la surprise de Wilson : « Ah ! mon » dieu, s'écria-t-il, vous aviez bien raison de me dire hier » que c'était une nouvelle désagréable. Je le croyais bien hors » de France ; et il est encore à Paris ! ...... »

Ici Wilson éprouva les mêmes inquiétudes que Bruce ; non qu'il eût mauvaise opinion de l'action en elle-même ; il n'y

vi vedeva che la salvezza d'un uomo ; ma temeva di non riuscire, e che non s'imputasse la mancanza del successo ad imprudenza o malafatta.

Frattanto non esitò a rispondere alla proposizione che gli faceva il suo giovine amico, « che vi penserebbe matura- » mente, e che quindi ne parlerebbero. »

Da qualche tempo in quà, *Bruce* e *Wilson* si erano accorti che erano pella politica Francese un oggetto d'inquietudine e d'invigilanza ; e quest' osservazione che gli obbligava a più circonspezione, fece loro sentire la necessità d'interessare un terzo alla lor intrapresa.

Wilson propose ad un suo compatriotto, (che noi nomineremo anche *Ellister* poichè il traduttore non à potuto indovinare il suo vero nome) d'accompagnare *Lavalette* fino alla frontiera ; *Ellister* vi si sarebbe impiegato volentieri ; ma era militare, e non potè ottenere un congedo dal suo reggimento.

Il giovedí, quattro gennajo, *Wilson* parlò di questa difficoltà con *Bruce*, e gli disse : « Vedo bene che sarà d'uopo » che compisca io stesso la commissione ; ciò sarà più diffi- » cile ; ma ne prenderò l'assunto. »

Convengono dunque che *Bruce* chiederà all' intermedio la misura della taglia di *Lavalette*, e che *Wilson* s'ingegnerà per avere i passaporti.

Bruce avendosi procurato la misura di *Lavalette*, la rimise a *Wilson*. — *Wilson* andò in casa del capitano *Hutchinson*, l'instrusse dell' affare, e gli chiese la sua cooperazione. Le sue parole avevano tutto il peso che le dava la sua qualità di Generale : gli parlava in oltre in nome dell' amicizia che, da lungo tempo, l'univa coi suoi zii .... *Wilson* non dubita che *Hutchinson* non avesse aderito alla proposizione pel solo effetto della sua buona indole ; ma rileva egli stesso tutte queste circostanze per mostrare che se il fatto è divenuto punibile, il danno ne dovrebbe ricadere sopra lui piuttosto che sopra *Hutchinson*.

Che che ne sia, *Hutchinson* consente ad ajutare *Wilson* e *Bruce* nel loro progetto. S'incarica della misura di *Lavalette*, e per non compromettere verun sartore francese, la rimette ad un sartore tedesco al quale ordina un uniforme di *quartier-mastro del reggimento delle guardie*.

Questo buono tedesco, vedendo la misura, disse tosto : *questa misura non essere stata presa d'un sartore.* A quest' osservazione, *Hutchinson* non potè contenersi di

voyait que le salut d'un homme ; mais il craignait d'échouer et que l'on n'imputât le défaut de succès à imprudence ou maladresse.

Cependant il n'hésita point à répondre à l'ouverture que venait de lui faire son jeune ami, « qu'il y songerait mûre- « ment, et qu'ensuite ils en reparleraient. »

Depuis quelque temps, Bruce et Wilson s'étaient aperçus qu'ils étaient pour la police française un objet d'inquiétude et de surveillance ; et cette observation qui les engageait à plus de circonspection, leur fit sentir la nécessité d'intéresser un tiers à leur entreprise.

Wilson proposa à l'un de ses compatriotes (que nous nommerons Ellister, puisque l'interprète n'a pas deviné son véri--table nom) d'accompagner Lavalette jusqu'à la frontière : cet anglais s'y fût employé volontiers, mais il était militaire, et ne put obtenir un congé de son régiment.

Le jeudi 4, Wilson parla de cette difficulté à Bruce, et lui dit : « Je vois bien qu'il faudra que j'accomplisse moi-même » la commission ; cela sera plus difficile, mais je m'en char- » gerai. »

Ils conviennent donc que Bruce demandera à l'intermédiaire la mesure de la taille de Lavalette, et que Wilson e procurera les passeports.

Bruce s'étant procuré la mesure de Lavalette, la remit à Wilson. Wilson alors se transporta chez le capitaine Hutchin·son, le mit au fait, et lui demanda sa coopération. Ses paroles avaient tout le poids que lui donnait sa qualité de général. Il lui parlait d'ailleurs au nom de l'amitié qui depuis long-temps l'unissait à ses oncles..... Wilson ne doute pas que Hutchinson n'eût adhéré à la proposition par le seul effet de son bon naturel ; mais il relève lui-même toutes ces circonstances pour montrer que si le fait est devenu punissable, le tort en devrait retomber sur lui plutôt que sur Hutchinson.

Quoi qu'il en soit, Hutchinson consent à aider Wilson et Bruce dans leur projet. Il se charge de la mesure de Lavalette, et pour ne compromettre aucun tailleur français, il la remet à un tailleur allemand auquel il commande un uniforme de *quartier-maître du régiment des gardes.*

Ce bon allemand voyant la mesure, dit de suite : *Cette mesure n'a pas été prise par un tailleur.* A cette remarque, Hutchinson ne put s'empécher de sourire ; mais

sorridere ; ma facendo quindi a poco riflessione alle conseguenze che potrebbero da ciò risultare, pigliò cura di traviare i sospetti dell'artista, dicendogli : « Fatti che saranno i
» vestiti, voi gl' imballerete ,perchè il quartier-mastro, non
» avendo potuto aspettarli, è già partito, ed io gli spedirò
» la cassa. »

D'un altra parte *Wilson* s'era procurato due passaporti. Senza entrare a questo soggetto in verun particolarità, ci contentiamo di dire che questi passaporti non sono stati sorpresi alle autorità francesi ; che sono stati accordati d'una cancelleria straniera ; e che se lo sono stati sotto altri nomi che quelli di *Wilson*, ciò non poteva sembrare sorprendente, poichè nulla è più frequente dalla parte degl' Inglesi che il viaggiare sotto nomi supposti.

Non si ristabiliranno qui questi nomi che sembrano non aver potuto essere deciferati dal traduttore : la sola cosa interessante da rilevarsi, si è che le lettere iniziali di quei due nomi erano precisamente un' L e un W affinchè se, per evento, i bauli fossero visitati, il marchio della biancheria non contradicesse l'enunciazione dei passaporti.

Il venerdì, il sabbato e la domenica (cinque, sei e sette gennajo) furono impiegati a fare i preparativi della partenza.

Hutchinson ed *Ellister* andavano a riconoscere il paese, ora sopra una via, ora sopra un' altra; ed il risultato delle lor ricognizioni fu che bisognava preferire la barriera di *Clichy*.

Ma come passare questa barriera senza essere osservato ?

Non potevano pensare a partire in posta. Perchè, in esecuzione d'un ordine stabilito dopo la fuga di *Lavalette*, un gendarme assisteva alla partenza d'ogni viaggiatore, verificava i passaporti, spiava i segnali, seguiva anche la vettura fino ad una certa distanza.

Uscire a cavallo pareva la cosa la più semplice; ma, altra difficoltà : gl' Inglesi ànno un' andatura particolare che *Lavalette* non avrebbe mai imitata.

Partiranno dunque in vettura : non già in una berlina ermeticamente chiusa, nemmeno in un biroccio coperto, ma in un *bogguey*, sorta di vettura che, avendo meno l'aspetto misterioso, dovrà perciò eccitare meno sospetto.

Lavalette vi si porrà con *Wilson*.

Hutchinson ed un servidore seguiranno a cavallo, affinchè, in caso d'allarmi, *Lavalette* e *Wilson* possano gettarsi giù

faisant bientôt après réflexion aux suites qu'elle pourrait avoir, il prit soin de détourner les soupçons de l'ouvrier, en lui disant : « Quand les habits seront faits, vous les emballerez, » parce que le quartier-maître, n'ayant pas pu les attendre, est » déjà parti, et je lui expédierai la caisse. »

D'un autre côté, Wilson s'était procuré des passeports : sans entrer à ce sujet dans aucun détail, on se borne à dire que ces passeports n'ont point été surpris aux autorités françaises ; qu'ils ont été délivrés par une chancellerie étrangère ; et que s'ils l'ont été sous des noms autres que celui de Wilson, cela ne pouvait pas paraître étonnant, puisque rien n'est plus fréquent de la part des Anglais que de voyager sous des noms supposés.

La seule chose intéressante à relever au sujet de ces noms qui étaient ceux du général Walys et du colonel Laussac, c'est que les initiales de ces deux noms étaient précisément un L et un W, afin que si, par évènement, les malles étaient visitées, la marque du linge ne contredit pas l'énonciation des passeports.

Le vendredi, le samedi et le dimanche (5, 6 et 7 janvier) furent employés à faire les préparatifs du départ.

Hutchinson et Ellister allaient à la découverte, tantôt sur une route, tantôt sur une autre ; et le résultat de leur reconnaissance fut qu'il fallait préférer la barrière de Clichy.

Mais comment passer cette barrière sans être remarqué ?

On ne pouvait songer à partir en poste. Car d'après un ordre établi depuis l'évasion de Lavalette, un gendarme assistait au départ de chaque voyageur, vérifiait les passeports, épiait les signalemens, suivait même la voiture jusqu'à une certaine distance.

Sortir à cheval paraissait le plus simple ; mais autre inconvénient ; les Anglais ont une allure particulière, que Lavalette n'eût jamais attrapé.

On partira donc en voiture ; non pas dans un carrosse hermétiquement fermé, non pas même dans un cabriolet couvert, mais dans un boguey, genre de voiture, qui ayant le moins l'air du mystère, devra aussi exciter le moins de soupçons.

Lavalette s'y placera avec Wilson.

Hutchinson et un domestique suivront à cheval, afin, en cas d'alerte, que Lavalette et Wilson puissent se jeter à bas

dal *bogguey*, pigliare i lor cavalli di scorta , e fuggire a tutta briglia.

Nel medesimo tempo *Ellister*, munito del passaporto consegnato sotto il nome del colonnello L...... salirà nella berlina di *Wilson*, ed uscirà da una barriera differente , per andare a raggiugnerli a *Compiègne*.

Là , cambieranno di vetture. *Ellister* e *Hutchinson* ricondurranno il *bogguey* a Parigi , e gli altri due proseguiranno il lor viaggio nella berlina. *Compiègne* era stata scelta per farvi il cambio delle vetture , 1.º perchè quella città stava ad una distanza assai grande da Parigi , perchè questo cambio non fosse osservato ; 2.º perchè *Bruce* , avendo inteso che la brigata di suo cugino *Brichaut* era a Compiègne , e che il suo ajutante di campo abbandonerebbe Parigi ai sette gennajo per portarsi in quella città, coi cavalli ed i bagagli del Generale , il quale era allora in Inglitherra : *Bruce* , diciamo , aveva pregato quest' ajutante di campo di ricevere *Wilson* al suo passaggio , quel che quest' uffiziale aveva promesso con molta garbatezza , e senza chieder altro.

Sabbato la sera , *Bruce* disse all' intermedio che ogni cosa era preparata , affinchè la partenza avesse luogo dopo domani mattino.

Convengono insieme di regolare i lor orologii sul quadrante delle Tuilerie , la domenica a tre ore in punto ;

E che la stessa sera, a nove ore e mezzo precise, *Lavalette* si portera in casa di *Hutchinson*, strada del *Helder* , n. 3.

Si prese pel luogo della partensa l'allogio di *Hutchinson* , perchè l'abitazione di *Wilson* , e quella di *Bruce* erano invigilate da presso dagli agenti della politica : ed anche perchè la strada del *Helder* era più vicina alla barriera di *Clichy* ; e che , in oltre , *Hutchinson* soleva alzarsi di buon mattino , ora per andare alla caccia , ora per andare alla parata.

E' da osservare che *Wilson* e *Bruce* ignoravano ancora compitamente dove era nascosto *Lavalette*.

La domenica *Bruce* va alle Tuileries per confrontar l'ora.

A nova ore e mezzo precise , un biroccio nel quale era *Lavalette* con un suo amico , giunge nella strada *Helder* , n.º 3.

Si bussa , e *Bruce* che usciva al medesimo minuto , si presenta a lui , e gli batte leggiermente la spalla , dicendo : Goddem! (1) perchè venite tanto tardi ? è molto tempo che

____

(1) Si sa bene che quest' espressione non è del buonuso in Inghil-

du boguey, prendre leurs chevaux d'escorte et fuir à toute bride.

Dans le même temps, Ellister muni du passeport délivré sous le nom du colonel Laussac montera dans la berline de Wilson, et sortira par une autre barrière pour aller les rejoindre à Compiègne.

Là on changera de voiture. Ellister et Hutchinson ramèneront le boguey à Paris, et les deux autres poursuivront leur voyage dans la berline. On avait choisi Compiègne pour y faire l'échange des voitures : 1.º parce que cette ville se trouvait à une assez grande distance de Paris, pour que cet échange ne fût pas remarqué ; 2.º parce que Bruce ayant appris que la brigade de son cousin le général *Brichauld* (1) était à Compiègne, et que son aide-de-camp quitterait Paris le 7 janvier pour se rendre en cette ville, avec les chevaux et les bagages du général qui était alors en Angleterre. Bruce, disons-nous, avait prié cet aide-de-camp de recevoir Wilson à son passage : ce que cet officier avait promis avec beaucoup d'obligeance, et sans en demander davantage.

Le samedi soir, Bruce dit à l'intermédiaire que tout était préparé, pour que le départ eût lieu le surlendemain matin.

Ils conviennent ensemble de régler leurs montres sur l'horloge des Tuileries, le dimanche à trois heures sonnantes ;

Et que le même soir, à neuf heures et demie précises, Lavalette se rendra chez Hutchinson, rue du Helder, n.º 3.

On prit pour point de départ le logement de Hutchinson, parce que le domicile de Wilson et celui de Bruce étaient surveillés de près par les rôdeurs de la police ; et aussi parce que la rue du Helder était plus proche de la barrière de Clichy ; et que d'ailleurs Hutchinson avait l'habitude de se lever matin, tantôt pour aller à la chasse, tantôt pour aller à la parade.

Vous remarquerez que Wilson, Bruce et Hutchinson ignoraient complètement où était caché Lavalette.

Le dimanche, Bruce va aux Tuileries pour y prendre l'heure.

A neuf heures et demie juste, un cabriolet dans lequel était Lavalette avec un de ses amis, arrive rue du Helder, n.º 3.

On frappe, et Bruce qui sortait à la même minute, se présente à lui et lui donne un léger coup sur l'épaule, en disant : « *Goddem* (2) ! pourquoi venez-vous si tard ? il y a long-tems

---

(1) Nom mal lu par l'interprète.

(2) On sait bien que cette expression n'est pas du bon usage en An-

» v' aspettiamo ; abbiamo già bevuto la nostra prima tazza di
» ponce. »

E nel medesimo tempo, lo prende sotto il braccio e lo con-
duce nell' appartamento di *Hutchinson.*

Lavalette aveva un pastrano turchino con alamari, un
pantalone dello stesso colore, stivali di sopra cogli sproni, una
parrucca corta ed un cappello rotondo.

Non vi erano da *Hutchinson* che *Bruce, Wilson* ed *Ellister*, coi servidori di *Hutchinson.*

Lavalette, come si può credere, era agitatissimo ed assai commosso di riconoscenza per questi stranieri che s'in-
teressavano tanto liberalmente al suo destino.

Due minuti orano appena passati che si bussa ; un uomo entra nella prima stanza e domanda il colonnello L........
(questo era il nome sotto il quale *Lavalette* doveva viaggiare.)

Il servidore di *Hutchinson* ne avvisa il suo Padrone.

Costui esce : l'incognito ripete ch' egli domanda il colonnello L......

Pregate il colonnello di venire, dice *Hutchinson* al suo
servidore.

Quest' ultimo che, senza essere a parte del segreto, aveva
sentito dare ad *Ellister* (1) il nome di L...... va a dirgli
ch' è domandato.

Ellister si presenta e dice all' uomo che lo domandava :
Non vi conosco.

Quest' uomo parve sopreso perchè credeva che *Lavalette*
si presenterebbe al nome di L......

Frattanto *Hutchinson* che non sapeva cosa pensare di
questa visita, serrava un poco l'incognito dalla parte della
finestra, quando scorse sotto il suo pastrano occhiuso una pistola a due colpi di cui s'impadronì bruscamente.

In vece di lagnarsi di questa violenza, l'incognito si contentò di dire : « Vedo bene che siete un nostro amico ; siete
un uomo generoso. » E si ritirò.

Quest' episodio non era fatto per rassicurare. *Hutchinson*
corse nella stanza in cui era *Lavalette*; ed erano già tutti a

___

terra ; ma *Bruce* dovette proferirla, per ingannar meglio le persone
che erano nel casotto del portiere ; ed io ò dovuto rapportarla per con-
servare al racconto tutta la sua esattezza.

(1) Era stato convenuto che *Ellister* prenderebbe il nome del colonnello L...., e che lo conserverebbe sino a *Compiègne*, ove cederebbe
quello stesso nome a *Lavalette*, col passaporto in conferma.

« que nous vous attendons ; nous avons déjà bu notre premier
« bol de punch. »

Et en même temps, il le prend par dessous le bras et le
conduit dans l'appartement de Hutchinson.

Lavalette avait une lévite bleue à brandebourgs, un
pantalon de même couleur, bottes par-dessus avec éperons,
une perruque courte et un chapeau rond.

Il n'y avait chez Hutchinson que Bruce, Wilson et Ellister,
avec les domestiques de Hutchinson.

Lavalette, comme on peut le croire, était très-agité, et
fort ému de reconnaissance pour ces étrangers qui s'intéres-
saient si libéralement à son sort.

.... Deux minutes s'étaient à peine écoulées qu'on sonne ;
un homme entre dans la première pièce et demande le
colonel Laussac ; (c'était le nom sous lequel Lavalette devait voyager).

Le domestique de Hutchinson avertit son maître.

Celui-ci sort : l'inconnu répète qu'il demande le colonel
Laussac.

Priez le colonel de venir, dit Hutchinson à son domestique.

Ce dernier qui, sans être dans le secret, avait entendu
donner à Ellister le nom de Laussac (1), va lui dire qu'on
le demande.

Ellister se présente, et dit à l'homme qui le demandait :
je ne vous connais pas.

Cet homme parut surpris, parce qu'il croyait que Lavalette se présenterait au nom de Laussac. Cependant Hutchinson qui ne savait que penser de cette visite, pressait un peu
l'inconnu du côté de la fenêtre, lorsqu'il aperçut sous sa redingotte entr'ouverte, un pistolet à deux coups, dont il se
saisit brusquement.

Au lieu de se plaindre de cette violence, l'inconnu se
contenta de dire : « Je vois bien que vous êtes de nos amis ;
» vous êtes un homme généreux; » et il se retira.

Cet épisode n'était rien moins que rassurant. Hutchinson
se hâta de rentrer dans la pièce où était Lavalette, et ils

---

gleterre ; mais Bruce dut la proférer, pour mieux tromper les personnes qui étaient dans la loge du portier ; et j'ai dû la rapporter pour
conserver au récit toute son exactitude.

(1) Il avait été convenu qu'Ellister prendrait le nom de colonel Laussac, et qu'il le garderait jusqu'à Compiègne, où il céderait ce même
nom à Lavalette, avec le passeport à l'appui.

communicarsi i lor allarmi , allorchè *Lavalette* , riconos-
ceudo la pistola che *Hutchinson* teniva nella sua mano , per
essere una delle sue , li rassicurò dicendo loro ch'egli l'aveva
lasciata nel biroccio del suo amico , il quale , accorgendosi
della sua dimenticanza , era stato sollecito a riportargliela.

(Questa pistola è rimasta nelle mani di *Hutchinson* , ed à
dato luogo ad alcune quistioni nei suoi interrogatorii.)

Resi tranquilli sulle consequenze di quest' incidente , *Lavalette* si mette gli abiti che gli erano stati preparati.

Ciò fatto , *Ellister* si ritira.

Wilson fa l'istesso : e va alla conversazione fino a mezza
notte , affin di non dare verun sospetto a quelli che sarebbero stati tentati di spiarlo da presso.

In quanto a *Bruce* , è stato da *Hutchinson* sino a mezza
notte. A quell'ora , egli à abbracciato affettuosamente *Lavalette* , e l' à lasciato , augurandogli un felice viaggio.

Il bisogno di riposo facendosi imperiosamente sentire *Lavalette* si è gettato sopra un letto senza spogliarsi.

Lo stesso fece *Hutchinson.*

Appena erano distesi , che sentono bussare alla porta con
violenza....

Lavalette si alza con subitaneo terrore , ed esclama : *siamo
perduti.*

Manon tardano ad essere rassicurati. *Hutchinson* verifica
che questo rumore era cagionato da un uffiziale ubbriaco che
si era ingannato di porta.

Termina finalmente questa terribile notte : è già per bat-
tere l'ora della partenza.

A sette ore della mattina, l' otto gennajo, il servidore di
Wilson a a cercare il *bogguey* di *Bruce,* e ritorna a trovare
il suo Padrone , strada della Pace , n.º 21.

Wilson si mette nelle *bogguey* , il suo servidore lo segue.

Vanno così alla strada del *Helder* , n.º 3. *Wilson* monta
all' appartamento di *Hutchinson* e dice a *Lavalette* : *an-
diamo , ogni cosa è pronta.*

Lavalette si accommoda nel *bogguey* alla sinistra di
Wilson.

Hutchinson è a cavallo , e parte con loro.

Il servidore di *Wilson* va dopo.

Hutchinson si teniva accanto alle ruote , andando ora ad un
lato , ora ad un altro , e lor parlando inglese.

Lavalette ne sapeva appena alcune voci , e fingeva frattanto di capirlo. Per altro , come parlava passabilmente i
tedesco, erasi convenuto che al bisogno , egli si dichiarerebbe,

allaient tous se communiquer leurs alarmes, lorsque Lavalette reconnaissant le pistolet que Hutchinson tenait à la main. pour être un des siens, les rassura, en leur disant qu'il l'avait laissé dans le cabriolet de son ami, qui, s'apercevant de son oubli, s'était empressé de le lui rapporter.

(Ce pistolet est resté dans les mains de Hutchinson, et a donné lieu à quelques questions dans ses interrogatoires).

Tranquillisé sur les suites de cet incident, Lavalette revêt les habits qu'on lui avait préparés.

Cela fait, Ellister se retire.

Wilson se retire aussi, et va en société jusqu'à minuit, afin de ne donner aucun soupçon à ceux qui auraient été tentés de l'espionner. Quant à Bruce, il est resté chez Hutchinson jusqu'à minuit. A cette heure, il a embrassé affectueusement Lavalette, et l'a quitté en lui souhaitant un heureux voyage.

Le besoin de repos se faisant impérieusement sentir, Lavalette s'est jeté sur le lit de Hutchinson sans se déshabiller.

Hutchinson en a fait autant.

A peine étaient-ils étendus, qu'ils entendent frapper à la porte avec violence.....Lavalette se lève en sursaut et s'écrie : *Nous sommes perdus.*

Mais ils ne tardent pas à être rassurés. Hutchinson vérifie que ce bruit était occasionné par un officier ivre qui s'était trompé de porte.

Enfin cette terrible nuit s'achève ; l'heure du départ va sonner.

A sept heures du matin, le domestique de Wilson va chercher le boguey de Bruce et revient trouver son maître, rue de la Paix, n.º 21.

Wilson monte dans le boguey ; son domestique à cheval le suit. Ils vont ainsi rue du Helder, n.º 3. Wilson monte à l'appartement de Hutchinson, et dit à Lavalette : *Allons, tout est prêt.*

Lavalette se place dans le boguey, à la gauche de Wilson.

Hutchinson monte à cheval et part avec eux.

Le domestique de Wilson marche après.

Hutchinson se tenait à la hauteur des roues, allant tantôt d'un côté, tantôt de l'autre, et leur parlant anglais.

Lavalette en savait à peine quelques mots, et feignait cependant de l'entendre. Du reste, comme il parlait assez bien l'allemand, il était convenu qu'au besoin, il se déclare-

Uffiziale tedesco attaccato allo stato-maggiore inglese.

Wilson aveva il suo uniforme di generale inglese, con un cappotto turchino ed un cappello rotondo.

Lavalette portava parimente il suo uniforme di quartier-mastro, sotto un pastrano bigio, ed aveva un *schakos* inglese coperto d'una tela incerata. Teniva sopra i suoi ginocchi il cappello d'uniforme di *Wilson*, il di cui pennacchio bianco serviva maravigliosamente a fissare l'attenzione della gente che passava.

Traversarono la barriera ad un passo moderato; i gendarmi li riguardarono fissamente; ma il movimento della presentazione dell'armi, facilitò a *Lavalette* il mezzo di coprire il suo profilo, nel rendere il saluto.

Fu in questo modo che, il lunedí, otto gennajo, ad ott'ore della mattina, in pieno giorno, *Lavalette*, raso di fresco, col viso scoperto, e non avendo anche passaporto seco, uscí da Parigi, senz'inspirare il più lieve sospetto, senza provare il minore ostacolo.

Sul punto di giungere alla Cappella, *Hutchinson*, distaccossi innanzi, per andare alla scoperta.

Trovò quattro gendarmi a cavallo dirimpetto all'osteria ove si era già disposto il cambio dei cavalli.

Uno di questi gendarmi s'avvicinò e gli domandò, se vi fosse un movimento di truppe sulla via: « No, gli rispose » *Hutchinson*; questo non sarà per oggi. Ma vene sarà fra » pochi giorni. Il generale arriverà a momenti per scegliere » i cantonamenti della sua divisione. »

Intanto, il *bogguey* giunge; *Hutchinson* fa cenno a *Wilson* che lo conduceva d'entrare subito nel cortile.

In un batter d'occhio, cambiano di cavalli e partono di nuovo.

Appena erano sul cammino, quando s'accorsero ancora di lontano, d'una vettura scortata d'altri gendarmi.

Ma *Hutchinson* vi si accostò, e lor fece tante quistioni, che erano interamente attenti a rispondergli, quando il *bogguey* passò leggiermente accanto a loro.

Come si avvicinavano a *Compiègne*, *Hutchinson* ed il servidore di *Wilson* raddoppiarono il passo per andare a riconoscere l'alloggio. All'entrata della città, trovarono un sergente incaricato di condurli al quartiere ove stava l'ajutante di campo in casa di cui dovevano metter piede.

Incantato di quest'incontro, *Hutchinson* aspettò allora il *bogguey*, di cui la mossa era stata impedita un instante, per-

rait *officier allemand attaché à l'État-major anglais.*

Wilson avait son uniforme de général anglais, avec une capote bleue et un chapeau rond.

Lavalette avait également son uniforme de quartier-maître sous une redingotte grise, et portait un schakos anglais recouvert d'une toile cirée. Il tenait sur ses genoux le chapeau d'uniforme de Wilson, dont le plumet blanc servait merveilleusement à fixer l'attention des passans.

Ils passèrent la barrière à un pas modéré ; les gendarmes les regardèrent fixement ; mais le mouvement de la présentation des armes facilita à Lavalette le moyen de couvrir son profil en rendant le salut.

C'est ainsi que le lundi 8 janvier, à 8 heures du matin, en plein jour, Lavalette fraîchement rasé, le visage découvert, et n'ayant pas même de passeport sur lui, sortit de Paris sans inspirer le plus léger soupçon, sans éprouver le moindre obstacle.

Sur le point d'arriver à la Chapelle, Hutchinson se détacha en avant et fut à la découverte.

Il trouva quatre gendarmes à cheval vis-à-vis de l'auberge où l'on avait disposé le premier relais.

Un de ces gendarmes s'approcha de lui, et lui demanda s'il y avait un mouvement de troupes sur la route. « Non, lui « répondit Hutchinson, ce ne sera pas pour aujourd'hui : mais « il y en aura sous peu de jours : le général ne tarde que le « moment d'arriver pour choisir les cantonnemens de sa di- « vision. »

Sur ces entrefaites, le boguey arrive ; Hutchinson fait signe à Wilson qui le conduisait d'entrer de suite dans la cour.

En un clin-d'œil, ils changent de chevaux et repartent.

Ils débouchaient sur la route, quand ils aperçurent encore au loin une voiture escortée par de nouveaux gendarmes.

Mais Hutchinson les accosta, et leur fit tant de questions qu'ils étaient entièrement occupés à lui répondre, quand le boguey passa légèrement à côté d'eux.

Comme ils approchaient de Compiégne, Hutchinson et le domestique de Wilson doublèrent le pas, pour aller reconnaître le logement. A l'entrée de la ville, ils trouvèrent un sergent chargé de les conduire au quartier où était logé l'aide-de-camp, chez lequel ils devaient mettre pied à terre.

Charmé de cette rencontre, Hutchinson attendit alors le boguey, dont la marche avait été retardée un instant, parchè *Wilson*, essendosi accorto che i capelli canuti di *Lava-lette* passavano per di sotto la sua parrucca, s'era fermato per tagliarglieli.

Quindi tutti insieme entrarono a *Compiègne* a due ore dopo il mezzo giorno, con pioggia strabocchevole, e traversarono tutta la città per andare all' abitazione che era lor preparata.

Il signor Franel (l'ajutante di campo) li recevè con una massima cortesia, e lor offrì una collazione che accettarono, aspettando in tanto *Ellister*.

Quest' ultimo era venuto la domenica a sera ad alloggiare nella strada e casa dell' *Helder*, sotto il nome del colonnello L....

Wilson aveva fatto condurre e mettere la sua vettura nella rimessa di questa casa.

Ellister era stato egli stesso col suo passaporto di colonnello L.... a domandare alla prefettura di politica dei cavalli di posta. Mentre che si spediva l'ordine sotto i suoi occhi, aveva veduto sul tavolino un gran numero di foglii stampati portando il segnale di *Lavalette*. Si distribuivano a chiunque veniva, e non aveva potuto scusarsi d'accettarne un esemplare.

Gli si era stato rimesso un ordine per *tre cavalli ad una berlina dovendo contenere lui ed il suo servidore*. Conduceva seco quel servidore nella berlina stessa, affinchè, cedendo il posto à *Lavalette* ed a *Wilson*, il numero dei viaggiatori non paresse aumentato.

Fatte così queste disposizioni, *Ellister* che, come si è veduto, aveva passato una parte della serata della domenica in casa di *Hutchinson*, era pronto a partire l'indomani mattino, lunedì, alle dieci ore.

Un gendarme era presente, che gli aveva domandato il suo passaporto per esaminarlo, e non glielo aveva reso che dopo aver esattamente collazionato la sua figura con tutte l'enunciazioni del segnale.

Dopo questa verificazione, *Ellister* era montato nella berlina, indicando al postiglione la via di *Compiègne* pella barriera di san Dionisio.

Intanto il gendarme non l'aveva perduto di vista; egli aveva seguito la vettura sino al *Bourget*; ivi, era stato rimpiazzato da un uomo di Politica, in cappotto, armato d'una scimitarra, e col capo coperto d'un cappello chiamato *claque*; ma quest' agente non aveva tardato ad abbandonarlo.

A *Louvres*, *Ellister* era sceso da vettura. Un gendarme

ce que Wilson s'étant aperçu que les cheveux gris de Lavalette passaient par dessous sa perruque, s'était arrêté pour
les lui couper.

Ils firent ensuite tous ensemble leur entrée à Compiègne,
pluie battante, et traversèrent toute la ville pour se rendre au
logement qui leur était préparé.

M. Franel (l'aide de camp) les reçut avec une extrême
courtoisie, et leur offrit une collation qu'ils acceptèrent en
attendant Ellister.

Ce dernier était venu le dimanche soir loger, rue et hôtel
du Helder, sous le nom du colonel Laussac.

Wilson avait fait conduire et remiser sa voiture dans cet
hôtel.

Ellister avait été lui-même avec son passeport du colonel
Laussac demander à la préfecture de police des chevaux de
poste. Pendant qu'on expédiait l'ordre sous ses yeux, il avait
vu sur le bureau un grand nombre de feuilles imprimées portant le signalement de Lavalette. On les distribuait à tout venant, et il n'avait pu se dispenser d'en accepter un exemplaire.

On lui avait remis un ordre pour *trois chevaux*, *sur une
berline devant contenir lui et son domestique*. Il emme-
nait ce domestique avec lui dans la berline même, afin que
cédant la place à Lavalette et à Wilson, le nombre des voyageurs ne parût pas augmenté.

Ces dispositions ainsi faites, Ellister, qui, comme on l'a
vu, avait passé une partie de la soirée du dimanche chez
Hutchinson, était prêt à partir le lendemain matin lundi
à dix heures.

Un gendarme qui était présent lui avait demandé son
passeport pour le viser, et ne le lui avait rendu qu'après avoir
exactement collationné sa figure avec toutes les énonciations
du signalement.

Après cette vérification, Ellister était monté dans la berline, en indiquant au postillon *la route de Compiègne par
la barrière St.Denis*.

Cependant le gendarme n'avait point lâché prise ; il avait
suivi la voiture jusqu'au Bourget ; au Bourget, il avait été
remplacé par un homme de police en capote, armé d'un sabre
et coeffé d'un claque ; mais cet agent n'avait pas tardé à
l'abandonner.

A Louvres, Ellister était descendu de voiture ; un gengli aveva domandato il suo passaporto ; e dopo averlo riguardato, aveva detto alle sue compagni : « Per bacco, costui non è un uffiziale Inglese » Certissimo del contrario , *Ellister* aveva ripreso il discorso con ardire , e gli aveva risposto d'un tuono fermo : V'ingannate. » E la cosa passò così.

Ellister giunse senz' altro accidente a *Compiegne* , a cinque ore precise, e si fece condurre al quartiere dove sapeva che *Lavalette* e *Wilson* l'aspettavano.

Furono ordinati subito nuovi cavalli.

L'ajutante di campo voleva ritenerli a pranzo ; ma *Wilson* accelerò la partenza.

Ellister sotto nome del colonnello L... aveva fatto domandare tre cavalli (1) ed un corriere innanzi.

Era già notte ; e l'oscurità doveva proteggere i viaggiatori ; ma *Wilson* , convinto che per dare meno sospetto , bisognava tanto che era possibile, andare allo scoperto , fece accendere le tre lanterne della sua vettura.

Tutto è pronto alla partenza ; il corriere parte innanzi per commandare i cavalli freschi.

Il servidore di *Wilson* si mette sul seggio della berlina.

Lavalette vi entra munito del passaporto del colonnello L... che *Ellister* gli aveva rimesso.

Wilson vi si posta accanto suo : egli aveva un pajo di pistole.

Lavalette ne aveva una solamente ; l'altra era restata in casa d'*Hutchinson*.

Non avevano sciabla nè l'uno nè l'altro ; e benchè decisi a difendersi in caso d'attacco, la verità è frattanto che facevano molto più conto, al bisogno , sulla lor prontezza di spirito , che sopra una resistenza a forza aperta.

Hutchinson ed *Ellister* lor augurano un felice viaggio , ed il postiglione fa via , facendo scoppiare la sua sferza.

Il servidore di *Wilson* non parlava francese ; era *Wilson* egli stesso che pagava ad ogni posta. Ad ogni interpellazione , aveva gran cura di rispondere ; *Generale inglese* ; ed il suo linguaggio, la forma della sua vettura , la fisionomia del suo servidore , tutto confermava l'idea che i viaggiatori erano effettivamente Inglesi.

---

(1) Quattro cavalli avrebbero mostrato troppa impazienza , ed un troppo gran bisogno di celerità. Con tre cavalli solamente, si evitava il secondo postiglione che sarebbe stato necessario di prendere. Era un argo di meno.

darme lui avait demandé son passeport ; et après l'avoir regardé, avait dit à ses camarades : « Quand le diable y serait,
ce n'est pas là un officier anglais ». Bien certain du contraire,
Ellister avait relevé le propos avec assurance, et lui avait
répondu d'un ton ferme : « Vous vous trompez ». L'observation n'avait pas été plus loin.

Ellister arriva, sans autre accident, à Compiègne à cinq
heures précises, et se fit conduire au quartier où il savait que
Lavalette et Wilson l'attendaient.

Aussitôt le relais fut commandé.

L'aide-de-camp voulait les retenir à dîner ; mais Wilson
pressa le départ.

Ellister, sous le nom du colonel Laussac, fait demander
trois chevaux (1.) et un courrier en avant.

Il était nuit, et son obscurité devait protéger les voyageurs :
mais, convaincu que, pour donner moins de soupçon, il fallait autant que possible aller à découvert, Wilson fit allumer
les trois lanternes de sa voiture.

Tout est prêt : un courrier français part en avant pour commander les relais.

Le domestique de Wilson monte sur le siége de la berline.

Lavalette y entre muni du passeport du colonel Laussac,
qu'Ellister lui avait remis.

Wilson s'y place à ses côtés : il avait une paire de pistolets.

Lavalette n'en avait qu'un : l'autre était resté chez Hutchinson.

Ils n'avaient de sabre ni l'un ni l'autre ; et quoique décidés à
se défendre en cas d'attaque, la vérité est cependant qu'ils
comptaient beaucoup plus, au besoin, sur leur présence d'esprit, que sur une résistance à force ouverte.

Hutchinson et Ellister leur souhaitent un bon voyage ; et le
postillon fait *route*, en faisant claquer son fouet.

Le domestique de Wilson ne parlait pas français : c'était Wilson lui-même qui payait à chaque poste. A toute interpellation, il avait grand soin de répondre : *général anglais* ; et son
langage, la forme de sa voiture, la physionomie de son domestique, tout confirmait dans l'idée que les voyageurs étaient effectivement *anglais*.

---

(1) Quatre chevaux auraient montré trop d'impatience et un trop
grand besoin de célérité ; avec trois chevaux seulement, on évitait le
second postillon qu'il aurait fallu prendre. C'était un Argus de moins.

Erano già quattr'ore dopo mezza notte ; ed essi si trovavano a due sole leghe da *Cambrai*. Ma il maestro di posta li prevenne che non potrebbero traversare quella piazza di notte , perchè le porte erano chiuse, e che il preposto agli antiposti non vorrebbe darsi la fatica d'andare ad avertire il custode.

Si concepisce qui quell'inquietudine recava un simile ritardo ; erano forse inseguiti ; ed in questo caso , non era impossibile di esser raggiunti.

Pure, fu d'uopo di risolversi ad aspettare.

Per passare il tempo e traviare i sospetti, *Wilson* scese dalla vettura, mentre che il suo compagno fingeva di dormire. Andò nella stalla, parlò coi postiglioni e guadagnò così l'ora della partenza.

A sei ore, si rimettono in cammino, e si presentano alle porte di *Cambrai* mezz'ora prima dell'alba.

Il postiglione fa sentire la sua sferza per avvertire : nissuno risponde. La sentinella Inglese chiama frattanto il preposto ; ma questi non vuole incommodarsi. Bisogna ancor aspettare. Finalmente il giorno spunta il portachiavi viene e si scusa, rigettando la colpa sulla pigrizia del preposto. La berlina passa, Quattro o cinque vetture, ritardate per la stessa cagione , passano nel medesimo tempo. Giunti all'albergo, l'Oste che vede un Generale Inglese, gl'indirizza le sue doglianze sull'indolenza del preposto, il quale fa che i viaggiatori coricano fuor della città, in vece di scendere in casa sua. *Wilson* gli risponde che non à tempo presentemente d'andarne a parlar col comandante della piazza ; ma che lo farà al suo ritorno.

Cambiati i cavalli, la berlina riparte.

A nove ore e mezzo, giunge a *Valenciennes*. Alla porta della città, un agente francese si presenta, e pronunzia la formola usata : *Questi signori ànno i loro passaporti senza dubbio ?* A questa quistione, *Wilson* mette la testa alla portiera e risponde : *Io sono Generale Inglese.* Si dà credito al suo uniforme e sopratutto al suo accento : la vettura entra nella città.

Giunti alla posta, un garzoncino domanda nuovamente i passaporti. *Wilson*, che, come si pensa bene, s'incaricava d'ogni conversazione, risponde ancora : *Io sono un Generale Inglese.* Ma il piccol'uomo insiste, dicendo che è necessario di darglieli affinchè egli vada a farli esaminare dal Colonnello di gendarmeria. Gli si danno dunque i passaporti esortandolo a sbrigarsi. Egli si affretta in effetto, e ritorna prontamente coi passaporti ed il vista.

Il était déjà quatre heures du matin ; ils n'étaient plus qu'à deux lieues de Cambray ; mais le maître de poste les prévint qu'ils ne pourraient pas traverser cette place de nuit, parce que les portes étaient fermées , et que le préposé aux avant-postes ne voudrait pas se donner la peine d'aller avertir le gardien.

On conçoit tout ce qu'un tel retard avait d'inquiétant : peut-être était-on à leur poursuite ; et dans ce cas il n'était pas impossible de les atteindre.

Il fallut bien pourtant se résoudre à attendre.

Pour passer le temps et éloigner les soupçons , Wilson descendit de voiture, pendant que son compagnon de voyage feignait de dormir. Il alla dans l'écurie, parla aux postillons, et gagna ainsi l'heure du départ.

A six heures , ils se remettent en route , et se présentent aux portes de Cambray une demi-heure avant le point du jour.

Le postillon fait entendre son fouet pour avertir : personne ne répond. La sentinelle anglaise appelle cependant le préposé; mais celui-ci ne veut pas se déranger ; il faut encore demeurer. Enfin , le jour paraît ; le porte-clefs vient et s'excuse , en rejetant la faute sur la paresse du préposé. La berline passe : quatre ou cinq voitures, retardées par la même cause, passent en même temps. Arrivés à l'auberge , l'hôte qui voit un général anglais , lui adresse ses plaintes de ce que le préposé , par son indolence, est cause que les voyageurs couchent hors de la ville, au lieu de descendre chez lui. Wilson lui répond qu'il n'a pas présentement le loisir d'aller en parler au commandant de place , mais qu'il le fera à son retour.

Le relais étant mis, la berline repart à neuf heures et demie; elle arrive à Valenciennes. A la porte de la ville , un agent français se présente , et prononce la formule d'usage : *Ces messieurs ont leurs passeports sans doute ?* —A cette question , Wilson met la tête à la portière et répond : *Je suis général anglais.* On en croit son costume et surtout son accent ; la voiture entre dans la ville.

Arrivés à la poste , un petit garçon demande de nouveau les passeports. Wilson, qui , comme on le pense bien , se chargeait de toutes les conversations, répond encore : *Je suis général anglais.* Mais le petit bonhomme insiste, en disant qu'il est nécessaire de les lui donner , pour qu'il aille les faire viser par le colonel de gendarmerie. On lui donne donc les passeports, en lui recommandant de se dépêcher. Il se presse en effet , et revient promptement avec les passeports visés.

Ma ciò non basta : egli prega il generale di porre il suo nome e quello del suo compagno di viaggio sopra un pezzo di carta , dicendo che questo serve pell'albergo. *Wilson* scrive allora i due nomi L..... e W..... sopra una cattiva carta , che gli è stata presentata poi nei suoi interrogatorii.

A dieci ore, la vettura si rimette in cammino. Uscendo da *Valenciennes* , nuova visita dei passaporti : sono riguardati per lungo tempo , e sene prende il ristretto. *Wilson* perde la pazienza , e sollecita il partire, non senza dire molte volte *Goddem*! Finalmente , è permesso di passar avanti.

Wilson domanda allora dov'è la frontiera : il postiglione risponde : *ad una lega e mezzo da qui.*

Questa distanza era per essere bentosto sormontata ; ancora pochi momenti, ed ogni timore era dissipato. Ma sulla linea stessa della frontiera , trovano un'ultimo posto di gendarmeria , che domanda di nuovo i passaporti : per questa volta , felicemente , *Wilson* si sbriga col dire , come al solito, *Generale Inglese.*

Sul punto di arrivare , il terrore di *Wilson* era divenuto eccessivo : egli tremava per *Lavalette* , ed ogni minuto di ritardo lo faceva morire d'impazienza.

Aveva sperato giungere prima del giorno , temendo l'annuncio dei telegrafi , ed erano già due ore che avvrebbero potuto aggire se il tempo non fosse stato coperto di nebbia.

Ma finalmente eccola passata questa linea formidabile !

La prima parola di *Wilson* a *Lavalette* fu : *Eccovi salvato.*

Lavalette che aveva conservato una tranquillità perfetta , l'abbraccia affettuosamente , versando delle lagrime di tenerezza , e dice con grand effusione di cuore : « Io rendo specialmente grazie a Dio d'aver permesso che i generosi « sforzi della mia povera moglie siano coronati dal successo. « Sarebbe morta di dolore , se non avessimo riuscito. —Sono » infelicissimo , aggiunse egli , di vedere tante genti compromesse per me. So che i carcerieri sono stati arrestati; ma « dichiaro in presenza di Dio , ed a voi , mio generoso amico, « che quest'uomini non sono stati subornati e non erano a parte « del segreto. L'affare avrebbe mancato se lor si fosse lasciato « il menomo sospetto. Non ò obbligazione che a mia moglie.»

Per tutto il cammino , era stata rarissima la conversazione fra *Lavalette* e *Wilson*. Tutte le facoltà della lor anima erano assorbite dalle apprensioni , e dai diversi incidenti del viaggio. Se , di quando in quando , *Wilson* inter-

Ce n'est pas tout : il prie le général de mettre son nom et celui de son compagnon de voyage sur un bout de papier, disant que c'est pour l'auberge. Wilson écrit alors les deux noms Walys et Laussac sur un chétif morceau de papier qu'on lui a depuis représenté dans ses interrogatoires.

A dix heures, la voiture se remet en marche. En sortant de Valenciennes, nouvelle visite des passeports ; on les garde long-tems, et on en prend le relevé. Wilson s'impatiente, et presse le départ, non sans dire plusieurs fois le mot par lequel les Anglais ont coutume de signaler leur impatience. Enfin il leur est permis de passer outre.

Wilson demande alors où est la frontière. Le postillon répond : *à une lieue et demie d'ici.*

Cette distance allait être bientôt franchie ; encore quelques instans, et toutes les craintes étaient dissipées. Mais sur la ligne même de la frontière, ils trouvent un dernier poste de gendarmerie qui demande de nouveau les passeports. Heureusement que pour cette fois, Wilson en est quitte pour dire, comme à son ordinaire, *Général anglais.*

Sur le point d'arriver, la terreur de Wilson était devenue extrême ; il tremblait pour Lavalette, et chaque minute de retard le faisait mourir d'impatience.

Il avait espéré de passer la frontière avant le jour, de peur des télégraphes ; et il y avait déjà deux heures qu'ils auraient pu marcher, si le tems n'avait été couvert de brouillards.

Mais enfin la voilà passée cette ligne redoutable !

Le premier mot de Wilson à Lavalette fut : *Vous voilà sauvé* !

Lavalette qui avait conservé toute sa tranquillité l'embrasse affectueusement, et versant des larmes d'attendrissement, il dit avec une grande effusion de cœur : « Je rends spécialement « grâces à Dieu de ce qu'il a permis que les généreux efforts de « ma femme soient couronnés de succès. Elle serait morte de « douleur si nous n'avions pas réussi. Je suis bien malheureux, « ajouta-t-il, de voir tant de braves gens compromis pour « moi. Je sais que mes gardiens ont été arrêtés : mais je déclare « devant Dieu, et à vous, mon généreux ami, que ces hommes « n'ont pas été corrompus et n'étaient pas dans le secret. L'af- « faire eût manqué, si on leur eût laissé le moindre soup- « çon ; je n'ai d'obligation qu'à ma femme. »

Dans toute la route, la conversation entre Lavalette et Wilson avait été fort peu suivie :toutes les facultés de leur âme étaient absorbées par leurs appréhensions et par les di-

34

rompeva il sil enzio per distrarre *Lavalette* dalle sue meditazioni , gli parlava di cose che potessero distrarlo dalle sue rifflessioni

E' cosí che s'intrattenero della spedizione d'Egitto dove *Lavalette* aveva incominciato a servire Buonaparte , ed ove *Wilson* aveva principiato a segnalarsi contro di lui.

Ma quando ebbero passato la frontiera , non temettero più di discorrere sull' affare stesso di *Lavalette.*

Costui raccontò à *Wilson* in che modo sua moglie era venuta a capo di salvarlo : come il suo travestimento ebbe luogo in un batter d' occhio , in un momento in cui il carceriere era uscito dalla sua camera : la paura ch' egli aveva d'urtar colle penne del suo cappello nel passare gli sportelli : il pericolo che aveva corso d' essere ripreso per colpa dei seg-. gettieri che s'erano allontanati : come, avendo trovato sulla piaggia del fiume il biroccio d'un suo amico, costui era disceso e gli aveva indirizzato la parola , dicendo : « Signora, vi offero il » mio biroccio; andrete più presto. » Come, dopo esservi montato , questo amico gliaveva letto : «Levatevi presto il vostro » vestimento da Donna; ad ossate questo pastrano ; mettete » questa parrucca , etc. » Come finalmente , dopo aver corso più di due ore per far perdere la sua traccia agli agenti della politica , era andato a rannichiarsi nella casa che gli aveva servito di ricovero fino alla vigilia della sua partenza.

Finito ch' ebbe questo racconto , parlarono d' egli ordini e dei preparativi della sua esecuzione.

Ne si stancò di replicare protestazioni di riconoscenza verso i suoi generosi amici. Qual altro nomme avrebbe egli potuto dar loro ?

Lavalette gli communicò quel che sapara su di ciò.

Questi ragionamenti li condussero fino a *Mons* ; ivi non furon più richiesti i passaporti; e restarono insieme per ben quattro o cinque ore.

Prima di separarsi, *Wilson*, le di cui affettuose cure erano inesauribili , prevedendo il caso in cui *Lavalette* avrebbe potuto essere arrestato quindi nel suo viaggio , gli diede per Sua Maestà il Re di Prussia, di cui aveva l'onore d'essere personalmente conosciuto , una lettera nella quale interessava quel Monarca in favore di *Lavalette.* Questa lettera portava sull' involglio , la contrassegnatura di *Wilson* ; di modo che re *Lavalette* fosse stato arrestato , avrebbe domandato di essere condotto al re per rimettergli il suo dispaccio. *Wilson* gli diede un'altra lettera nel medesimo senso , pel ministro inglese alla residenza di.....

vers incidens du voyage. Si par fois Wilson rompait le silence pour arracher Lavalette à sa rêverie, il lui parlait de choses qui pussent le distraire de ses réflexions.

C'est ainsi qu'ils s'entretinrent de l'expédition d'Egypte où Lavalette avait commencé de servir Buonaparte et où Wilson avait commencé de se signaler contre lui.

Mais quand ils eurent passé la frontière, ils ne craignirent plus de discourir sur l'affaire même de Lavalette.

Celui-ci raconta à Wilson comment sa femme était venue à bout de le sauver; comment son travestissement eut lieu en un clin d'œil, dans un moment où le geolier venait de sortir de sa chambre pour faire une commission; la peur qu'il avait d'accrocher les plumes de son chapeau en passant les guichets; le risque qu'il avait couru d'être repris par la faute des porteurs qui s'étaient absentés; comment ayant trouvé sur le quai le cabriolet d'un de ses amis, cet ami était descendu et lui avait adressé la parole, en disant : «Madame, je vous offre mon cabriolet, vous irez plus vite ». Comment, après y être monté, cet ami lui avait dit :« Otez vite votre douillette et votre chapeau de femme : mettez cette redingotte, prenez cette perruque, etc., etc. » Comment enfin, après avoir couru dans Paris plus de deux heures pour faire perdre sa trace aux limiers de la police, il avait été se blottir dans la maison qui lui avait servi d'asyle jusqu'à la veille de son départ.

Après ce récit, on parla des ordres et des préparatifs de son exécution; et Lavalette lui communiqua tout ce qu'il savait là-dessus.

Et il s'épuisa de nouveau en protestations de reconnaissance pour ses généreux amis. Quel autre nom aurait-il pu leur donner ?

Ces entretiens les conduisirent jusqu'à Mons.

On ne leur demanda pas de passeport; ils y restèrent ensemble quatre à cinq heures.

Avant de se séparer, Wilson dont la sollicitude était inépuisable, prévoyant le cas où Lavalette serait arrêté dans sa route, lui donna pour S. M. le roi de Prusse, dont il avait l'honneur d'être personnellement connu, une lettre dans laquelle il intéressait ce monarque en faveur de Lavalette. Cette lettre portait sur l'enveloppe le contre-seing du général Wilson; de sorte que si Lavalette eût été arrêté, il eût demandé à être conduit au roi pour lui remettre sa dépêche. Wilson lui remit une autre lettre dans le même sens pour le Ministre anglais à la résidence de......

Lavalette abbracciò un' altra volta *Wilson*, e si separò da lui giurandogli un' eterna riconoscenza.

Wilson è ritornato per *Maubeuge* e *Laon*, ed é rientrato in Parigi, per la barriera di san Martino, mercoledì sera (dieci gennajo) dopo sessant'ore d'assenza.

FINE.

Lavalette embrassa encore Wilson et se sépara de lui en lui jurant une reconnaissance éternelle.

Wilson est revenu par Maubeuge et Laon, et est rentré à Paris par la barrière S.-Martin, le *mercredi soir* 10 *janvier*, aprés soixante heures d'absence.

FIN DE LA FUITE DE LAVALETTE HORS DE FRANCE.

ORDRE DU JOUR.

ORDRE DU JOUR

DU

PRINCE-RÉGENT,

Relatif au major général Sir Robert Wilson , et au capitaine John Hely Hutchinson , *en anglais.*

« Horse-Guards , May 10 , 1816.

« So long as Major-General Sir Robert et Wilson and Capt. J. H. Hutchinson , of the Ist, or Grenadier Regiment of Foot Guards , were under trial , the Commander in Chief abstained from making any observation on their conduct.

« The proceedings having now terminated, the Commander in Chief has received the Prince Regent's commands , to declare his Royal Highness's sentiments on the transactions which have led to the trial and conviction of those Officers.

« In the instance of Major-General Sir R. Wilson , the Prince Regent thinks it necessary to express his high displeasure , that an Officer of his standing in his Majesty's service, holding the commission and receiving the pay of a Major-General , should have been so unmindful of what was due to his profession, as well as to the Government under whose protection he had voluntarily placed himself, as to have engaged in a measure, the declared object of which was to counteract the laws and defeat the public justice of that country.

« Nor does his Royal Highness consider the means by which this measure was accomplished as less reprehensible than the act itself. For his Royal Highness cannot admit that any circumstance could justify a British Officer in having obtained, under false pretences, passports in feigned names from the Representative of his own Sovereign, and in having made use of such passports for himself and a subject of his Most Christian Majesty, under sentence for high treason, disguised in a British uniform, not only to elude the vigilance of the French Government, but to carry him in such disguise through the British lines. While the Prince Regent cannot but consider it as a material aggravation of Sir R. Wilson's offence, that, holding so high a rank in the army, he should have countenanced and encouraged an inferior officer to commit a decided and serious breach of a military duty, his Royal Highness nevertheless thinks it equally necessary to express his high displeasure at the conduct of Captain J. H. Hutchinson , for having been himself an active instrument in a transaction of so culpable a nature , more especially in a country in amity with his Majesty, where the regiment, with which he was serving in the course of his military duty, formed part of an Army which had been placed by the Allied Sovereigns under the command of the Duke of Wellington , under circumstances which made it peculiarly incumbent upon every Officer of that Army to abstain from any conduct which might obstruct the execution of the laws.

» His Royal Highness the Prince Regent being unwilling to visit these Officers with the full weight of his displeasure ; which the complexion of their offence might have warranted , and also taking into consideration the degree of punishment to which they have subjected themselves , by violating the laws of the country in which this transaction took place , has signified to the Commander-in-Chief these his sentiments, that they should be published to the Army at large , in order to record, in the most public manner, the strong sense which his Royal Highness entertains of the flagrant misconduct of these Officers; and of the danger which would accrue to the reputation and discipline of the British Army, if such an offence were to pass without a decided expression of his Royal Highness's most severe reprehension.

« By Order of his Royal Highness.

« THE COMMANDER-IN-CHIEF ».

TRADUCTION EN FRANÇAIS.

« Pendant que le major-général sir Robert Wilson, et le capitaine J.-H. Hutchinson , du 1.er régiment des grenadiers de la garde à pied , étaient en jugement, le commandant en chef s'est abstenu de faire aucune observation sur leur conduite ; mais la procédure étant maintenant terminée, le commandant en chef a été chargé par le prince-régent, de déclarer les sentimens de S. A. R. sur les faits qui ont provoqué le procès et la conviction de ces officiers. A l'égard du major-général sir R. Wilson, le prince-régent juge nécessaire d'exprimer son grand déplaisir de voir qu'un officier, ayant le grade et recevant les appointemens de major-général, ait pu oublier les devoirs de son état et les égards dus à un gouvernement sous la protection duquel il s'est mis volontairement, au point de coopérer à une mesure dont le but avoué était d'agir contre les lois, et d'entraver la justice publique de ce pays. S. A. R. ne regarde pas les moyens par lesquels cet acte a été accompli comme moins répréhensibles que l'acte même ; car elle ne peut admettre qu'aucune circonstance puisse justifier un officier britannique d'avoir obtenu du représentant de son propre souverain, sous de faux prétextes, des passeports pour des personnes supposées, et d'en avoir fait usage pour lui et pour un sujet de S. M. T. C., qui était sous une sentence de mort pour crime de haute trahison ; d'avoir déguisé cet individu sous une forme britannique, non-seulement pour déjouer la vigilance du gouvernement français, mais aussi pour le conduire, sous ce déguisement, à travers les lignes britanniques. Tandis que S. A. R. ne peut regarder comme une circonstance moins aggravante du délit de sir R. Wilson, d'avoir, en occupant un si haut grade dans l'armée, encouragé un officier inférieur à violer, d'une manière si décisive et si sérieuse, les devoirs militaires ; elle juge également nécessaire d'exprimer son grand déplaisir de la conduite du capitaine J. H. Hutchinson, qui a été un instrument actif dans une action d'une nature si coupable, surtout dans un pays qui est en amitié avec S. M., et où le régiment dans lequel il remplissait les fonctions militaires, faisait partie d'une armée confiée par les souverains au commandement du duc de Wellington, sous des circonstances qui faisaient à chaque officier de cette armée, un devoir particulier de s'abstenir de toute démarche qui pût entraver l'exécution des lois.

» S. A. R. le prince-régent ne voulant pas faire sentir à ces officiers tout le poids de son mécontentement, que la gravité de leur délit a provoqué, et prenant aussi en considération la punition qu'ils se sont attirée en violant les lois du pays où l'action a été commise, a notifié ses sentimens au commandant en chef, pour qu'ils soient connus de toute l'armée, voulant qu'elle sache, de la manière la plus positive, combien S. A. R. désapprouve la mauvaise conduite de ces officiers, vu le danger que courraient la réputation et la discipline de l'armée britannique, si ce délit passait sans le blâme le plus sévère de S. A. R.

« Par ordre de S. A. R., le commandant en chef,

LE DUC D'YORCK. »

FIN.

TABLE.

—————

PIECES SUPPLÉMENTAIRES.

INCIDENS DU PROCÈS.

Premier incident ; mise en liberté provisoire.

Ordon. de la Chambre

Fin de la Table.

De l'Imprimerie d'ABEL LANOE, rue de la Harpe, n.º 78